AF551418

Erhard Roy Wiehn (Hg.)   Gegen Vergessen

Erhard Roy Wiehn

Gegen Vergessen

Vor- und Nachworte 2020/21

Ein Lesebuch der Edition Schoáh & Judaica

Hartung-Gorre Verlag Konstanz

Herstellung: BoD GmbH, Norderstedt.

<u>1941–2021</u>
80 Jahre Überfall der deutschen Wehrmacht auf die Sowjetunion und Beginn der Schoáh im Baltikum, in Belarus, Russland und der Ukraine – sowie 80 Jahre Deportationen jüdischer Bevölkerung durch den NKWD aus dem Baltikum und der Bukowina nach Sibirien

Bibliographische Information Der Deutschen Bibliothek
Die Deutsche Bibliothek verzeichnet diese Publikation in der Deutschen Nationalbibliographie; detaillierte bibliographische Daten sind im Internet über <http://dnb.ddb.de> abrufbar.

Erste Auflage 2021
Hartung-Gorre Verlag Konstanz Germany
ISBN 978-3-86628-729-7 und 3-86628-729-1

Inhalt

GEGEN VERGESSEN ist denen gewidmet,
die darin vorkommen,
sowie allen, die sich davon angesprochen fühlen.

Erhard Roy Wiehn

Vorbemerkungen: Erinnere und vergiss nicht

Gegen Vergessen: Meine allererste Schoáh-Buchpublikation trägt den Titel *Kaddisch – Totengebet in Polen – Reisegespräche und Zeitzeugnisse gegen Vergessen in Deutschland* (Darmstadt 1984, ²1987). *Gegen Vergessen* ist die gesamte Edition Schoáh & Judaica ausgerichtet, die sich nach diesem ersten Band in 37/38 Jahren entwickelte.

Gegen Vergessen: Die Forderung "Sachór – Gedenke!" wird in der hebräischen Bibel rund 250 mal formuliert, nicht selten bezüglich dessen, was dem jüdischen Volk an Unrecht und Verfolgung widerfuhr, besonders markant in 5 Mose 25, 17-19: "Gedenke, was dir Amalek[1] angetan..., vergiss (es) nicht!" Diese Verse werden am Schabbat vor Purim gelesen, am 'Schabbát Sachór'.[2] Gedenken und nicht zu vergessen wird also geradezu dekretiert und bezieht sich nicht nur auf das Volk Israel, sondern auch auf den jüdischen G'tt selbst. Das Gegenteil von Gedenken ist Vergessen, die Aufforderung, nicht zu vergessen kommt in der Bibel etwa 100 mal vor, und nicht selten wird das Gebot des Gedenkens mit der Mahnung und Warnung verschärft, keinesfalls zu vergessen (vgl. dazu hier S. 197 ff.).

Gegen Vergessen: Beide 'Mitzwot' d.h. Weisungen und Pflichten, waren nun in der Tat für das jüdische Volk von ungeheurer Bedeutung, und es lässt sich sehr wohl behaupten, dass man nicht zuletzt vor allem durch diese Weisungen erst verstehen kann, wie ein Volk unter den denkbar schlechtesten Bedingungen über Jahrhunderte nicht nur überleben, sondern dabei sogar seine Identität bewahren konnte. Dies war freilich kein simpler Selbstzweck, sondern notwendige Voraussetzung dafür, G'ttes Weisungen zu befolgen und dadurch ein 'Licht für die Völker' zu sein, d.h. die Welt menschlicher machen zu helfen. Rabbiner Lord Jakobovitz (1921-1999) sagte einmal: "Wir müssen unbedingt einen Beitrag zur Entwicklung der Welt leisten, wir müssen

---

[1] Die Amalekiter waren ein Israel feindlich gesinntes Volk; 'Amalek' wurde zum Synonym für die immer neu erstehenden Feinde Israels; https://de.wikipedia.org/wiki/Amalekiter; https://www.bibelkommentare.de/lexikon/150/amalek: "Denn nicht einer allein stand gegen uns auf, um uns zu vernichten, sondern in jeder Generation steht man gegen uns auf, um uns zu vernichten." (Pessach Haggada)

[2] https://www.hebcal.com/holidays/shabbat-zachor

einen Einfluss auf die Moral der Welt haben; denn für das haben wir die Geschichte schließlich überlebt. –...– Das Ziel des jüdischen Überlebens ist es, einen wertvollen Beitrag in der Welt zu leisten. Dazu muss das jüdische Leben erhöht, vertieft und verstärkt werden." (Y. Nordmann 1996, S. 11)

Gegen Vergessen: Der tiefste Grund für das fundamentale Doppelgebot des Gedenkens und des Nichtvergessens ist im jüdischen G'ttes-Verständnis begründet: Denn der jüdische G'tt ist nur insoweit kenntlich, als er sich im Geschehen der Geschichte offenbart, und *genau deshalb* muss Geschichte unbedingt erinnert werden, wenn man das Wirken G'ttes erkennen will. In dem für das jüdische Religionsverständnis entscheidenden Dornbusch-Ereignis offenbart sich G'tt, indem er zu Mose spricht: "Ich bin der G'tt deines Vaters, der G'tt Avrahams, der G'tt Jizchaks, der G'tt Jaákovs... – nun geh, ich schicke dich zu Pharao, führe mein Volk, die Söhne Jisraels, aus Ägypten!" (2 Mose 3, 1-17). G'tt erinnert Mosche an die Väter, weil das Volk seinen G'tt als den seiner Väter unverwechselbar erkennt, indem es sich seiner Taten erinnert. Der "Wappenspruch" der Jüdischen Gemeinde von Thessaloniki lautet: *"G'tt erinnert, was Menschen vergessen."*[3]

Gegen Vergessen: Auch die hier zusammengestellten 36 Vor- und Nachworte sind gegen Vergessen gerichtet und umfassen ein breites Spektrum von Themen, wobei die 18 *Lesebücher* wiederum Themen bündeln und in einem *Nachschlagewerk* systematisch zusammengefasst sind. Sechs Titel stammen von externen Autorinnen und Autoren, zwei Titel sind Hommagen. – Das Erinnern sei gewissermaßen die jüdischste aller Beschäftigungen, fand Ruth Klüger: "Unsere Religion ist in allen Einzelheiten an unser Geschichtsbewusstsein gebunden, und es ist diese kollektive Erinnerung, die uns überhaupt zu Juden macht."[4] – Und Hans Küng konstatiert: "Für keine andere Nation sollten in Zukunft die aufgeschriebenen Überlieferungen zur Bewahrung der eigenen Identität auch ohne Staat so wichtig werden wie für das Volk Israel."[5] – 13./20. September 2021

---

[3] Erhard Roy Wiehn, Juden in Thessaloniki – Die alte sephardische Metropole im kurzen geschichtlichen Überblick unter besonderer Berücksichtigung der Schoáh 1941–1944. (2001) Neuauflage Konstanz 2018.

[4] Ruth Klüger, "Kitsch, Kunst und Grauen. Die Hintertüren des Erinnerns: Darf man den Holocaust deuten?" In: Frankfurter Allgemeine Zeitung, Nr. 281, 2. Dezember 1995, Beilage.

[5] Hans Küng, Das Judentum. München 1999, S. 134.

Gegen Vergessen

1. Achtzig Jahre "Abschiebung" nach Gurs 1940*

Je weiter die Ereignisse der Holocaust-Schoáh, der Holocaust-Katastrophe, der Katastrophe der Katastrophen, sich zeitlich zu entfernen und in der Vergangenheit zu entschwinden scheinen, desto näher rücken sie in die Gegenwart herein. Das gilt auch für die zunächst wenig bekannte und dennoch beispiellose "Abschiebung" der südwestdeutschen Juden am 22. Oktober 1940 nach Frankreich, die erste derartige NS-Aktion gegen deutsche Jüdinnen und Juden im deutschen Reich überhaupt. 80 Jahre danach leben nur noch sehr wenige der jüngsten Deportierten als Augen- und Zeitzeugen, denen der damalige Alptraum jedoch ganz gegenwärtig geblieben ist. Um so wichtiger werden schon jetzt und mehr noch in Zukunft in einer Art Sekundärzeugenschaft verschriftlichte Augenzeugenberichte, mit deren Veröffentlichung wir bereits im Jahre 1990 begonnen hatten, die wir 2000 und 2010 fortsetzen konnten.

Der persönliche Schlüssel für das Camp de Gurs und das Camp de Rivesaltes wurde mir vor Jahrzehnten fast unbemerkt von Margot Wicki-Schwarzschild geschenkt, und er hatte schon früh etwas Wichtiges in mir aufgeschlossen, das ein entscheidender Teil meines Lebens werden sollte. Es dauerte jedoch eine ganze Weile, bis ich diesen Schlüssel auch publizistisch nutzen konnte, und es dürfte bis heute nicht allzu viele Facheditionen geben, die eine ähnliche Sammlung deutschsprachiger Schriften zum Leben und Leiden deutscher Jüdinnen und Juden während der Schoáh in Frankreich aufweisen können und überhaupt. – Obwohl es heutzutage außer dem Deportiertenfriedhof in Gurs kaum Authentisches aus der damaligen Lager-Zeit zu sehen gibt, war es für mich doch gut und wichtig, anlässlich der Gedenkfeier von Vertretern in bezug auf ihre jüdische Bevölkerung damals betroffener deutscher Städte mit dem damaligen Konstanzer Oberbürgermeister, meinem Freund Dr. Horst Eickmeyer, Ende April 1996 in Gurs weilen zu können. – Im übrigen sei auch hier einmal mehr an die mit unserer *Edition Schoáh & Judaica* verbundene Hoff-

* **In: Erhard Roy Wiehn, Abschiebung 1940. Konstanz 2020, S. 7 ff.**

nung erinnert: Was aufgeschrieben, veröffentlicht und in etlichen Bibliotheken der Welt aufgehoben ist, wird hoffentlich nicht so leicht vergessen. – 16. Februar 2010 – 10. März 2020

2. Antisemitismus als bleibende Herausforderung*

Es gibt Themen, die einen als Probleme nicht loslassen, über Jahrzehnte beschäftigen und immer wieder einholen.

In meinem Vorwort zu *Judenfeindschaft – Eine öffentliche Vortragsreihe an der Universität Konstanz 1988/89* (Konstanz 1989, S. 7) schrieb ich an Purim 5749 (im Februar 1989) – vor 31 Jahren also: "Dass Judenfeindschaft als uraltes Phänomen bis heute höchst aktuell geblieben ist, wenn auch vielleicht in mancherlei neuern Formen, daran kann es wohl leider nicht den geringsten Zweifel geben. Nach wie vor ist dies eine ebenso ärgerliche wie schwer begreifliche Tatsache, eine moralische, soziale, politische Herausforderung und ein brisantes wissenschaftliches Problem zugleich, insbesondere für eine Soziologie mit dem Anspruch zeitgenössischer Aufklärung, deren Grenzen gerade hier infrage stehen.

Eine Vortragsreihe über *Judenfeindschaft* im Wintersemester 1988/89 an der Universität Konstanz bedurfte daher keiner besonderen Rechtfertigung, und sie wäre auch ohne den 50. Jahrestag des Novemberpogroms von 1938 durchaus gut begründet gewesen. Dabei war zunächst an eine systematischere Präsentation dieser komplexen Problematik gedacht, im Rahmen der verfügbaren Finanzmittel jedoch nicht realisierbar. Gleichwohl ist eine vielseitige Reihe von insgesamt neun Vorträgen zustande gekommen und auf ein so anhaltendes Interesse gestoßen, dass ihre vollständige Veröffentlichung gerechtfertigt erscheint."[6]

Ein meiner Einleitung[7] zur Vorlesungsreihe zitierte ich unter anderem die *Jüdische Rundschau* (Basel) Nr. 12/13 (S. 3) von 1947: "Steigender Antisemitismus in Deutschland" lautete die Überschrift einer Meldung: "Eine von amerikanischer Seite durchgeführte Umfrage habe

---

* **In: Erhard Roy Wiehn, Zur Geschichte und Aktualität des Antisemitismus – Ein Diskussionsbeitrag. Konstanz 2020, S. 7 ff.**

[6] Erhard Roy Wiehn (Hg.), Judenfeindschaft. Konstanz 1989, S. 9.

[7] Ebenda, S. 9-15.

ergeben, 'dass noch immer große Teile der deutschen Bevölkerung zum Antisemitismus neigen. – Befragt wurden 3.415 Personen der US-Zone und in Berlin. Danach sind 19 v.H. der Befragten Nationalsozialisten, 22 v. H. als Anhänger der nationalsozialistischen Rassentheorie und 20 v.H. als mehr oder weniger überzeugte Antisemiten zu bezeichnen. (...) Die Umfrage habe auch gezeigt, dass im Vergleich zu einer früheren Umfrage nationalsozialistische Gefühle unter den Deutschen in den letzten acht Monaten angewachsen sind. Es habe sich erwiesen, dass ungefähr vier von zehn Personen in der Zone ernsthaft zum Antisemitismus neigen. – Das Anwachsen des Antisemitismus scheine durch viele Tatschen beeinflusst zu sein. Auffallenderweise sei der Prozentsatz antisemitischer Frauen größer als der von Männern.'" – Das war im Jahre 1947, zwei Jahre nach dem Ende der NS-Zeit.[8]

Weiter habe ich damals folgendes zitiert: "'In den Nacht vom 24. Zum 25. Dezember 1959 (...) wurde die Synagoge in Köln mit antisemitischen Aufschriften und Hakenkreuzen besudelt', erinnerte der Soziologe und Antisemitismus-Forscher Alphons Silbermann 1982: 'Es begann eine Welle antisemitischer Handlungen, die mit 58 solcher Fälle allein für den 7. Februar 1960 einen nennenswerten Höhepunkt erreichte, bei dem unbekannte Täter Mauern, Wände und Türen mit antisemitischen Parolen und Hakenkreuzen beschmierten. (...)" Das war 15 Jahre nach dem Ende des NS-Regimes. – Anfang 1981 – also 36 Jahre danach – lesen wir, dass die Sicherheitsbehörden eine Zunahme antisemitischer Aktionen in der Bundesrepublik registriert haben. 'Allein im vergangenen Jahr', so heißt es (also 1980, ERW), 'wurden 42 jüdische Friedhöfe und Kultstätten geschändet. In 44 Fällen gab es Gewaltdrohungen gegen jüdische Mitbürger (...). – Antisemitische Ausschreitungen dieser oder anderer Art – mal als die Tat jugendlicher Raufbolde, mal als die Tat von Rechtsextremisten hingestellt –haben sich (...) immer wieder ereignet. Nur wurden sie von der Tagespresse nicht länger für nachrichtenwertig genug gehalten, um sie im einzelnen öffentlich zur Kenntnis zu bringen. Nur krassen Skandalen, z.B. die 'Judenverbrennung' durch betrunkene Bundeswehroffiziere (1977) oder hassvolle antijüdische Äußerungen von im öffentlichen Leben stehenden Personen (Politiker, Bürgermeister, Lehrer etc.) gingen noch, mit oder ohne Kommentar versehen, durch die Presse. (...)

[8] Dazu auch in: Erhard Roy Wiehn (Hg.), Judenfeindschaft. Konstanz 1989, S. 231 ff.

Offensichtlich handelt es sich beim Antisemitismus, umschreibe man ihn als eine judenfeindliche Haltung oder als Judenhass, gelinde ausgedrückt um einen 'internationalen Ausschlag' der mal auf diese oder jene Weise zum Ausdruck kommt.'"[9] – Gelinde ausgedrückt.[10]

Immer noch meine Einleitung von 1988: "Folge man der empirischen Sozialforschung[11] und glaube man an die neuesten Ergebnisse ihrer Studien, schreibt Henryk M. Broder 1986, so habe mehr als die Hälfte der Bundesbürger mehr oder weniger stark ausgeprägte antisemitische Empfindungen. Aber: Das ist überhaupt kein Grund zur Panik, in anderen Ländern sieht es noch schlimmer aus." In Österreich zum Beispiel, so hätten Forscher der Universität Wien in einer Ende 1984 vorgelegten Untersuchung herausgefunden, "sollen nur 15% der Bevölkerung den Juden 'weitgehend vorurteilsfrei' gegenüberstehen (...)", für die Bundesrepublik seien, vor allem von Alphons Silbermann, ähnliche Werte ermittelt worden.[12] – "Denn tief im Volksgemüt sitzen alte Vorurteile gegen uns", schrieb Theodor Herzl 1896: "Wer sich davon Rechenschaft geben will, braucht nur dahin zu horchen, wo das Volk sich aufrichtig und einfach äußert (...)"[13] – die Äußerungen des Bürgermeisters von Korschenbroich oder eines christdemokratischen Bundestagsabgeordneten sind einschlägige Kostproben aus jüngerer Zeit. Das Ende der "Schonzeit" war angesagt in den Theaterszenen von Frankfurt und Konstanz und nicht zuletzt auch in den Medien, – ja, der Anfang von diesem Ende ist inzwischen längst schon angebrochen.

Antisemitismus nach Auschwitz oder "Die Deutschen werden den Juden Auschwitz nie verzeihen"?[14] – Der Schriftsteller Siegfried Lenz "ist 'fassungslos'", berichtete die Allgemeine jüdische Wochenzeitung in Bonn, "dass es in der Bundesrepublik trotz der 'grauenhaften Eröffnungen über den millionenfachen Mord' an Juden während der NS-Zeit unter jungen Menschen 'immer noch Antisemiten' gibt. In einem Interview der Tageszeitung *Die Welt* nannte es [Siegfried Lenz, ERW]

---

[9] Alphons Silbermann, Sind wir Antisemiten? Köln 1982, S. 9 f.

[10] Erhard Roy Wiehn (Hg.), Judenfeindschaft. Konstanz 1989, S. 14 f.

[11] Ebenda, S. 244 ff.

[12] Henryk M. Broder, Der ewige Antisemit. Frankfurt 1986, S. 73 f.

[13] Theodor Herzl, "Wenn ihr wollt. Ist es kein Märchen – Altneuland / Der Judenstaat. Hrsg v. J.H. Schoeps. Kronberg 1978, S. 200

[14] Henryk M. Broder, a.a.O., S. 125 ff.

der diesjährige (1988) Friedendpreisträger des Deutschen Buchhandels, das 'Besondere' an der Bundesrepublik, 'dass wir einen – wenn auch minimalen – Antisemitismus ohne Juden haben'. Hier sei unentwegte Aufklärung nötig, meinte Lenz und plädierte für eine verstärkte Berücksichtigung des Themas Antisemitismus und Rassismus in den Schulen."[15] – Ja, unentwegte Aufklärung.

Machen wir nun einen großen Sprung von 1988 bis 2019/20: Unter dem Stichwort "Antisemitismus" wurden aus der *Frankfurter Allgemeinen Zeitung* von Anfang Juni 2019 bis Anfang März 2020, folgende Schlagzeilen und Textauszüge ausgesucht, und zwar ohne Anspruch auf Vollständigkeit:

"Rivlin 'schockiert' über Kippa-Äußerung Kleins – Israels Staatspräsident Reuven Rivlin hat 'zutiefst schockiert' auf den Rat des Antisemitismusbeauftragten der Bundesregierung, Felix Klein, reagiert, sich nicht überall in Deutschland mit der Kippa zu zeigen. (...) Die EU-Spitzenkandidatin der SPD, Bundesministerin Katarina Barley, sagte, die immer häufigeren Gewalttaten gegen Juden seiend beschämend für Deutschland. Rechte Bewegungen griffen die Demokratie an und 'zielen auf unser friedliches Zusammenleben'" – "2018 war die Zahl antisemitischer Straftaten erheblich angestiegen. Der jüngste Jahresbericht zur politisch motivierten Kriminalität hatte 1.799 Fälle ausgewiesen, das waren 19,6 Prozent mehr als 2017. (...) Etwa 90 Prozent der Straftaten seien dem rechtsradikalen Umfeld zuzurechnen, hatte es bei der Vorstellung der neuen Statistik geheißen. (...)" [16]

"Berlin will Antisemitismus stärker bekämpfen – Maas: Noch deutlicher Gesicht zeigen / Beauftragter Klein verteidigt Warnung".[17] – "Steinmeier: Staat muss Juden schützen – Einen Tag vor er geplanten judenfeindlichen Al-Quds-Demonstration in Berlin hat Bundespräsident Frank-Walter Steinmeier dazu aufgerufen, Antisemitismus in allen seinen Formen zu bekämpfen. Dies sei Bürgerpflicht. (...)"[18] – Timo Frasch: "Kampf mit der Definition – Spaenles Strategie gegen den Antisemitismus".[19] – "Die baden-württembergische Kultusminis-

[15] Allgemeine Jüdische Wochenzeitung, 30.09.1988, S. 5.

[16] Frankfurter Allgemeine Zeitung, Nr. 122, 27. 05.2019, S. 1 u. 7.

[17] Frankfurter Allgemeine Zeitung, Nr. 124, 29.05.2019, S. 1.

[18] Frankfurter Allgemeine Zeitung, Nr. 126, 01.06.2019, S. 1.

[19] Frankfurter Allgemeine Zeitung, Nr. 187, 14.08.2019, S. 4.

terin Susanne Eisenmann (CDU) sagte, gerade in Zeiten eines erstarkenden Antisemitismus müsse an die Opfer des nationalsozialistischen Terrorregimes erinnert werden."[20]

"(…) Die grundsätzliche Spannung, die seine Aufgabe kennzeichnet, zeigt sich schon in Felix Kleins Titel: Als 'Beauftragter der Bundesregierung für jüdisches Leben in Deutschland und den Kampf gegen Antisemitismus' (…). Die Aufgabe, die Erinnerung zu bewahren, betreffe die ganze Gesellschaft. Ebenso die, gegen Antisemitismus vorzugehen – in allen seinen Formen. (…) Etwa Israel-Hass: Dieser stelle mittlerweile 'die am weitesten verbreitete Form des Antisemitismus in Deutschland und Europa' dar."[21]

"Bewaffneter Angriff auf Synagoge in Halle – Zwei Menschen erschossen/Sicherheitskreise: Anhaltspunkte für Rechtsextremismus"; dazu Jasper von Altenbockum: "Terror in Halle – Die Türen der Synagoge hielten dem Terroranschlag stand. (…)" – Dazu von Reinhard Bingener ganzseitig Seite 3: "Horrorszenario an Jom Kippur – Am höchsten jüdischen Feiertag wird in Halle auf die Synagoge geschossen, zwei Passanten werden getötet. Vieles deutet auf einen Anschlag von Rechtsextremen hin."[22]

"Steinmeier: Jüdische Einrichtungen müssen besser geschützt werden – Generalbundesanwalt bezeichnet Angriff von Halle als Terror / Kritik an der AfD"; dazu Seite 2: "Trägt die AfD Mitschuld an dem Anschlag? – Hermann: Geistige Brandstifter / Gauland: Infam". – Von drei Autoren ganzseitig Seite 3: "Eine Tat auf fruchtbarem Boden – Viele Politiker wollen nach dem Anschlag auf die Synagoge in Halle keinen Zweifel aufkommen lassen, dass sie etwas gegen Antisemitismus tun. (…)"[23]

"Stephan B. gibt antisemitisches Motiv für Tat an – Rechtsextremist von Halle veröffentlicht Bauanleitungen von Waffen im Internet"; dazu von Markus Wehner Seite 2: "Freund oder Feind? – Die AfD und der Antisemitismus".[24] – "Seehofer: Mehr Schutz für Juden – Sechs-Punkte-Plan vorgestellt/Hunderte neue Stellen"; Bundespräsident: "Steinmeier: Stephan B. war kein Einzeltäter – Rede über die Morde

[20] Frankfurter Allgemeine Zeitung, Nr. 210, 10.09.2019, S. 7.

[21] Frankfurter Allgemeine Zeitung, Nr. 217, 18.09.2019, S. 6.

[22] Frankfurter Allgemeine Zeitung, Nr. 235, 10.10.2019, S. 1 u. 3.

[23] Frankfurter Allgemeine Zeitung, Nr. 236, 11.10.2019, S. 1 u. 2.

[24] Frankfurter Allgemeine Zeitung, Nr. 237, 12.10.2019, S. 1 u. 2.

in Halle / Seehofer kündigt Plan zum Kampf gegen Antisemitismus an". – Dazu Seite 4: "Seehofer: Mehr Schutz für Juden – Sechs-Punkte-Plan vorgestellt / Hunderte neue Stellen".[25]

Ronald S. Lauder (seit 2007 Präsident des World Jewish Congress) Seite 9: "Was tut Ihr dagegen? – Eine neue Studie belegt, dass Juden in Deutschland aufs Neue wachsendem Antisemitismus ausgesetzt sind. (...) Das alarmierende Ergebnis ist, dass siebenundzwanzig Prozent aller Deutschen und achtzehn Prozent der deutschen Eliten antisemitisch sind. Eine Vielzahl von Deutschen ist der Meinung, dass Juden zu viel über den Holocaust sprechen (41 Prozent), beinahe die Hälfte der deutschen Eliten gibt an, Juden seien Israel gegenüber loyaler als gegenüber Deutschland (48 Prozent), und mehr als ein Viertel der deutschen Eliten vertritt die antisemitische Überzeugung, dass Juden im Geschäftsleben (28 Prozent) und in globalen Angelegenheiten zu viel Macht haben. (...) – Wenn es ein Land auf der Erde gibt, das extrem empfindsam sein sollte, wenn es um Antisemitismus geht, dann ist es Deutschland. (...)"[26]

Thomas Thiel: " Der Kurswechsel wird zum Kraftakt – Das Jüdische Museum Berlin war zum Forum der Israel-Boykott-bewegung BDS mutiert – mit dubiosen Querverbindungen. (...) Das Jüdische Museum und der Migrationsrat der Bundesregierung schufen eine Atmosphäre, in der die Verharmlosung bestimmter Formen des Antisemitismus normal wurde. (...)"[27]

Christian Meier: "Munition im Meinungskampf – Der Antisemitismus ist wandlungsfähig und verbindet sich mit politischen Debatten – von Israel bis zur Globalisierung."[28] – "Steinmeier beklagt 'kruden Antisemitismus' in Deutschland – Rede beim Holocaust-Forum in Yad Vashem / Netanjahu warnt vor Iran – Bundespräsident Frank-Walter Steinmeier hat Zweifel daran geäußert, ob die Deutschen dauerhaft die richtigen Lehren aus dem Nationalsozialismus gezogen haben. (...)"[29]

Im Zeichen des Holocaust-Gedenktages von Jürgen Kaube: "Die Lehren aus Auschwitz – (...) Wir haben Jahrzehnte des über alle Ka-

---

[25] Frankfurter Allgemeine Zeitung, Nr. 242, 18.10.2019, S. 1 u. 4.

[26] Frankfurter Allgemeine Zeitung, Nr. 248, 25.10.2019, S. 9.

[27] Frankfurter Allgemeine Zeitung, Nr. 293, 17.12.2019, S. 11.

[28] Frankfurter Allgemeine Zeitung, Nr. 16, 20.01.2020, S. 8.

[29] Frankfurter Allgemeine Zeitung, Nr. 20, 24.01.2020, S. 1.

näle verbreiteten Wissens über Auschwitz hinter uns, aber in den Umfragen will der Antisemitismus nicht abnehmen."[30]

"Rivlin: Die Verantwortung Deutschlands ist enorm – Der israelische Staatspräsident Reuven Rivlin hat in seiner Rede im Bundestag Deutschland zum Kampf gegen den sich ausbreitenden Antisemitismus aufgerufen. (...) Frank-Walter Steinmeier, der vor Rivlin sprach, warnte vor dem Aufleben von Antisemitismus, Rassismus und völkischem Denken."[31]

"Bezeichnung 'frecher Jude' ist Volksverhetzung – Wer die Bezeichnung 'frecher Jude' verwendet, kann sich nicht auf das Recht auf freie Meinungsäußerung berufen, sondern macht sich der Volksverhetzung strafbar. Das Oberlandesgericht Hamm hat am Mittwoch in einem Revisionsverfahren entschieden (...)"[32]

"Hetze gegen Juden – Nach Beobachtung des baden-württembergischen Antisemitismus-Beauftragten Michael Blume wird die Angst vor dem Coronavirus im Internet für Hetze gegen Juden instrumentalisiert. 'Antisemiten versuchen, Ängste der Bevölkerung vor dem Coronavirus zu schüren und zu nutzen, um Verschwörungserzählungen in die Welt zu setzen', sagte Blume. Youtuber behaupteten, das Virus werde von amerikanischen Juden hergestellt und verbreitet. Die Rede sei von einer 'zionistischen Weltverschwörung für eine Neue Weltordnung'. (...)"[33] – Hier schließt sich der böse Kreis zum Vorwurf der Brunnenvergiftung und Pest im 14. Jahrhundert.[34]

75 Jahre nach dem Ende des Zweiten Weltkriegs und der Holocaust-Schoáh ist dies eine ebenso deprimierende wie alarmierende Bilanz von rund drei Generationen Aufklärungsarbeit, die man jedoch zugleich als erneute Bestätigung der ärgerlichen Erfahrung sehen kann: *Solange es Juden gibt, solange gibt es Judenfeindschaft – sogar ohne Juden.* Aber genau diese rätselhafte Feststellung soll hier als Herausforderung verstanden werden, sich einmal mehr mit diesem ebenso alten wie aktuellen Phänomen und Problem zu befassen. (Purim 5780 – 10. März 2020)

---

[30] Frankfurter Allgemeine Zeitung, Nr. 22, 27.01.2020, S. 1.

[31] Frankfurter Allgemeine Zeitung, Nr. 25, 30.01.2020, S. 1.

[32] Frankfurter Allgemeine Zeitung, Nr. 43, 20.02.2020, S. 4.

[33] Frankfurter Allgemeine Zeitung, Nr. 57, 07.03.2020, S. 16; weitere FAZ-Nummern konnten coronabedingt nicht berücksichtigt werden.

[34] Erhard Roy Wiehn, Jüdisches Leben und Leiden in Konstanz. Konstanz 2014.

Nach diesem früheren Ende meiner Einführung bot die Coronazeit[35] Gelegenheit, folgende einschlägige Buch –Neuerscheinungen durchzusehen:

Zunächst Samuel Salzborn,[36] *Kollektive Unschuld. Die Abwehr der Shoah im deutschen Erinnern* (Berlin 2020):[37] Direkt einschlägig erscheint nur Kapitel "4. Gesellschaftliche Selbstfindungen: Antisemitische Schuldabwehr" (S. 67-82), und hier wird daran erinnert, dass bereits in den ersten Nachkriegsforschungen "antisemitische Einstellungen nicht eine Ausnahme, sondern die Regel" waren (S. 69). Vor diesem Hintergrund war es nur folgerichtig, dass auch die erste bundesweite empirische Umfrage vom Herbst 1949 – dem Gründungsjahr der Bundesrepublik Deutschland – ergab, dass sich immerhin noch ein Viertel der deutschen Bevölkerung selbst als AntisemitInnen klassifizierte, wobei der Anteil im Jahr 1952 sogar auf ein Drittel stieg. Das Klima der 1950er Jahre war geprägt von einer Renazifizierung bzw. einer unzureichenden Entnazifizierung." (S. 70)[38] Und parallel zur wachsenden Ablehnung von öffentlichen Formen des Antisemitismus habe die Toleranz für antisemitische Äußerungen im privaten Bereich jedoch weiter fortbestand (S. 72). "Die heute dominante Form des Antisemitismus richtet sich gegen Israel, nur allzu gern versuchen AntisemitInnen, sich hinter der Formel, dass Israelkritik doch nicht Antisemitismus sein, zu verstecken und auf diese Weise Antisemitismus zu trivialisieren." (S. 81)

Alsdann Ronen Steinke,[39] *Terror gegen Juden – Wie antisemitische Gewalt erstarkt und der Staat versagt. Eine Anklage* (Berlin 2020). Dieser Autor kommt vor dem Hintergrund einer detaillierten Chronik antisemitische Vorfälle heftiger zur Sache, und im Schlusskapitel "Schluss damit – Was sich ändern muss" (S. 131-148) heißt es u.a.:

---

35 Die Universität Konstanz war seit 17. März 2020 geschlossen, und ich hatte erst wieder seit dem 3. August 2020 Zugang.

36 Samuel Salzborn ist Antisemitismus- und Rechtsextremismusforscher und lehrt Politikwissenschaft an der Universität Gießen.

37 Dazu die Rezension von Johanna Christner, "Die größte Lüge? Debattenbeitrag zur Erinnerungskultur", in: Frankfurter Allgemeine Zeitung, Nr. 137, 16, Juni 2020, S. 6.

38 Dazu: Michael Borchard, Eine unmögliche Begegnung – David Ben-Gurion und Konrad Adenauer. Freiburg 2019, S. 106, 167, 213, 228, 260, 324 ff.

39 Dr. Ronen Steinke ist promovierter Jurist und Redakteur der Süddeutschen Zeitung (Klappentext).

Klar, es gebe wieder jüdisches Leben in Deutschland: "Aber was es nicht gibt in diesem Land, auch nicht nach siebzig Jahren Demokratie und Grundgesetz: angstfreies jüdisches Leben." Und: "Was stimmt, ist, dass Verschwörungstheorien insgesamt Konjunktur haben,[40] und damit auch der Antisemitismus, die wirkmächtigste und historisch am besten eingeübte." (S. 131) Also "Was es braucht: 1. Hate Crimes schärfer bestrafen" (S. 133). "2. Eine Justiz, die niemals die Argumentation antisemitischer Täter übernimmt (S. 134). "3. Viel konsequentere Entlassungen von Rechtsextremen aus der Polizei" (S. 135) "4. Schutz jüdischer Einrichtungen" (S. 137) Mit diesen Forderungen sein noch lange nicht alles gut; aber es sei eine Minimalvoraussetzung, wenn Jüdinnen und Juden sich überhaupt eine positive Version eines Lebens in dieser Republik bewahren wollen: "Drunter geht's nicht." (S. 138)

Schließlich Michael Blume, *Warum der Antisemitismus uns alle bedroht – Wie neue Medien alte Verschwörungsmythen befeuern* (Ostfildern 2019): In folgenden drei Abschnitten versucht der Autor seine Titelfrage zu beantworten: "1. Mythen und Missverständnisse – Kennzeichen des Antisemitismus" (S. 33 ff.); "2. Sems Erfolgsgeheimnis – Das Alphabet" (S. 99 ff.); "3. Mythen, Medien, Mächte - Ein Blick zurück nach vorn" (S. 153 ff.): "In diesem Buch werde ich die These vertreten, dass wir für das Verständnis von Semitismus und Antisemitismus keine Pseudogenetik und keine Verschwörungsmythen brauchen. Vielmehr haben wir es mit der immer noch völlig unterschätzten Wirkung von Medien zu tun. (...) Es ist Zeit, die Antisemiten genau dort zu stellen, von wo sie angreifen – auf dem Feld der Medien und er medial geprägten Mythen." (S. 31) – Michael Blumes[41] Schrift endet unter dem Motto "Trotz allem optimistisch mit folgenden Zeilen: "Ja, ich sehe den Antisemitismus und seine Gefahren. Doch der Regenbogen symbolisiert ein Mahnmal gegen das Vergessen; er verharmlost also gar nichts. Und zugleich leuchtet er uns immer noch voraus – in allen Farben der kommenden Welt." (S. 176)

---

[40] Michael Butter, "Aufregung in den Echokammern –Verschwörungstheorien scheinen zu florieren. Oder gewinnen sie nur an Öffentlichkeit? Über ein beunruhigendes Phänomen in Zeiten der Corona-Krise", in: Frankfurter Allgemeine Zeitung. Nr. 183, 8. August 2010, S. 11.

[41] Dr. Michael Blume ist Religionswissenschaftler und Referatsleiter für nichtchristliche Religionen im Staatsministerium Baden-Württemberg sowie Beauftragter der Landesregierung gegen Antisemitismus.

*

"'Ich dachte, wir hätten die Sache mit den Juden hinter uns. Da habe ich mich wohl getäuscht. Das währt ewig. Immer hat es Juden gegeben, und immer wird es welche geben.' – 'Ein Jud bleibt ein Jud. Egal, was er macht, er bleibt immer ein Jud.'" Aharon Appelfeld, Elternland. Berlin 2007, S. 124 u. 175. – 7. August 2020

3. Vorbemerkungen zu *SchlussPunkte*[*]

"So ist das nun mal bei einer guten Geschichte: man hat nicht das Gefühl, als bekäme man einen nachträglichen Bericht über das, was geschehen ist, sondern es passiert sozusagen während des Erzählens."
Harry Mulisch, *Die Entdeckung des Himmels.*
Reinbek 2016, S. 647.

Zwar habe ich entschieden, meine *Jahrestagebucharchive* (dieser Begriff ist meine Erfindung und im Internet nicht zu finden – außer in Verbindung mit meinen Publikationen!) in der bisherigen Form nicht fortzusetzen, um mir aber die Option offenzuhalten, doch noch Eigenes weiterzuschreiben, habe ich von gestern auf heute den Titel *NachHall* erfunden, die vielleicht auch *NachKlänge* oder *SchlussPunkte* heißen können, je nachdem, was ich darin unterbringen werde. Und darauf bin ich nun selbst gespannt und von der Idee beglückt, eine neue Tür ins Freie, Neue, Unbekannte, geöffnet zu haben, ein neues Abenteuer. (13./14.04.2019)

Was den Titel betrifft, so kann schon zu Anfang ein wenig darüber reflektiert werden: Also *NachHall* klingt vielleicht zu "akustisch" und *NachKlang* oder *NachKlänge* hört sich zu musikalisch an: Mirjam Wiehn riet mir auf Anhieb zu *SchlussPunkte*, die ja als solche mit Satzbau und Text zu tun haben, als Plural *SchlussPunkte* verschiedener Themenbereiche sein, jederzeit abgebrochen oder auch durch *I, II, III* fortgeführt werden können. Fangen wir also mal mit *SchlussPunkte* an, vielleicht fällt mir auch noch etwas viel Besseres ein.

"Denn die Entdeckung Gottes ist wohl die folgenschwerste Entdeckung des Menschen, unabhängig davon, ob es Gott gibt oder nicht, sind doch die wichtigsten Entdeckungen nach jener Gottes die Entdeckungen des Punktes (*da ist er! ERW*), der Null, der Geraden, der rationalen und der irrationalen Zahl usw. Gedankendinge, über deren

---

[*] **In: Erhard Roy Wiehn, SchlussPunkte – Auslese . Jahrestagebucharchiv 2019/20. Konstanz 2020, S. 7 ff.**

Existenz oder Nichtexistenz zu diskutieren ebenso sinnlos ist, sind sie doch unabhängig von dieser Frage wirksam."[42]

Ein Punkt ist ein Fleck, ein Tupfen, kleines, kreisrundes Zeichen; Punkte sind Satzzeichen,[43] und "Ein Punkt ist ein grundlegendes Element der Geometrie."[44] – Synonym ist *Endpunkt*, Gegenwort ist *Ausgangspunkt*. – Ein Punkt markiert das Ende von etwas, als Satzzeichen das Ende eines Satzes, vor allem eines Aussagesatzes.[45] Bei *Wiktionary* sind 18 Bedeutungen aufgelistet, 12 sinnverwandte Wörter (z.B. Tüttelchen, fünf Gegenwörter, 10 Oberbegriffe, 15 Unterbegriffe, 25 Beispiele, 11 Redewendungen (ein dunkler, neuralgischer, wunder, toter und der springende Punkt!), neun charakteristische Wortkombinationen, Wortbildungen (z.B. Punktgewinn) und Übersetzungen.[46] Im Internet gibt es dazu noch eine ganze Menge mehr, was ja nicht weiter verwunderlich ist, z.B. fragen Nutzer im Internet: "Was ist ein Punkt?" oder "Wie groß ist ein Punkt?" oder "Ist ein Punkt eindimensional?" – Folgende hübsche Zitate habe ich gefunden: "Manon Baukhage: *Der Punkt. Zugegeben, er macht nicht viel her – so klein wie er sich gibt. Tatsächlich aber gehört er zu den großen Rätseln der Welt."*– Von Oskar Perron stammt die Bemerkung: "*Ein Punkt ist genau das, was der intelligente, aber harmlose, unverbildete Leser sich darunter vorstellt."*[47]

Jetzt fühle ich mich richtig gut eingestimmt und animiert, mich in meine *SchlussPunkte* zu stürzen, bin gespannt, ob ich mit diesen *punkten* kann, hoffe sehr, dass diese *SchlussPunkte* zu interessanten *AusgangsPunkten* geraten, sich als *springende Punkte* erweisen,[48] *die zu Punktlandungen* und *Punktgewinn führen,* sich nicht allzu *früh in kri-*

---

[42] Friedrich Dürrenmatt (1921-1990), Zusammenhänge – Essay über Israel. Zürich 1985, S. 14 f.

[43] https://de.wikipedia.org/wiki/Punkt_(Satzzeichen)

[44] https://de.wikipedia.org/wiki/Punkt_(Geometrie)

[45] https://de.wiktionary.org/wiki/Schlusspunkt; https://de.wiktionary.org/wiki /Endpunkt

[46] https://de.wiktionary.org/wiki/Punkt

[47] https://de.wikipedia.org/wiki/Punkt_(Geometrie)

[48] Seit meiner Star-OP am rechten Auge weiß ich nun auch, was schwarze springende Punkte sind. (28.05.2019)

tische, neuralgische, wunde, oder *tote Punkte* und somit in *EndPunkte* verwandeln. (30.04.2019)[49]

Mirjam Wiehn fügte hier an: "Ich kann nicht nur einen Punkt machen, sogar zum Punkt kommen oder ihn verfehlen. Den Zielpunkt im Auge haben und punktgenau landen ist eine Kunst, mit der man/frau punkten kann. – Die kleine Ausgabe der Punkte sind die Pünktchen, mit denen sich Ungesagtes, noch zu Erahnendes oder gar Verwegenes andeuten lässt. – Just for fun: 'Punkt – Punkt – Komma –Strich – fertig ist das Mondgesicht!'" (Ende April/Anfang Mai 2019)

*

Die *Jahrestagebucharchive* 2019 und 2020 spiegeln *meine Tage* (*Alltag* will ich bewusst nicht schreiben, denn *meine Tage* sind kein Alltag!) in dieser Zeit: Meine Presseschau zeigt meine politischen Interessen mit den Schwerpunkten Judentum, Judenfeindschaft, Israel – samt den täglichen Aktualitäten; meine Mail-Korrespondenz möchte Anteil geben an meinen sozialen Kontakten; mit meinen Zeitungs- und Buchzitaten möchte ich meine Lektüre mit den Leserinnen und Lesern teilen und somit auf lesenswerte Schriften und Texte hinweisen. Durch diese Mitteilungen zwinge ich mich selbst, so bewusst wie möglich zu leben. – Wenn ich wie im Jahr 2019 wiederum bis Ende März / Anfang April 2020 an meinem *Jahrestagebucharchiv 2019/ 2020* weiterarbeite, dann liegen Anfang November noch rund vier Monate vor mir, ich habe also schon knapp sechs Monate Arbeit hinter mir und bin mithin also bereits "über den Berg". Soweit ich bis jetzt sehe, werde ich beim Titel *SchlussPunkte* bleiben, weil ich daran leicht *SchlussPunkte II* hängen könnte, sofern ich das noch schaffen kann. (05.11.2019)

*

Traurigerweise sind in diesem Jahr 2019 zwei gute alte Freundinnen sowie ein Freund[50] von uns gegangen, alle auch Autoren meiner Edition: Gretel Baum Merom, die aus Frankfurt am Main stammte, ver-

---

[49] Was die Rechtschreibung betrifft, so folgen alle Zitate dem Original; ansonsten halte ich mich weitgehend an die neue Rechtschreibung, bei "gestern abend", "heute morgen" etc., "im folgenden", "im übrigen" usw. bleibe ich bei der alten Rechtschreibung, weil ich die neue einfach nicht über mich bringe. (04.05. 2019)

[50] Meinem am 21. April 2019 im Alter von 80 Jahren verstorbenen alten Pfadfinderfreund Winfried Kurrath habe ich hier meinen 4. Abschnitt als Hommage gewidmet.

starb am 25./26. Januar mit fast 106 Jahren in Haifa; ich hatte sie im Sommer 1961 zusammen mit ihrem Mann Alfred Merom auf einem Schiff im Mittelmeer kennengelernt, wir hatten seit 1996 drei Bücher zusammen gemacht* und waren fast 58 Jahre miteinander befreundet.

Zwi Helmut Steinitz, geboren in Posen, verstarb am 25. August mit 92 Jahren in Tel Aviv; er hatte etliche Konzentrationslager überlebt und bis zuletzt insbesondere unter dem Verlust seiner Familie schwer gelitten, seit 2006 haben wir sechs Bücher zusammen gemacht. Ich habe Zwi sehr gemocht; wir haben uns zuletzt am 12. Juni 2018 in Tel Aviv gesehen.

Margit Bartfeld-Feller, geboren in Czernowitz und 50 Jahre Deportation in Sibirien überlebt, starb am 25. November 2019 mit 96 Jahren in Tel Aviv; mit ihr habe ich seit 1996 insgesamt 12 Bücher gemacht (S. 578.), so viel wie mit niemandem sonst.

Alle haben ein beachtliches Alter erreicht, und es waren alles Glücksfälle: dass ich sie kennenlernen, mit ihnen arbeiten und viele Jahre befreundet sein durfte: In in ihren Büchern werden sie und ihre Familien weiterleben.

Am 6. Dezember 2019 ist Lore Talla im Alter von 91 Jahren verstorben; sie war die Chefsekretärin des Gründungsrektors der Universität Konstanz, Prof. Dr. Gerhard Hess, und Sekretärin der folgenden Rektoren einschließlich Prof. Dr. Horst Sund. 1973 habe ich Lörchen in "unser" Romer-Haus Holdersteig 12 geholt, wo wir viele Jahre gut nachbarlich befreundet waren (siehe auch S. 405 f.).

Neben diesen traurigen Abschieden gab auch völlig unverhofftes Wiedersehen, nämlich mit Stella, der ich im Sommer 1958 als Girl Scout auf der *Korinthia* zwischen Piräus und Alexandria erstmals begegnete, bei deren Eltern Charles und Hélène sowie Töchterchen Ivy ich mit meinem Pfadfinder-Freund Pit im Sommer 1959 in Kairo zu Gast sein durfte, die ich alle im Frühsommer 1962 in Athen wiedersah, zuletzt nochmals Stella in Konstanz 1976. Papa Charles ist früh verstorben, Mama Hélène mit mehr als 100 im vorigen Jahr.

Als ich für die vorliegenden *SchlussPunkte – AusLese III. Jahrestagbucharchiv 2019/20* meine Tagebücher aus den 1950er Jahren auswertete, hatte ich plötzlich das starke Bedürfnis, nach dieser Familie zu fahnden und fand sie tatsächlich unweit von Dortmund im

---

* Dazu: Erhard Roy Wiehn, MenschWerden. Konstanz 2012, S. 171 ff.; Erhard Roy Wiehn, AusLese II. Konstanz 2019, S. 364.

Sauerland durch das Internet über einen Zeitungsartikel, der von Mama Hélènes 101. Geburtstag berichtet, den sie im Januar 2019 feierte. Inzwischen haben wir uns drei Mal kurz gesehen: Am Allerwichtigsten war mir, dieser Familie meinen Dank dafür auszudrücken dafür, was sie mir damals bedeutet hatte. Nach sechs Jahrzehnten ist das schon ein Glücksfall besonderer Art, den man nur erleben kann, wenn alle Beteiligten lange genug leben. Ich habe es schon immer geliebt zu erleben, wenn Kreise sich im Guten schließen – zweifellos schließen bzw. schlossen sich hier ganz besondere Kreise, und es könnte sein, dass eine alte, völlig eingeschlafene Brief-Freundschaft unerwartet wiedererwacht und sich erneuert; wenn nicht, ist es auch in Ordnung.

*

Meine vorliegenden *SchlussPunkte* enthalten neben den *Jahrestagebucharchiven* 2019 und 2020 vier weitere Abschnitte unterschiedlichen Inhalts und Umfangs: Der 3. Abschnitt *Vorworte und Nachworte, Ansprachen und Miszellen* (S. 563 ff.) enthält zunächst eine frühe Rezension und zeigt dann die Bandbreite meiner jüngsten Arbeiten. – Der 4. Abschnitt *Hommage* (S. 510 ff.) ist ein Nachruf auf meinen guten alten Pfadfinderfreund Winfried Kurrath, den ich 1961 während eines echten Pfadfinder-Einsatzes in einem Waisenhaus auf der Insel Rhodos kennenlernte, und ich danke Dr. Anton Markmiller herzlich für seine ebenso profunde wie freundschaftliche Hommage. – Der 5. Abschnitt wurde mir von Ludwig ("Bascht") Sebastian angeboten (S. 530 ff.), einem früheren Mitpfadfinder Ende der 1940er, Anfang der 1950er Jahre in Kaiserslautern. – Der 6. Abschnitt enthält Ausschnitte aus meinen Tagebüchern von 1957. – Die Lebensdaten und Titelverzeichnisse sollen diese *SchlussPunkte* meines *Jahrestagebuchs 2019/ 20* abrunden.

Erfreut bin ich nicht zuletzt darüber, dass ich im Jahr 2019 in meiner Edition Schoáh & Judaica sieben neue Titel veröffentlichen konnte (vgl. S. 568) und nun bei 323 Titeln (seit 1984) angekommen bin, das sind über 35 Jahren 9,2 Titel pro Jahr: Vielleich schaffe ich 333 oder 336 Titel? Jedoch sollte ich nicht übermütig werden.

Nach *Menschwerden – Dem Leben seinen Sinn geben. Erinnerungen 1937-2012* (2012), *NachLese – Aus geschenkter Zeit. Eine Art Tagebuch 2012-2014 mit einem Anhang diverser Texte verschiedener Lebensbereiche seit 1954* (2015), *SpätLese – Ein Tagebucharchiv aus geschenkter Zeit 2014-2017* (2017), *AusLese I – Jahrestagebuchar-*

chiv 2018/18 (2018), *AusLese II – Jahrestagebucharchiv 2018/19 – Mit Rückblicken 1958/92 und Miszellen bis 2019* (2019) liegen nun mit *SchlussPunkte – Jahrestagebucharchiv 2019/20* (2020) sechs biographische Bände vor.

Es hat mir Freunde gemacht, ein Jahr lang fast Tag für Tag an meinen *SchlussPunkten* weiterzuschreiben, und ich würde mich freuen, wenn diese als teils heitere, teils besinnliche, teils traurige, aber niemals langweilige Lektüre gelesen würden,* die zeigen, dass jeder Tag etwas Neues bereithält, wenn man neugierig (ist Neu*gier* nicht die schönste *Gier*?!?) und dafür offen bleibt.

Ob es *SchlussPunkte II* geben wird, muss ich einstweilen offenlassen und wird von meiner allgemeinen Verfassung Anfang April 2020 abhängen, aber sicher würde es mir sehr schwerfallen, ganz ohne Schreiben zu leben. So überlege ich mir, evtl. weitere Teile meiner Tagebücher durch ihre zumindest partielle Publikation vor ihrer unvermeidlichen späteren Entsorgung zu bewahren: Kommt Zeit – kommt Rat: Ich vertraue auf die richtige Intuition zur richtigen Zeit.

Intuitionen – Eingebungen, Einfälle – waren übrigens auch beim Abfassen meiner *SchlussPunkte* beglückende Erfahrungen: Urplötzlich etwas zu denken, woran man noch kurz zuvor überhaupt nicht (oder sogar nie) gedacht hat: eine Erinnerung, ein Gefühl, eine Idee, ein Entschluss, eine Tat, ein Wort, eine Formulierung, ein Satzarrangement und manches andere mehr: Kreativität pur! (27.11./09.12. 2019)

Gegen Mitte Januar 2020 habe ich noch knapp drei Monate (10-12 Wochen) Zeit, um meine *SchlussPunkte – Jahrestagebucharchiv 2019 /20* zu Ende zu schreiben. Mir scheint, dass ich damit recht gut ins neue Jahr 2020 gekommen bin: Nach meiner *Kardioversion* am 18. Dezember 2019 und für mein Alter fühle ich mich wieder einigermaßen gut auf den Beinen, schlafe auch wieder besser und halte es in meinem Büro ("Atelier" bzw. "Studio") wieder gut und gerne ca. 9 Stunden pro Tag aus (am Wochenende etwa die Hälfte – wie ich auf Nachfrage gerne hinzufüge!). Und so bin ich durchaus nicht unhoffnungsfroh gespannt, was in diesem Jahr so alles auf mich zukommt – an der Bücherfront wie auch im privaten Bereich. Vor allem hoffe ich

---

* "Ich glaube, Chaim Weizmann (1874-1952) war es, der einmal in einem Brief schrieb, verzeih mir, guter Freund, dass ich dir einen so langen Brief schreibe, ich hab grad nicht die Zeit für einen kurzen." In: Amos Oz mit Shira Hadad, Was ist ein Apfel? – Sechs Gespräche über Schreiben und Liebe, Schuldgefühle und andere Genüsse. Berlin 2019, S. 27 (22.12.2019).

heftig, geistig und körperlich fit zu bleiben,[*] und dazu hilft vielleicht auch, dass es Tag für Tag heller wird, die Tage endlich wieder länger werden, dass also der Frühling bald schon vor der Tür steht. In der F.A.Z. fand ich heute eine hübsche Eigenanzeige: "Jetzt den Frühling buchen – Nutzen Sie die attraktiven Angebote der F.A.Z. Leserreisen." (13.01./20.01.2020)

Beglückt bin ich über alles – es sei wiederholt –, was mir während der Arbeit an den vorliegenden *Schluss-Punkten* eingefallen ist, woran ich vorher überhaupt nicht gedacht hatte: So kam ich am Freitag (7. Februar 2010) plötzlich auf die Idee, aus den Aufzeichnungen meiner Tagebücher Nr. 5 und 6 vom Herbst 1957 ein 6. bzw. Schlusskapitelchen (S. 538 ff.) zu machen und damit im Sinne *kompositorischer Stringenz* durch das Ende der vorliegenden *SchlussPunkte* den großen *Lebens-Kreis* zum ersten Band meiner Memoiren *MenschWerden* (Konstanz 2012) zu schließen, worin ich bereits aus meinen Tagebüchern zitiert hatte. Am 8. Februar 2020 begann ich alsdann, Auszüge aus den genannten Tagebüchern (fast) 1:1 in meinen Rechner zu schreiben, wobei mir die damalige "Stürmische Zeit der Entscheidung und danach (1957/61)" samt der Hauptbeteiligten wieder wie gestern vor Augen gerieten – seit Sommer 1956 mit dem goldenen "Widerhaken" meiner möglichen Berufung in der Seele[51] und seit Herbst 1957 mit einer "Feuersäule" (2 Mose – Exodus) meiner möglichen Prädestination im Kopf, konnte ich mich unwiderstehlich irgendwie *geführt* fühlen,[52] ohne die Abgründe zu verkennen. (18./27.02.2010)

Nach meiner leiblichen Geburt 1937 und nach meiner zweiten glücklichen Geburt als Pfadfinder 1947 begann 1957 meine dritte und lebensentscheidende Geburt im humanistischen Abendgymnasium *Collegium Marianum* in Neuss am Rhein sowie in *der Schola Sancti Dominici* in Düsseldorf samt folgendem Universitätsstudium in Mün-

---

[*] In der F.A.Z. gab es am 24. Januar 2020 einen Beitrag von Dietmar Dath mit dem hübschen Titel: "Veteranen sind die neue Jugend – Einer der verdientesten und beliebtesten Weltraumhelden kehrt zurück auf die Schirme: 'Star Trek: Picard' fragt, wozu wir in Zukunft die Alten brauchen werden, die wir noch nicht sind."

[51] Erhard Roy Wiehn, MenschWerden – Dem Leben seinen Sinn geben. Erinnerungen 1937-2012. Konstanz 2012, S. 148.

[52] Vgl. dazu Amos Oz (1939-2018) u. Fania Oz-Salzberger, hier S. 248, Zitat S. 165 in deren Buch a.a.O.; dazu: Sprüche 16,9.

chen, Tübingen und in den USA, der die vierte Geburt im Sinne meiner definitiven Destination 1993 folgte – ein Lebenslauf, den man nicht erfinden könnte, wenn es ihn nicht tatsächlich genau so gegeben hätte und gibt. (18./27.02.2020)

Deshalb darf auch hier der *SchlussSatz* aller Vorworte meiner Edition nicht fehlen: Was aufgeschrieben, veröffentlicht und in etlichen Bibliotheken der Welt aufgehoben ist, wird womöglich nicht so schnell vergessen, damit vielleicht daraus gelernt werden kann. – März 2020

***

Doch dann kam alles völlig anders als gedacht: Die Universität Konstanz schloss plötzlich am späten Nachmittag des 16. März 2020 ihre Tore aus bösem Grund: Corona ante portas: Ich musste alles stehen und liegenlassen und verbrachte alsdann 139 Corona-Tage zu Hause – auf Vorrat lesend, neue Buchprojekte entwerfend, Staub wischend etc. etc. Aber das war natürlich ein sehr reduziertes Leben, verglichen mit meiner normalen Produktivität. Schließlich entschloss ich mich, diese ungeliebte "Zwangs-Auszeit" zu nutzen und mich Anfang Juni einer Herz-OP zu unterziehen (Klappe und Bypässe). Inzwischen sind ziemlich genau zwei Monate vergangen, ich bin schon wieder ganz gut auf den Beinen (mein nobler Hausarzt Dr. Kai Michael war heute morgen recht zufrieden mit mir), arbeite seit dem 3. August 2020 wieder in meinen Universitätsbüro und will nun so rasch wie möglich aufholen, was in dem letzten 4½ Monaten liegen blieb. Meinen am 16. März 2020 (S. 455 f. u. 462) abgebrochenen Text möchte ich evtl. in *SchussPunkte II* aufgreifen. Während der häuslichen "Auszeit" hat mich meine Frau Mirjam mit ihren Laptop hervorragend unterstützt (vom Einkaufen und kochen ganz zu schweigen!), sodass ich "mailmäßig" nicht ganz von der Welt abgeschnitten war. Nun bin ich glücklich, diese schwierigen Wochen überlebt zu haben, und dass ich jetzt wieder mit neuem Elan arbeiten kann. *Barúch HaSchém*. – 06.08 2020

4. Margit Bartfeld-Feller dem Kollektivgedächtnis erhalten[53]*

[53] Nach Paul Celan, "Heimkehr", in: Petro Rychlo, Die verlorene Harfe – Eine Anthologie deutschsprachiger Lyrik aus der Bukowina. Černivci 2002, S. 368.

* **In: Erhard Roy Wiehn u. Christel Wollmann-Fiedler (Hg.), Unser Überlebenswille war stark – Gespräche mit Margit Bartfeld-Feller über Czer-**

Margit Bartfeld-Fellers erstes Sammelbändchen Dennoch Mensch geblieben erschien bereits Mitte September 1996 im Hartung-Gorre Verlag (Konstanz), weitere 13 Buch-Publikationen folgten zumeist im Zwei-Jahres-Rhythmus 1998, 2000, 2002, 2005 (sogar zwei neue Titel!), 2007, 2008, 2009, 2011, 2013, 2015, 2017, wobei die Haupttitel an sich schon eine Art Markenzeichen dieser Serie geworden sind (darunter auch russische oder deutsch-russische Ausgaben, vgl. S. 63 f.): Wer hätte das gedacht?

Zurecht wurde darauf hingewiesen, dass sich Margit Bartfeld-Feller seit 1996 als eine der ganz wenigen zeitgenössischen Schriftstellerinnen aus Czernowitz und der Bukowina bereits in die Literaturgeschichte deutschschreibender jüdischer Literatinnen und Literaten eingeschrieben hat.[54] Und obwohl die Literatur über Czernowitz fast unüberschaubar geworden ist, erscheinen ihre Geschichten doch ganz unverwechselbar. Überdies gibt es außer ihren Erinnerungen bis heute nur sehr wenig authentische Literatur über die sibirische Verbannung der Czernowitzer Jüdinnen und Juden durch das sowjetische NKWD[55] 1941 – geschweige denn die geringste Entschuldung oder gar finanzielle Entschädigung seitens der Russischen Föderation als Nachfolgestaat der Sowjetunion.

Margit Bartfeld-Feller hatte sich seit 1996 in Deutschland, Israel und Österreich nicht nur einen eigenen deutsch (und russisch)-sprachigen Leserkreis geschaffen, sondern konnte sich auch eines außerordentlichen Erfolges vor allem auch bei ihren Lesungen erfreuen, bei denen ihre Geschichten faszinieren, ihr melodisches Czernowitzer Deutsch entzückten und ihre ebenso leidgeprüfte wie optimistische Persönlichkeit die Menschen stark beeindruckte und ermutigte.[56] Dies galt übrigens auch für ihre Lesungen in ihrem geliebten Czernowitz-

---

nowitz, die sibirische Verbannung und Israel zum Gedenken. Konstanz 2020, S. 15 ff.

[54] http://de.wikipedia.org/wiki/Margit_Bartfeld-Feller

[55] Narodny kommissariat wnutrennich del (russisch НКВД – Народный комиссариат внутренних дел, Volkskommissariat für innere Angelegenheiten; http://de.wikipedia.org/wiki/Innenministerium_der_UdSSR

[56] Vgl. dazu in: Margit Bartfeld-Feller, Am östlichen Fenster. Konstanz 2002, S. 7 f. u. S. 14 f.; Sergij Osatschuk, "Eine für uns von Gott gerettete Berichterstatterin", in: Erinnerungswunde. Konstanz 2007, S. 9 f.; S. Petro Rychlo in: Margit Bartfeld-Feller, Erinnerungswunde. Konstanz 2007, S. 11; Andrei Corbea-Hoişie in: ebenda, S. 15.

Chernivtsi (Černivci) – dem besonderen Kraftfeld[57] ihres Lebens, wo sie teils auf Deutsch, teils auf Russisch gerade auch junge Menschen ansprach.

Deshalb musste dieses Gedenk- und Erinnerungsbändchen für Margit Bartfeld-Feller unbedingt erscheinen, auch um ihr posthum einmal mehr für ihre unermüdliche, unschätzbare, unverwechselbare Erinnerungsarbeit sehr herzlich zu danken, die in Gestalt ihrer Publikationen die Autorin und uns alle weit überdauern wird. Herzlicher Dank gebührt wiederum Margits Tochter Anita Hajut (Chajut) für ihre große Hilfe bei den Editionsarbeiten wie auch früher bei den Reisen und Lesungen ihrer Mutter.

Für mich war es von Anfang an ein Glücksfall, Margit Bartfeld-Feller zur rechten Zeit Anfang April 1996 zunächst in Israel[58] begegnet (und in den folgenden 22 Jahren auch in Czernowitz und andernorts wiederbegegnet) zu sein, und ein Privileg, als Herausgeber daran mitwirken gekonnt zu haben, dass Margit Bartfeld-Fellers literarisches Werk als Leuchtspur dem deutschen, jüdischen, Czernowitzer und vielleicht sogar dem Welt-Kollektiv-gedächtnis erhalten bleibt. Denn was aufgeschrieben, veröffentlicht und in etlichen Bibliotheken der Welt aufgehoben ist, wird wohl nicht so schnell vergessen, damit vielleicht daraus gelernt werden kann. – 12. August 2020

5. Mit Wolf Rosenstock durch die Wüste Dschurin[*]

Nachwort als Einführung

1. Historischer Kontext

Juden lebten seit dem 13. Jahrhundert in der Bukowina und seit Anfang des 15. Jahrhunderts auch in Czernowitz, als Ort anno 1408 erstmals urkundlich erwähnt.[59] Als Teil des Fürstentums Moldau stand die

---

[57] Vgl. Antoine de Saint-Exupéry, Bekenntnis einer Freundschaft. (1941/1955) Düsseldorf 2007, S. 29.

[58] Zuletzt beim besonders gastlichen Familienabend mit Anita, Moni und unserem Freund Ofer Lifschitz samt russisch-kulinarischem Akzent am 12. Juni 2018 in Margits Wohnung in Tel Aviv.

[*] **In: Wolf Rosenstock, Vergiss nicht – Notizen aus dem rumänisch-deutschen Vernichtungslager Dschurin. Konstanz 2 020, S. 126-132.**

[59] https://www.google.de/#q=Bukowina

Bukowina ab 1512 unter osmanischem Einfluss.[60] Von 1774/75 bis 1918 gehörte die Vielvölkerstadt Czernowitz mit dominant deutschsprachiger Kultur samt der Bukowina (seit 1849 Kronland) zu Österreich, 1918–1940 und 1941–1944 als **Cernăuţi** (**rumänisch**, gesprochen: Tschernautz) zu Rumänien, seit 1944 als Chernóvzi zur Sowjet-Ukraine und seit 1991 als Chernívtsi zur unabhängigen Ukraine.[61]

2020 vor 81 Jahren hatte am 1. September 1939 der Zweite Weltkrieg mit dem "Blitzkrieg" gegen Polen begonnen. Am 27. Juni 1940 akzeptierte Rumänien unter deutschem Druck das sowjetische Ultimatum, Bessarabien und die Nord-Bukowina an die Sowjetunion abzutreten, eine Folge des Hitler-Stalin-Paktes bzw. des von den Außenministern von Ribbentrop (1893–1946) und Molotow (1890–1986) unterzeichneten deutsch-sowjetischen Nichtangriffspaktes vom 23. August 1939 sowie des Grenz- und Freundschaftsvertrages zwischen dem Großdeutschen Reich und der Sowjetunion vom 28. September 1939.[62]

Am 28. Juni 1940 wurde die Bukowina von sowjetischen Truppen besetzt und das jüdische Leben stark unterdrückt. Im sogenannten "Russenjahr" und fast genau ein Jahr nach dem Einmarsch der Roten Armee in Czernowitz erfolgte dann in der Nacht zum 13. Juni 1941 die Deportation von ca. 5.000 sogenannten "Volksfeinden" – darunter großenteils jüdische Männer, Frauen und Kinder – nach Sibirien, wo viele Menschen durch Arbeit, Hunger, Klima, Krankheit und die unsäglichen Lebensbedingungen den Tod fanden.[63] Es war eine Art Ironie des Schicksals, denn durch die Deportation nach Sibirien blieben zumindest die dort Überlebenden vor dem Tod durch die deutschen

---

[60] Dazu Margit Bartfeld-Feller, "Das Türkenviertel von Czernowitz" u. "Das Wasserbecken im Türkenbad", in: Margit Bartfeld-Feller, Erinnerungswunde. Konstanz 2007, S. 71 ff.

[61] Dazu Peter Rychlo, "Czernowitz als geistige Lebensform. Die Stadt und ihre Kultur", in: Helmut Braun (Hg.), Czernowitz – Die Geschichte einer untergegangenen Kulturmetropole. Berlin 2006, S. 7 ff.; Erhard Roy Wiehn, Deutsch-ukrainische Aktivitäten – Universitärer, humanitärer, publizistischer und menschlicher Brückenbau von Europa nach Europa 1989–2009. Konstanz 2009, S. 74 ff.; https:// www.google.de/#q=Czernowitz

[62] http://de.wikipedia.org/wiki/Deutsch-sowjetischer_Nichtangriffspakt

[63] Dazu Margit Bartfeld-Feller, Am östlichen Fenster – Gesammelte Schriften aus Czernowitz und aus der sibirischen Verbannung. Konstanz 2002; Sassona Dachlika, "Volksfeinde" – Von Czernowitz durch Sibirien nach Israel. Konstanz 2002.

Sonderkommandos und in den Vernichtungslagern wie von rumänischen Massakern und Deportationen nach Transnistrien verschont.

Seit Anfang September 1940 war General Ion Antonescu "Staatsführer" Rumäniens; anlässlich seines Besuches bei Adolf Hitler am 22./23. November 1940 in Berlin schloss er sich dem Dreimächtepakt Deutschlands, Italiens und Japans an. Am 22. Juni 1941 begann Deutschland seinen Angriffskrieg gegen die Sowjetunion, gleichzeitig proklamierte Antonescu den "Heiligen Krieg" zur Wiedergewinnung Bessarabiens und der Nord-Bukowina. Am 2. Juli 1941 überquerte die rumänische Armee den Pruth. Acht Tage nach dem Einmarsch der deutschen Wehrmacht in die Sowjetunion verließen die sowjetischen Truppen Czernowitz am 30. Juni 1941, nicht ohne nochmals Juden zu verschleppen und zu ermorden.

Am 4. Juli 1941 marschierten rumänische Truppen in Czernowitz ein, am Abend des 6. Juli 1941 kam das deutsche Einsatzkommando 10b,[64] schon in den ersten Tagen wurden Tausende Juden ermordet,[65] am 7. Juli 1941 wurde der Czernowitzer Rabbiner Dr. Abraham Mark verhaftet und am 9. Juli 1941 zusammen mit 150 bis 160 jüdischen Männern am Pruth erschossen,[66] am 10. Juli 1941 verlegte die mörderische deutsche SS-Einsatzgruppe D ihr Hauptquartier nach Czernowitz, um sogleich mit der Erschießung von Juden zu beginnen.[67] Bis 26. Juli 1941 waren Bessarabien und die Nord-Bukowina zurückerobert, am 23. August 1941 wurde Antonescu zum "Marschall von Rumänien" ernannt, am 30. August 1941 der Vertrag von Tighina über die Verwaltung des Gebietes zwischen Dnjestr[68] und Bug geschlossen, fortan "Transnistrien" genannt.

---

[64] Das EK 10b gehörte zur berüchtigten Einsatzgruppe D unter Otto Ohlendorf, in Czernowitz unterstützt von rumänischen Armeeangehörigen und Polizei; http://de.wikipedia.org/ wiki/ Einsatzgruppen_der_Sicherheitspolizei_ und_des_ SD

[65] Damals lebten ca. 70.000 Juden in Czernowitz; dazu auch Eberhard Jäckel et al. (Hg.), Enzyklopädie des Holocaust. Band I, München 1995, S. 297.

[66] Aussage von Dr. Marks Witwe im Eichmann-Prozess, 48. Sitzung am 23. Mai. 1961.

[67] Beteiligt war das Einsatzkommando 10b der Einsatzgruppe D, aber auch ein Zug Waffen-SS und ein Halbzug des Polizei-Bataillons 9, abgesehen von rumänischen Einheiten; https:// de.wikipedia.org/wiki/Einsatzgruppe_D_der_Sicherheitspolizei_und_des_SD

[68] Dnjestr (Dniester, Dnister), 1.352 km langer Zufluss zum Schwarzen Meer; http://de.wikipedia.org/wiki/Dnister

Nach der raschen Rückeroberung der seit 1940 sowjetisch besetzten Bukowina und Bessarabiens begann hier eine Judenverfolgung gewaltigen Ausmaßes, welche die obwaltenden antijüdischen Maßnahmen im rumänischen Kernland noch übertraf. Raul Hilberg bemerkt, dass die Rumänen in "Transnistrien", der besetzten damaligen südwestlichen Sowjet-Ukraine, mit größter Härte gegen die Juden vorgegangen seien: "In diesem Gebiet, genauer gesagt im Raum Odessa und Golta, töteten die Rumänen (...) etwa 150.000 einheimische Juden. Außer Deutschland war kein anderes Land in Judenmassaker solchen Ausmaßes verstrickt." Am 8. Juli 1941 hatte "Staatsführer" Antonescu in einer Sitzung des Ministerrates erklärt, "dass 'heute ein sehr günstiger Augenblick in unserer Geschichte besteht', um die Juden aus Bessarabien und der Bukowina zwangsauszusiedeln." Das deutsch-rumänische Vernichtungswerk hatte seinen blutigen Anfang genommen, und die am 4./6. Oktober 1941 von Marschall Antonescu befohlene Abschiebung über den Dnjestr nach Transnistrien verlief barbarisch.[69]

Am 11. Oktober 1941 wurden die noch verbliebenen mehr als 50.000 Juden von Czernowitz in ein Ghetto getrieben, am 12. Oktober 1941 begannen die Deportationen nach Transnistrien.[70] Am 17. Oktober 1941 ist folgende Aktennotiz der deutschen Gesandtschaft in Bukarest datiert: "Wie Generaldirektor Lecca (rumänischer 'Judenkommissar', ERW) heute mitteilte, werden 110.000 Juden aus der Bukowina und aus Bessarabien evakuiert, und zwar in zwei Wälder in der Gegend des Bug. Soweit er erfahren konnte, sei diese Aktion auf einen Befehl des Marschalls Antonescu zurückzuführen. Sinn der Aktion sei

---

[69] Raul Hilberg, Die Vernichtung der europäischen Juden. (1961) 3 Bände, Frankfurt a.M. 1990, S. 812, 823; 828 ff.; W. Grossman u. I. Ehrenburg, Das Schwarzbuch. Hg. v. Arno Lustiger. Reinbek 1994; A. Hillgruber, Hitler, König Carol und Marschall Antonescu. Die deutsch-rumänischen Beziehungen 1938–1944. Wiesbaden 1954, 2. Auflage 1965. (Anhang I: "Die Judenfrage als Problem der deutsch-rumänischen Beziehungen" in: Mirjam Korber, Deportiert. Konstanz 1993, S. 271–286); H. Gold (Hg.), Geschichte der Juden in der Bukowina. Band I, Tel Aviv 1958; Band II, Tel Aviv 1962; R. Ostrowskaja, Juden in der Ukraine. Ostfildern-Ruit 1996.

[70] Dazu Mirjam Korber (Bercovici), Deportiert – Jüdische Überlebensschicksale aus Rumänien 1941–1944. Konstanz 1993; Sonja Palty, Jenseits des Dnjestr – Jüdische Deportationsschicksale aus Bukarest in Transnistrien 1942–1943. Konstanz 1995; Jacob Melzer, Jankos Reise – Von Czernowitz durch die transnistrische Verbannung nach Israel 1941–1946. Konstanz 2001; Jewgenija Finkel u. Markus Winkler, Juden aus Czernowitz – Ghetto, Deportation, Vernichtung 1941–1944. Überlebende berichten. Konstanz 2004; weitere Literatur siehe Seite 133 ff.

die Liquidierung der Juden." Als Präsident des rumänischen Bundes jüdischer Gemeindeorganisationen protestierte Dr. Wilhelm Filderman bei Antonescu: "Dies ist der Tod, Tod, Tod ohne Schuld, ohne eine andere Schuld als die, Jude zu sein." Filderman erhielt von Antonescu sogar eine Antwort, die freilich aus einer Aufzählung angeblicher jüdischer Untaten gegen das rumänische Volk bestand, die eine Bestrafung unverzichtbar machten.[71]

Der rumänische Gouverneur Alexianu von Transnistrien verfügte am 11. November 1941, dass sich Juden nur an ihnen zugewiesenen Orten aufhalten dürften. "Der deutsche Militärattaché in Bukarest berichtete, einem seiner Agenten (...) sei aufgefallen, dass die rumänischen Offiziere mit Ringen, Pelzen, Seidenstoffen und anderen Wertsachen beladen waren, die sie von den Tausenden abgeschobenen Juden erbeutet hatten."[72] Insgesamt wurden 145.000 bis 150.000 Juden nach Transnistrien deportiert, von denen dort ca. 90.000 ums Leben kamen.[73]

Im März 1944 wurde die Bukowina erneut von der Roten Armee besetzt, die Nord-Bukowina mit Czernowitz blieb von da an Teil der Sowjetrepublik Ukraine und seit 1991 der Republik Ukraine.[74] – Die

---

[71] Raul Hilberg, a.a.O., S. 830.

[72] Raul Hilberg, a.a.O., S. 837 ff. u. 830.

[73] Eberhard Jäckel et al. (Hg.), Enzyklopädie des Holocaust. München 1995, Band III, S. 1421 ff. u. 1425; dazu auch Mariana Hausleitner, "Eine wechselvolle Geschichte". In: Helmut Braun (Hg.), a.a.O, S. 31 ff. u. 72 ff.; dazu die Dokumentation in: Mirjam Korber (Bercovici), Deportiert. Konstanz 1993, S. 239 ff.; Simon Geissbühler, Blutiger Juli – Rumäniens Vernichtungskrieg und der vergessene Massenmord an den Juden 1941. Paderborn 2013 (Rezension von Jean-Marie Calic, "Antonescus Vernichtungsfeldzug – Die rumänische Führung und die Massaker an Juden 1941: Suche nach Erinnerungsorten", in: Frankfurter Allgemeine Zeitung, Nr. 244, 21. Oktober 2013, S. 8); Benjamin M. Grilj (Hg.), "Schwarze Milch" – Zurückgehaltene Briefe aus den Todeslagern Transnistriens. Innsbruck/Bozen/Wien 2013 (dazu Rezension von Dirk Schümer, "Flaschenpost im Meer der Vernichtung – Das erschütternde Schicksal der rumänischen Juden: Briefe aus den Todeslagern Transnistriens erinnern an ein lange vergessenes Kapitel in der Geschichte des Völkermords." In: Frankfurter Allgemeine Zeitung, Nr. 279, 30. November 2013, S. L19); Doris Griesser, "Ich bitte und flehe..." Ein Grazer Forscher hat während seiner Dozentur an der Universität Czernowitz Briefe deportierter Juden transkribiert und vor dem Vergessen gerettet: Es sind unmittelbare Zeugnisse des Genozids", in: Der Standard, 04.12.2013; Bärbel Rabi, "In Transnistrien die Jugend verloren", in: Die Stimme (Tel Aviv), Januar 2014, S. 1 f.

[74] https://de.wikipedia.org/wiki/Bukowina

sowjetische Offensive führte im August 1944 zum Sturz des Antonescu-Regimes und zum Frontenwechsel Rumäniens;[75] danach herrschte wieder Mihai I. – bis er von den Kommunisten am 30. Dezember 1947 zur Abdankung gezwungen wurde.

2. Wolf Rosenstocks Notizen aus Dschurin

"Denn unsere Lage hier, ungewöhnlich und arg wie sie ist", schreibt Wolf Rosenstock in seinem Eintrag vom Samstag, 31. Januar 1942, "verdient es nicht, wie ich glaube, als etwas Geschichtsloses und Geschichtsunwürdiges im Schlund der Vergessenheit zu verschwinden. Die Geschichte unseres "Gules ([Golá]Exil) Dschurin" soll, wie ich meine, auch künftigen Generationen etwas zu sagen haben. (...) Immerhin meine ich, wird es für die Überlebenden (...) gewiss nicht uninteressant sein, mal wo nachlesen zu können, wie wir *durch die Wüste Dschurin* hindurchgegangen sind, was wir uns dabei für Gedanken gemacht haben." (31. Januar 1942, S. 29)

Wolf Rosenstocks Tagebuch *Das vergiss nicht – Notizen aus dem rumänisch-deutschen Vernichtungslager Dschurin* (1981) enthält insgesamt 81 Einträge zwischen dem 29. November 1941 (S. 7) und dem 2. November 1943; davon entfallen 2 Einträge, auf das Jahr 1941, 35 Einträge auf das Jahr 1942 und 44 Einträge auf das Jahr 1943. Diese Einträge umfassen zwischen 3 *Zeilen* (9. Juli 1942) und 10 *Seiten* (31. Januar 1942). Zwischen diesen Einträgen gibt es teils kürzere, teils längere Schreibpausen (6. Juli 1943, S, 74). Die Einträge enthalten detaillierte *Notizen* über die jeweilige humanitäre Situation in Dschurin, aber auch historisch-philosophisch-politisch-theologische Exkurse (30. Juli 1943, S. 84), teils mit einem fiktiven Gesprächspartner namens "Herr Rennert": "Doch unterhalten kann ich mich nur mit mir selbst." (30. Juli 1943, S. 80; 9. September 1943, S. 100)

Es geht vor allem um "diese Dschuriner 'sozialpsychologischen Phänomene'" (S. 27 f.), um die Juden in Europa (9. September 1943, S. 100-102), um Herzls Idee eines Judenstaates in Palästina (9. September 1943, S, 101, 31. Januar 1942, S. 30 u. 69)[76] und dort auch um arabische Pogrome (31. Januar 1942, S. 31): "Wie überhaupt die Existenz eines wehrfähigen Judenstaates eine brennende Ohrfeige für den

---

[75] https://de.wikipedia.org/wiki/Rumänien

[76] Dazu: Erhard Roy Wiehn (Hg.), Theodor Herzl – Auf der Insel Mainau, in Konstantinopel und in Palästina als Vater der israelischen Diplomatie. Konstanz 2018.

Antisemitismus der Welt bedeuten würde." (31. Januar 1942, S. 32; am selben Tag schreibt auch Mirjam Korber in: Exkursionen in die Vergangenheit, S. 73) – Doch zurück zu Dschurin: "Wird sich mal ein Historiker finden, der das Kapitel Judenvernichtung in Transnistrien eingehend erforschen wird?" (3. März 1941, S. 38). – Dschurin "als Gefängnis und Sterbeort" (20. Februar 1942, S. 44); denn, so der Kommandant des Lagerortes Schargorod bei Dschurin: "Nicht um zu leben seid ihr hierhergekommen, sondern um hier zu sterben." (25. März 1942, S. 47, Schargorod auch S. 45 u. 49). – Also: "Nur ein Wunder kann uns noch retten." (25. März 1942, S. 48). Vor den sadistischen Schikanen und vor dem Tod (23. Juni 1942, S. 51).

Dann wieder Selbstzweifel des Autors der *Notizen:* "Ist es nicht pure Illusion zu glauben, diese Aufzeichnungen könnten einmal einen Leser finden?" (1. Juli 1942, S. 54). Doch er schreibt weiter: "... das Herz erzittert" (3. Juli 1942, S. 54), und: "Wie recht doch Heine hatte: Judentum ist keine Religion, Judentum ist ein Unglück." (30. Juli 1942, S. 61) Doch auch Badestrand (30. Juli 1943, S. 79), Konditoreien und Theater werden erwähnt (30. Juli 1943, S. 79).

In Dschurin hat Wolf Rosenstock (fast wie im wirklichen Leben) drei Gruppen von Juden entdeckt: eine Oberschicht von ca. 50 Familien, die Paria-Masse und eine Zwischenschicht mit ihren recht unterschiedlichen Lebens- und Überlebenschancen (6. Juli 1943, S. 74 f.). Alsdann gibt es bezüglich Heimkehr nach Hause Optimisten und Pessimisten (29. August 1943, S. 88) und nicht zuletzt Juden aus den Nordbukowina, der Südbukowina sowie aus Bessarabien mit recht unterschiedlichem sozialen Status, aber für alle fragt der Autor: "Ist 'Jude' der Name eines unkorrigierbaren Geburtsfehlers?" (9. September 1943, S. 100). Deutsche Soldaten meinten: "Wir Deutschen sind da viel humaner als die Rumänen, ERW), wir quälen keine Juden. Wir erschießen sie." (4. Oktober 1943, S. 113) "Doch das Furchtbare ist die permanente und nur allzu berechtigte Angst vor dem Erschießen." (11. Oktober 1943, S. 122) Also der "liebe Herrgott, der, wenn er sich nur seine liebe Welt, seinen Erdenplaneten, mit dem, was darauf vorgeht, anschauen sollte, ja schon längst hätte Selbstmord begehen müssen. Aber noblesse oblige." (30. Juli 1943, S. 84)

*

Mitte Juli 2020 hat mich Wolfgang Hartung-Gorre vom gleichnamigen Verlag, darüber informiert, dass Frau Simona Ruhm uns das Buch ihres Vaters Wolf Rosenstock *Das vergiß nicht* (1984) zur Neuauflage angeboten hat. Nach meiner ersten Durchsicht stellte ich fest, dass diese Notizen eine Art Pendant zu Mirjam Korbers (Bercovici) *Deportiert – Jüdische Überlebensschicksale in Rumänien 1941-1943* (Konstanz 1983) darstellt und unbedingt in unsere Edition Schoáh & Judaica aufgenommen werden sollte. – Aus Zeit- und Kostengründen haben wir Wolf Rosenstocks Text der Erstauflage unverändert belassen (und somit auf erklärende Fußnoten verzichtet) und nur den Haupttitel als Zitat an die biblisch-hebräische Formulierung angeglichen.[77] Die Fotos hat uns dankenswerterweise Frau Simona Ruhm zur Verfügung gestellt: Herzlicher Dank gebührt ihr dafür, dass sie uns die *Notizen* anvertraut hat, unserer Autorin und Freundin Dr. med. Mirjam Bercovici-Korber für ihr sehr kurzfristiges Augenzeugen-Nachwort und dem Hartung-Gorre Verlag für sein besonderes Engagement. Der allergrößte Dank gebührt jedoch posthum dem Autor Wolf Rosenstock für sein unikales Tagebuch aus der Wüste des Internierungslagers Dschurin. – Wir freuen uns sehr, dass dieses wichtige Dokument (trotz Coronazeit!) nun bereits im Spätsommer 2020 (27 Jahre nach Mirjam Bercovici-Korber *Deportiert* (1993) und 6 Jahre nach Sylvia Hoişie-Korbers & Mirjam Bercovici-Korbers *Exkursionen in die Vergangenheit* (2014) als Neuauflage vorliegt – und zwar als wichtige Ergänzung und Bereicherung unserer Bukowina-, Rumänien und -Transnistrien-Literatur. – 22. Juli u. 3. August 2020

6. Das Volk Israel lebt trotz der Schoáh*

Das Volk Israel lebt[78] – עם ישראל חי – *Am*[79] *Yisrael chai* – trotz der Schoáh. – Um das folgende Mosaik von Texten aus eigener Produkti-

[77] Wolf Rosenstocks *Notizen* trugen in ihrer Erstveröffentlichung (1984) den Titel *Das vergiß nicht*, und zwar mit dem klaren Quellenverweis (Innentitel) auf "Deuteronomium 25,19"; dort heißt es jedoch in der hebräischen Bibel: *"lo tischkach" – "nicht vergiss",* deutsch: *Vergiss nicht"* Martin Buber u. Franz Rosenzeig, Die Fünf Bücher der Weisung. Heidelberg 1981, S. 540; Walter Homolka, Hanna Liss, Rüdiger Liwak (Hg.) übersetzen in *Die Tora:* "Vergiss es nicht!" (Freiburg 2015, S. 785)

* **In: Erhard Roy Wiehn (Hg.), Jüdisches Leben und Überleben in Europa und Israel – Ausgewählte Einführungen und Texte zur Schoáh sowie Judaica und Israelia der Edition Schoah & Judaica. Konstanz 2020, S. 11 ff. -** Mirjam Wiehn wird herzlich für das Korrekturlesen dieses Vorworts gedankt. (24.09.2020)

on präsentieren zu können, muss man über einen entsprechenden Veröffentlichungs-Fundus verfügen. Der erste Band dessen, was sich im Laufe der Jahre zur *Edition Schoáh & Judaica*[80] entwickelte, hatte den Titel *Kaddisch – Totengebet in Polen. Reisegespräche und Zeitzeugnisse gegen Vergessen in Deutschland* (Darmstadt 1984)[81], und bis Oktober 2020 haben wir in 36 Jahren durch unsere Edition insgesamt knapp 330 Buchpublikationen auf den Weg gebracht.

Die erste Publikation im Hartung-Gorre (Konstanz) stammte von Erhard Roy Wiehn & Heide Mirjam Wiehn: *Dajénu – Tagebuch einer Israelreise*. Konstanz 1986 (2. Auflage 1987, Umschlag-Titelseite S. 239); dem folgten bald *Dajénu II – Eine denkwürdige Dienstreise nach Israel.* Konstanz 1988 (Neuausgabe 2015); *Novemberpogrom 1938 – Die 'Reichskristallnacht' in den Erinnerungen jüdischer Zeitzeugen der Kehílla Kedóscha Konstanz 50 Jahre danach als Dokumentation des Gedenkens.* Konstanz 1988 (Neuausgabe 2008); Hermann Brand, *Die Tournee geht weiter – Ein jüdisches Schauspielerschicksal in Deutschland und der Schweiz 1898-1966.* Konstanz 1990; *Oktoberdeportation 1940 – Die sogenannte 'Abschiebung' der badischen und saarpfälzischen Juden in das französische Internierungslager Gurs und andere Vorstationen von Auschwitz 50 Jahre danach zum Gedenken.* Konstanz 1990 (mehrere Folgepublikationen).

Aus unserer Edition *Schoáh & Judaica* haben wir hier insgesamt 44 Titel zusammengestellt:[82] 4 Beiträge *Judaica*, 36[83] Beiträge zur *Schoáh*

---

[78] Dieses Diktum gibt es auch vertont, besonders bekannt von Mordechai Ben David; http://www.hebrewsongs.com/?song=amisraelchai; http://www.israel-music.com/search/am_israel_chai/

[79] In der hebräischen Version wird hier das A betont.

[80] Dieser Titel ist in keinem unserer Bücher eingedruckt, dafür verwenden wir vielmehr das Logo S. 6: *Schoáh* (hebräisch) kommt als Flamme aus dem *Davidstern* als Symbol für *Judaica und Israelia;* der Entwurf dazu stammt von unserem verstorbenen Malerfreund Shmuel Brand (Tel Aviv): http://www.artnet.de/künstler/shmuel-brand/

[81] Verlag Darmstädter Blätter, Darmstadt, 2. Auflage 1987; mit dem Tod des engagierten Verlegers Dr. Günter Schwarz (1905-1996) war leider auch der Verlag am Ende.

[82] Die diesbezügliche Idee kam mir während meiner Nach-Herz-OP-Zeit zu Hause und als die Universität Konstanz ohnehin Corona-bedingt geschlossen war am 2./3. Juli 2020, wegen anderer Projekte konnte ich jedoch erst Anfang September 2020 mit der Realisierung beginnen. (11.09.2020) – Ähnlich konzipiert war übrigens auch mein Sammelband: *Schriften zur Schoáh und Judaica* (Konstanz 1992 – vor 28 Jahren) sowie der Sammelband von Brigitte Pimpl u.

und 4 Titel *Israelia* – eben gemäß unserer Edition, deren Schwerpunkt auf Schoáh-Literatur liegt. Bei unserer Auswahl handelt es sich teils um Texte aus den frühen 1990er Jahren und teils um aktuelle Texte aus dem Jahr 2020; die *Judaica* sind in der Reihenfolge ihrer Entstehung geordnet, die *Israelia* in der Reihenfolge der darin enthaltenen Ereignisse, die ebenfalls eine zeitliche Abfolge ergeben.

Die 36 Beiträge zur Holocaust-Schoáh (S. 236, Fußnote 551) reichen von den Anfängen der NS-Herrschaft in den 1930er Jahren über die barbarisch-bestialischen Ereignisse der sog. "Endlösung der Judenfrage" bis zur totalen Niederlage der NS-Herrschaft in Deutschland und Europa 1945 und somit bis zum Ende der Schoáh sowie zum Leben danach. Da eine inhaltsbezogene und an der Zeitachse orientierte Reihenfolge wegen zu vieler Überschneidungen nicht möglich war (simultane Ereignisse lassen sich hier eben nur konsekutiv darstellen), wurde die alphabetische Reihenfolge gewählt, was die Lektüre besonders drastisch-kontrastig macht. Wiederholungen werden dabei inkauf genommen; es gibt auch etliche Verweise auf andere Beiträge dieser Sammlung. Es finden sich kurze und lange Texte, vier sogar mit Literaturlisten (S. 37 ff., 57 ff., 164 ff., 185 f.), sowie sieben originale Texte (Margit Bartfeld-Feller, Gretel Baum Merom, Beatrice Mühlfelder-Bravmann, Ludwig Mühlfelder, Zwi Helmut Steinitz, Jan Wiener); manche AutorInnen sind mehr als einmal vertreten; die beträchtliche Anzahl von Fußnoten soll den Text teils ergänzen, teils vertiefen.

Unsere Edition bezieht sich auf die meisten deutschbeherrschten Länder Europas während der Schoáh, was mit einer Auswahl von nur 36 Beiträgen jedoch nicht abgebildet werden kann. Zunächst war auch daran gedacht, die Texte zur Schoáh ausschließlich den originalen Texten zu entnehmen, was aber zu viele Erklärungen nötig gemacht hätte, um den Kontext der konkreten Geschehnisse verständlich zu machen. Deshalb wurden hier insbesondere Vorworte oder Nachworte als Einführungen gewählt, in denen teilweise ziemlich viel Originaltext zitiert wird, aber eben im Zusammenhang der Überlebensberichte und der Zeitgeschichte. Die vorliegende Anthologie soll zu gegebener Zeit durch einen komplementären Band ergänzt werden, nämlich durch ei-

---

Erhard Roy Wiehn (Hg.), *Was für eine Welt – Jüdische Kindheit und Jugend in Europa 1933-1945*. Konstanz 1995 (vor 25 Jahren).

[83] Die Zahl 36 hat in der jüdischen Tradition eine besondere Bedeutung; z.B. 2 x 18 = 36: 18 in Buchstaben bedeutet *Leben:* auch 44 hat eine eigene Bedeutung; https:// de.wikipedia.org/wiki/36_Gerechte (12.09.2020)

nen differenzierten und kommentierten Katalog zur Edition Schoáh & Judaica (Konstanz 2021).

Mit den *Judaica* soll zu Anfang der vorliegenden Sammlung beispielhaft einmal mehr an die jahrtausendealte jüdische Geschichte vor der Schoáh erinnert werden, und die *Israelia* wollen ebenfalls beispielhaft zeigen, dass auch nach der Schoáh jüdisches Leben weiterging und weitergeht, und zwar in ganz neuer, faszinierender und vitaler Form in Israel, täglich so oder so in den Medien präsent. Der Haupttitel könnte also treffender lauten: "Jüdisches Leben und Überleben sowie das Leben danach" (wenn das nicht zu sperrig wäre).

Unsere vorliegende Sammlung zeigt nicht nur die schreckliche Vielfalt jüdischen Leidens, Sterbens und Todes im deutschbeherrschten Europa während der Schoáh, sondern auch die unterschiedlichen Rettungen, für die es seitens mancher Überlebender nur die Begriffe *Glück, Wunder, Zufall* gibt.[84] Nicht zuletzt soll diese Anthologie auch das Interesse an den Überlebensberichten selbst wecken, aus denen die Texte stammen.[85]

Jüdisches Leben und Überleben trotz der Schoáh soll auch an die einzigartige jüdische Philosophie der Hoffnung[86] erinnern, einer der Grundwerte des Judentums überhaupt, der in den folgenden Texten mehrfach vorkommt.

18. September 2020 – Erev Rosch HaSchaná 5781 – 24.09.2020

7. David Murlakows unruhiges Leben*

Nachwort zur Einführung

---

[84] Joseph Mlawski, "Ein Zufall hat mir das Leben gerettet", in: Erhard Roy Wiehn, Ghetto Warschau – Aufstand und Vernichtung 1943 fünfzig Jahre danach zum Gedenken. Konstanz 1993, S. 213 ff.; Zwi Helmut Steinitz, Durch Zufall im Holocaust gerettet – Rückblick eines Israeli aus Posen, der das Krakauer Ghetto und deutsche KZs durchlitt und überlebte. Konstanz 2012; ansonsten hier "Glück, Wunder, Zufall": 62, 68, 82, 93, 100, 105, 108 f., 121, 127, 128, 160, 234, 237.

[85] "Laut einer neuen Erhebung der jüdischen Dachorganisationen herrscht unter jüngeren Amerikanern weithin Ignoranz über den Holocaust." TACHLES TOPNEWS AM DONNERSTAG, 17.09.2020.

[86] Dazu u.a.: Ernst Bloch, Das Prinzip Hoffnung. (1985); hier S. 20, 23, 87, 89, 116 f., 123, 129, 136, 160, 194, 243, 248, 256, 260.

* **In: David Murlakow, Mein unruhiges Leben. Konstanz 2020, S. 7 ff.**

Um das außergewöhnliche Leben von David Murlakow besser verstehen zu können, muss man sich einige Daten und Fakten der politisch-militärischen Lage in Europa der 1930er und 1940er Jahre vor Augen führen, von denen man sich heute nur noch sehr schwer vorstellen kann, dass diese tatsächlich einmal schreckliche Wirklichkeit waren. Daher folgen hier einige einführende Informationen zur Schoáh in 1. Polen, 2. Galizien (seinerzeit Ostpolen, heute teils Polen, teils Westukraine), 3. David Murlakow während der Schoáh, in der Pionierzeit Israels und schließlich erfolgreich in Deutschland und Europa.

1. Polen ist seit etwa 1000 Jahren Heimstätte für Juden.[87] POLIN, das hebräische Wort für Polen, heißt: "Hier verweile"![88] – Im Jahre 1939 leben in Polen ca. 3.460.000[89] jüdische Bürgerinnen und Bürger, etwa ein Drittel der Judenheit Europas, von denen ca. 90% in der Schoáh ihr Leben verlieren. Es handelt sich um ein monströses deutsches Verbrechen mit öffentlicher Ansage an alle Welt:

"Und eines möchte ich an diesem nicht nur für uns Deutsche denkwürdigen Tag nun aussprechen", so Reichskanzler Adolf Hitler nach sechs Jahren im Amt am 30. Januar 1939 im Reichstag zu Berlin: "Ich will auch heute wieder Prophet sein: Wenn es dem internationalen Finanzjudentum in und außerhalb Europas gelingen sollte, die Völker noch einmal in einen Weltkrieg zu stürzen, dann wird das Ergebnis nicht die Bolschewisierung der Erde und damit der Sieg des Judentums sein, sondern die Vernichtung der jüdischen Rasse in Europa."[90]

Am 23. August 1939, wenige Tage vor dem Überfall der deutschen Wehrmacht auf Polen, wird der deutsch-sowjetische Nichtangriffspakt

---

[87] https://de. wikipedia.org/wiki/Geschichte_der_Juden_in_Polen

[88] Damit beginnt der Rundgang durch das Museum der Geschichte der polnischen Juden in Warschau, das am 19. April 2013 eröffnet wurde, am Tag des Beginns des jüdischen Aufstands im Warschauer Ghetto 1943; https://de.wikipedia.org/wiki/Museum_der_Geschichte_der_polnischen_Juden; vgl. dazu: Maria Kłańska, Aus dem Schtetl in die Welt 1772–1938 – Ostjüdische Autobiographien in deutscher Sprache. Wien, Köln, Weimar 1994, S. 40 u. 33 ff.

[89] Die Zahlen schwanken, Thomas Sandkühler nennt 3,5 Millionen (in: "Endlösung" in Galizien. Bonn 1996, S. 24), im Wikipedia-Artikel steht die Zahl 3.350.000; https://de. wikipedia.org/wiki/ Geschichte_der_Juden_in_Polen; Yad Vashem nennt 3.3 Mio; http://www.yadvashem.org/yv/de/holocaust/about /09/ poland.asp

[90] Max Domarus, Hitler – Reden und Proklamationen 1932–1945. Band II, Erster Halbband. Wiesbaden 1973, S. 1058; http://www.holocaust-chronologie.de/artikel/hitlers-drohung.html

geschlossen, der im Falle eines Krieges mit Polen Deutschland den Rücken freihalten sollte, bereits die Teilung Polens vorsieht und der Sowjetunion das östliche Polen sowie weitere Gebiete zusichert, die Russland nach dem Ersten Weltkrieg verloren hatte.[91]

In der "Weisung Nr. 1 für die Kriegsführung" des Obersten Befehlshabers der Wehrmacht, Adolf Hitler, vom 31. August 1939 heißt es: "1. Nachdem alle politischen Möglichkeiten erschöpft sind, um auf friedlichem Wege eine für Deutschland unerträgliche Lage an seiner Ostgrenze zu beseitigen, habe ich mich zur gewaltsamen Lösung entschlossen. 2. Der Angriff gegen Polen ist nach den für den Fall Weiß getroffenen Vorbereitungen zu führen mit den Abänderungen, die sich beim Heer durch den inzwischen fast vollendeten Aufmarsch ergeben. – Aufgabenverteilung und Operationsziel bleiben unverändert. – Angriffstag 1.9.1939 – Angriffszeit 4.45 Uhr ..."[92]

Am 1. September 1939 sagt Adolf Hitler im Reichstag:[93] "Abgeordnete, Männer des deutschen Reichstags! Seit Monaten leiden wir alle unter der Qual eines Problems, das uns einst das Versailler Diktat beschert hat und das nunmehr in seiner Ausartung und Entartung unerträglich geworden war. (…) Polen hat nun heute nacht zum ersten Mal auf unserem eigenen Territorium auch durch reguläre Soldaten geschossen. (Stürmische Pfuirufe). Seit 5.45 Uhr wird jetzt zurückgeschossen! [Unterstreichung im Original; vgl. die Differenz der Angriffszeit!] Und von jetzt ab wird Bombe mit Bombe vergolten! (Erneut brausender Beifall) (…) Deutschland – Sieg Heil!"

---

[91] Der Hitler-Stalin-Pakt, nach den beiden Außenministern auch Ribbentrop-Molotow-Pakt genannt, wurde am 24. August (Datum 23. August) 1939 in Moskau unterzeichnet; er garantierte Deutschland im Falle kriegerischer Auseinandersetzungen mit Polen oder den Westmächten sowjetische Neutralität. Ein geheimes Zusatzprotokoll gestattete der Sowjetunion, die im Ersten Weltkrieg verlorenen Gebiete des russischen Kaiserreiches wiederzugewinnen. Dem deutschen Reich wurde die Benutzung verschiedener Häfen zugesichert, ein Wirtschaftsabkommen regelte den kriegswichtigen Warenaustausch. https://de.wikipedia. org/wiki /Deutsch-sowjetischer_Nichtangriffspakt; dazu: Yosef Govrin, The Jewish Factor in the Relations between Nazi Germany and the Soviet Union 1933–1941. London & Portland 2009.

[92] W. Hubatsch, Hitlers Weisungen für die Kriegsführung 1939–1945 – Dokumente des Oberkommandos der Wehrmacht. 2. Auflage, Koblenz 1983, S. 17 f.

[93] Alfred J. Berndt u. von Wedel (Hg.), Deutschland im Kampf – Erste Septemberlieferung. Nr. 1 der Gesamtlieferung. Berlin 1939, S. 35 ff.; dazu: Jakob Honigsman, Juden in der Westukraine – Jüdisches Leben und Leiden in Ostgalizien, Wolhynien, der Bukowina und Transkarpatien 1933–1945. Konstanz 2001, S. 107 f. (zuerst in russischer Sprache in Lwów erschienen 1998).

Am 1. September 1939 gibt das Oberkommando der Wehrmacht bekannt: "Freitag, den 1. September 1939, 11.35 Uhr – Auf Befehl des Führers und Obersten Befehlshabers hat die Wehrmacht den aktiven Schutz des Reiches übernommen. – In Erfüllung ihres Auftrages, der polnischen Gewalt Einhalt zu gebieten, sind Truppen des deutschen Heeres heute früh über alle deutsch-polnischen Grenzen zum Gegenangriff angetreten. Gleichzeitig sind Geschwader der Luftwaffe zum Niederkämpfen militärischer Ziele in Polen gestartet. – Die Kriegsmarine hat den Schutz der Ostsee übernommen." – In einer weiteren Meldung gab das OKW am Abend des 1. September 1939 bekannt: "Im Zuge der deutschen Kampfhandlungen aus (*in*) Schlesien, Pommern und Ostpreußen wurden an allen Fronten schon heute die erwarteten Anfangserfolge erzielt (...)." Im Einsatz sind ca. 1,6 Millionen deutsche Soldaten.[94]

Am 3. September 1939 erklären England und Frankreich Deutschland den Krieg. Gemäß dem "geheimen Zusatzabkommen" zum Nichtangriffspakt vom 23. August 1939 marschiert die Rote Armee am 17. September 1939 in Ostpolen ein.[95] Warschau kapituliert am 28. September 1939, die polnische Regierung und Armee tut dies offiziell nicht; am 5. Oktober 1939 nimmt Adolf Hitler in Warschau die Siegesparade ab.[96]

Während des "Polen-Feldzugs", des sogenannten "Blitzkriegs" von vier Wochen gegen Polen, – erstmals als totaler Vernichtungskrieg geführt[97] – fallen 66.300 polnische Soldaten, 133.700 werden verwundet, 694.000 geraten in deutsche Kriegsgefangenschaft, 16.376 Zivilis-

---

[94] Die Wehrmachtsberichte 1939–1945; Band 1, München 1985, S. 1 f.; dazu: Erhard Roy Wiehn (Hg.): Totengebet – 60 Jahre Beginn des Zweiten Weltkriegs und der Schoáh in Polen. Konstanz 1999.

[95] Vgl. Jakob Honigsman, a.a.O., S. 109. – "Der sowjetischen Besatzungspolitik in Ostpolen und Weißrußland sind zwischen 1939 und 1941 wahrscheinlich mehr Menschen zum Opfer gefallen als der deutschen in West- und Zentralpolen. In den 21 Monaten unter sowjetischer Besatzung wurde in der Westukraine die Geschichte der UdSSR unter massivem Terror 'nachgeholt': Der Eroberung und Annexion folgte ab Anfang 1940 eine rasche Stalinisierung der Region." Thomas Sandkühler, "Endlösung" in Galizien – Der Judenmord in Ostpolen und die Rettungsinitiativen von Berthold Beitz 1941–1944. Bonn 1996, S. 53.

[96] http://weltkrieg2.de/kriegstagebuch-5-oktober-1939/

[97] Vgl. dazu: Rafael Olewski, Tor der Tränen – Jüdisches Leben im Schtetl Osięciny in Polen, Leiden unter NS-Terror und in Auschwitz, Überleben im KZ Bergen-Belsen, dort im DP-Camp und in Celle 1914–1981. Konstanz 2014.

ten werden ermordet (September/Oktober 1939). – Die deutsche Wehrmacht verzeichnet[98] 17.469 Gefallene, 36.995 Verwundete, 323 Vermisste. "16.000 polnische und jüdische Zivilisten und Kriegsgefangene werden bei mehr als 700 Massenexekutionen ermordet, die von der Wehrmacht und den Einsatzgruppen[99] durchgeführt werden. (...) Von Anfang an ist die Diskriminierung der jüdischen Bevölkerung von Gewalttaten begleitet: Razzien gegen Juden – vor allem auf orthodoxe Juden in traditioneller Kleidung –, Raubüberfälle auf jüdische Wohnungen, Plünderung jüdischer Geschäfte und Lager, Beschlagnahme jüdischer Wohnungen."[100] Bis Ende 1939 werden ca. 60.000 polnische Staatsbürger ermordet, darunter Lehrer, Ärzte, Juristen, Professoren, Priester – gezielt sollte die polnische Oberschicht vernichtet werden.

Das deutschbesetzte polnische Territorium wird teils dem deutschen Reich einverleibt,[101] teils im *Generalgouvernement* unter eine Art Kolonialverwaltung gestellt.[102] Mehr als zwei Millionen Jüdinnen und Juden geraten unter deutsche Herrschaft, mehr als eine Million unter die Herrschaft der Sowjetmacht. 1940 werden die ersten Ghettos in Polen errichtet, im Dezember 1941 das erste Vernichtungslager in Chełmno (Kulmhof, ca. 130 km östlich von Posen).[103] – Vom 19. April bis 16. Mai 1943 findet der jüdische Aufstand im Warschauer Ghetto statt, der einzige bewaffnete Aufstand im ganzen deutschbe-

---

[98] https://de.wikipedia.org/wiki/Polenfeldzug

[99] Dazu: Yitzhak Arad, Shmuel Krakowski, Shmuel Spector (Eds.), The Einsatzgruppen Reports. New York 1989; https://de.wikipedia.org/wiki/Einsatzgruppen_der_Sicherheitspolizei_ und_des_SD

[100] Eberhard Jäckel et al (Hg.), Enzyklopädie des Holocaust – Die Verfolgung und Ermordung der europäischen Juden. Band II. München u. Zürich 1995, S. 1121 ff., 1134.

[101] Zwi Helmut Steinitz, Meine deutsch-jüdische Kindheit im polnischen Posen – Erinnerungen eines Überlebenden und ein Wiedersehen nach 70 Jahren 1927–1939–2009. Konstanz 2015.

[102] "Polen sollte", so Timothy Snyder, "nach einem im Grunde kolonialen Modell regiert werden." In: "In der Zone der Zerstörung – Im Vorgehen Hitlers gegen Deutschlands Nachbarn seit dem Anschluss Österreichs 1938 ist das Muster der Enthemmung erkennbar: Warum die Zerschlagung von Staaten die Voraussetzung für den organisierten Massenmord an den Juden war – und welche Lehren über den Holocaust wir daraus ziehen sollten." In: Frankfurter Allgemeine Zeitung, Nr. 26, 1. Februar 2016, S. 6.

[103] https://de.wikipedia.org/wiki/Vernichtungslager_Kulmhof

setzten Europa überhaupt, ein einzigartiges Fanal für Freiheit und Menschenwürde.[104] – Lwów wird am 27. Juli 1944, Warschau am 17. Januar 1945 durch die Rote Armee befreit. Bis zum Ende des Zweiten Weltkriegs verlieren ca. 6 (sechs) Millionen Polinnen und Polen ihr Leben.[105] Das 1000-jährige jüdische Leben in Polen wird während der dreijährigen (Galizien, Lwów) bzw. viereinhalbjährigen deutschen Besatzung Polens fast völlig vernichtet.[106]

2. Galizien[107] als Landschaft in der heutigen südwestlichen Ukraine mit den großen Städten Lwiw (Lwów Lemberg,), Ternopil (Tarnopol) und Iwano Frankiwsk (früher Stanislau) kommt 1772 zu Österreich und 1804 zur Donaumonarchie (dazu David Murlakow S. 11 ff.). Bis zum Zweiten Weltkrieg gehört ein Teil des Staatsgebietes der späteren Westukraine zu Polen, nämlich die fünf Woiwodschaften Polesien, Wolhynien, Lwów, Stanislau und Tarnopol, wo die Juden nach der Volkszählung von 1921 mehr als 11% und 1931 noch etwa 10,3% der Bevölkerung stellten. Anfang der 1930er Jahre sind nach Jakob Honigsman "unter der Gesamtbevölkerung von 10.649.000 Einwohnern 6.548.000 Ukrainer (61,8%), 2.259.000 Polen (21,2%), 1.110.800 Juden (10,4%), 219.000 Rumänen (2,1%), 133.000 Deutsche (1,2%), 124.600 Ungarn (1.1%), 96.300 Tschechen und Slowaken (0.9%), 126.200 (1,2%) andere Nationalitäten. Folglich nehmen die Juden in den Westgebieten der Ukraine (in ihren heutigen Grenzen) im Hinblick auf ihren Bevölkerungsanteil nach Ukrainern und Polen den dritten Platz ein."[108]

---

[104] Erhard Roy Wiehn, Kaddisch – Totengebet in Polen. Reisegespräche und Zeitzeugnisse gegen Vergessen in Deutschland. Darmstadt 1984, 2. Auflage 1987; ders., Ghetto Warschau – Aufstand und Vernichtung 1943 (darin auch Bertrand Russells denkwürdige Londoner Rede zum 10. Jahrestag des Beginns des Aufstands im Warschauer Ghetto). Konstanz 1993.

[105] Eberhard Jäckel et al (Hg.), a.a.O., S. 1121 ff.; dazu Chr. Zentner, Der Kriegsausbruch 1. September 1939 – Daten, Bilder, Dokumente. Frankfurt a.M. 1979, S. 214 ff; Neues Lexikon des Judentums, 1998, S. 663 ff.; https://de.wikipedia.org/wiki/Deutsche_Besetzung_Polens_1939–1945

[106] Joseph Roth "spricht von den Juden als von den ersten Opfern aller Blutbäder ..., welche die Weltgeschichte veranstaltet'." In: Claudio Magris, Weit von wo. Wien 1971, S. 25.

[107] "Zur Geschichte des historisch-geograph. Begriffs Galizien", Maria Kłańska, Problemfeld Galizien in deutschsprachiger Prosa 1846–1914. Wien-Köln-Weimar 1985, S. 14 u. 155.

[108] Jakob Honigsman, a.a.O. S. 25.

Während Westgalizien mit Krakau schon im September 1939 unter deutsche Herrschaft gerät und den südlichen Teil des Generalgouvernements bildet, wird Ostgalizien (Halychyna, Ostkleinpolen) infolge des Hitler-Stalin-Pakts im September 1939 zunächst für ca. zwei Jahre der Sowjetunion einverleibt, im Juni 1941 dann von der deutschen Wehrmacht besetzt und als "Distrikt Galizien",[109] wo Juden in ca. 4.000 Ortschaften leben,[110] in das Generalgouvernement eingegliedert. Beim Einmarsch der deutschen Wehrmacht leben Dieter Pohl zufolge in Ostgalizien etwa 530.000 bis 540.000 Juden (knapp 10% der Bevölkerung), d.h. mehr als 1933 in Deutschland, es war die "größte regionale jüdische Konzentration in Europa", nur einem Bruchteil gelang die Flucht.[111]

Das "Unternehmen Barbarossa",[112] der Überfall auf die Sowjetunion, beginnt wie der auf Polen am 1. September 1939 wiederum als Vernichtungskrieg am 22. Juni 1941, dabei geht es der deutschen Führung um "Lebensraum im Osten", die Vernichtung des "jüdischen Bolschewismus",[113] die Versklavung der einheimischen Bevölkerung und die Ausbeutung der besetzten Territorien.[114] Die deutsche Wehr-

---

[109] Dazu: Thomas Sandkühler, "Endlösung" in Galizien 1941–1944. Bonn 1996, S. 63 ff.

[110] Dieter Pohl, Nationalsozialistische Judenverfolgung in Ostgalizien 1941–1944 – Organisation und Durchführung eines staatlichen Massenverbrechens. 2. Auflage, München 1997, S. 108; hier handelt es sich neben Jakob Honigsmans Geschichte um ein weiteres, immer noch aktuelles Standardwerk zum Thema. Ein drittes Werk ähnlichen Formats entstand wohl fast gleichzeitig, nämlich Thomas Sandkühler, "Endlösung" in Galizien – Der Judenmord in Ostpolen und die Rettungsinitiativen von Berthold Beitz 1941–1944. Bonn 1996. – An erster Stelle ist jedoch der schauerliche Überlebensbericht von Leon W. Wells zu nennen: Ein Sohn Hiobs. (1962) München u. Wien 1979.

[111] Dieter Pohl, a.a.O., S. 9, 23, 43 f.

[112] https://de.wikipedia.org/wiki/Unternehmen_Barbarossa

[113] "Der Holocaust", so Timothy Snyder, "begann mit dem Einmarsch in die Sowjetunion. (…) Hitler stellte die Sowjetunion als einen jüdischen Staat dar. (…) Diese Überzeugung erlaubte Hitler, 1941 einen Krieg zu beginnen, denn er war der Ansicht, die Sowjetunion werde zusammenbrechen, sobald man ihre Juden umgebracht hatte. (…) Die Juden waren für den Kommunismus verantwortlich, und diese Verantwortung ließ sich tilgen, indem man sie ermordete. (…) In den besetzten Gebieten der Sowjetunion wurden 95 Prozent der Juden ermordet." In: S. 4, Fußnote 16.

[114] Dazu auch: Erhard Roy Wiehn, "Zur deutschen Wehrmacht im Osten", in: Erhard Roy Wiehn, Bleibende Warnungen I – Schriften zur Schoáh und Judaica 1997–1999. Konstanz 1999, S. 155–182.

macht (einschließlich Luftwaffe) verfügt über 4.733.990 Soldaten, 3.612 Panzer, 2.937 Flugzeuge und 12.686 Geschütze. In Galizien und der Ukraine sind eingesetzt die Heeresgruppe Süd (Rundstedt) mit der 17. Armee (Stülpnagel), der Panzergruppe 1 (Kleist), der 6. Armee (von Reichenau) und der 11. Armee (Schobert), außerdem Sicherheitspolizei (Gestapo u. Kripo), Sicherheitsdienst (SD), Ordnungspolizei, Waffen-SS und ihre Einsatzgruppen.[115]

"Seit dem tragischen Tag, an dem deutsche Truppen Lwów und andere Städte in der West-Ukraine besetzt hatten, waren nur zwei Jahre vergangen", so Jakob Honigsman: "In diesem Zeitraum (Ende Juni 1941 bis Ende Juni 1943) wurden im Distrikt Galizien[116] etwa 550.000 Juden ermordet. An Hunger, Folter und Krankheiten sowie in Gefängnissen starben etwa 40.000. Über 20.000 wählten den 'Freitod', d.h. verübten Selbstmord. Somit kamen allein im Distrikt Galizien während der Hitler-Herrschaft über 610.000 Menschen ums Leben."[117] Besonders bestialisch sind die Vernichtungsaktionen jüdischer Kinder und Kleinkinder sowie die von Alten und Kranken. An vielen Mordaktionen sind einheimische Denunzianten und Kollaborateure beteiligt,[118] doch gibt es auch örtliche Judenretter, nicht zuletzt den Deut-

---

[115] Dieter Pohl, a.a.O., S. 267 ff.; https://de.wikipedia.org/wiki/Einsatzgruppen_der_Sicherheitspolizei_und_des_SD; https:// de.wikipedia.org/wiki/ Deutsch-Sowjetischer_Krieg

[116] Der Distrikt Galizien wurde am 1. August 1941 eingerichtet und dem Generalgouvernement eingegliedert; der erste Distriktgouverneur war Karl Lasch, Volkswirt und Jurist, Parteikarriere, 36 Jahre, wegen Korruption verhaftet und "vor Abschluß des Verfahrens erschossen bzw. zum Selbstmord gezwungen"; Dieter Pohl, a.a.O., S. 76 f.; Jakob Honigsman, a.a.O., S. 159 ff.; https://de. wikipedia.org/wiki/ Distrikt_Galizien

[117] "Es gibt nichts, was den Nazismus genauer charakterisiert als der Versuch, ein ganzes Volk zu ermorden, das eine aus der deutschen Sprache stammende Mundart sprach. – Mord bleibt Mord. – Aber dass deutsche Soldaten ein Volk ermorden wollten, das der eigenen Sprache entstammte, das macht die Bösartigkeit der Handlung zur Absurdität." Martin Walser, Shmekendike Blumen. Reinbek 2014, S. 101. – Mit den Menschen wurde gerade auch in Galizien die reiche deutsch-jüdische Kultur vernichtet. – Eine Schande, dass im Jahre 2016 eine Deutsche vor dem Warschauer Schloss gegen die deutsche Kanzlerin, gegen das heutige Deutschland und gegen die Europäische Union hetzt, und zwar unter dem Beifall von Warschauer Hooligans; vgl. Felix Ackermann, "Sie wollen die Europäische Union von innen zerstören – Die Internationale bekämpft das Menschenrecht: Die Pegida-Aktivistin Tatjana Festerling redet vor dem Warschauer Schloss", in: Frankfurter Allgemeine Zeitung, Nr. 32, 8. Februar 2016, S. 9.

[118] Für Denunziationen wurden auf Plakaten Preise ausgesetzt: "etwa 1000 Złoty oder eine Flasche Schnaps" pro Kopf: "Ab Ende 1942 förderte die Besatzungs-

schen Berthold Beitz.[119] Es gibt die erpresste, sehr unterschiedliche Mitwirkung der von den Deutschen installierten *Judenräte,* und es gibt aussichtslosen, verzweifelten, heldenhaften Widerstand verschiedenster Art.[120]

3. David Murlakow wurde 1923 im damals polnischen Borislaw (ukrainisch: Boryslaw) geboren,[121] eine Mittelstadt von heute etwas mehr als 38.000 Einwohnern südlich von Lwiw, hatte damals nur etwa 30.000 Einwohner, darunter ca. 15.000 Juden (hier S. 12). Der Vater betrieb eine Fabrik für Reservetanks und Dampfkessel, denn ihre Stadt lag inmitten eines bedeutenden Erdölfördergebietes. David hatte zwei Brüder, Josef und Elias, sowie zwei Schwestern Sara und Klara, und er erinnert sich an eine frohe Kindheit. Mit den deutschen Nachbarn lebte man in bestem Einvernehmen, die beiden Mütter waren befreundet, die Familien verbrachten jahrelang gemeinsame Sommerferien und David hatte schon als Junge ein Auge auf das Nachbarstöchterchen Trudi geworfen,[122] die er sehr viel später wiedersah, dann mit ihr zusammenlebte und ihr einen liebevollen Nachruf widmete (S. 215 ff).

Diese friedliche als unverlierbar empfundene Welt war ganz plötzlich untergegangen, als die Russen mit der Roten Armee in Ostpolen und auch in Borislaw einmarschierten: "Die harte Gangart" der Sowjetmacht hatte den Menschen "eine sehr rigide Lebensführung aufgezwungen; nichts verlief mehr ohne Kontrolle und zugleich unter steter Bedrohung einer massiven Bestrafung", im schlimmsten Fall die De-

---

macht zusehends die Denunziation von Juden, die sich in festen Verstecken aufhielten." Dieter Pohl, a.a.O., S. 318 f.

[119] Berthold Beitz (1913–2013) hatte vielen Juden das Leben gerettet, indem er sie in seinem kriegswichtigen Unternehmen für unabkömmlich erklärte; dafür wurde er 1971 von Yad Vashem (Jerusalem) als "Gerechter unter den Völkern" geehrt, ebenso seine Frau Else 2006; vgl. Dieter Pohl, a.a.O., S. 364; Thomas Sandkühler, a.a.O., S. 290 ff. https://de.wikipedia.org/ wiki/Berthold_Beitz – Laut Yad Vashem befinden sich unter 26.973 *Gerechten unter den Völkern*: 6.863 aus Polen, 2.619 aus der Ukraine, 601 aus Deutschland, 109 aus Österreich; https://www.yadvashem.org/de/righteous/statistics.html (11.12.2018).

[120] Jakob Honigsman, a.a.O., S. 18 f.

[121] https://de.wikipedia.org/wiki/Boryslaw; dieser und alle folgenden Links stammen vom 21/22. September 2020.

[122] Vgl. Dazu: Zwi Helmut Steinitz, Als Junge durch die Hölle des Holocaust. Vierte Auflage Konstanz 2015, S. 157 g.

portation nach Sibirien.[123] "Für uns Jugendliche am Gymnasium von Borislaw war es anfangs besonders schwierig: der gesamte Unterricht fand nur noch in russischer Sprache statt." (S. 15) – Neben der Schule wurde David Aushilfsverkäufer in einer Bäckerei und avancierte unter sowjetischer Aufsicht schon bald zum Geschäftsführer eines Brotladens. Eine Weile riskierte er auch "Nebengeschäfte", die jedoch lebensgefährlich waren und mit Sibirien bestraft werden konnten (S. 16/17). Zum Glück konnte David noch das Gymnasium mit dem Abitur abschließen.

Mit Beginn des Überfalls der deutschen Wehrmacht auf die Sowjetunion am 22. Juni 1941 hatte eine neue schreckliche Zeit begonnen. Jetzt wurden die sogenannten *Reichdeutschen* "Heim ins Reich" beordert, darunter auch die Nachbarn samt Trudi, für David ein besonderer Schmerz (S. 23). – Was dann kam übertraf alles, was man sich bis dahin vorstellen konnte: "Seit Anbeginn wurde gemordet, deportiert und den Juden auf die schlimmste Weise das Leben zur Hölle gemacht". Aber "Die Arbeitssklaven zu ermorden, schien dagegen, wenn schon nicht menschlich, so doch wenigstens ökonomisch völlig absurd." (S. 24)

"In unserer Stadt wurde der dosierte Terror folgendermaßen durchgeführt: Zuerst wurden die jüdischen Bürger gezwungen , weiße Armbinden mit einem aufgemalten oder eingestickten Davidstern (Originalname der Nazis: 'Judenstern') zu tragen: Danach wurde alle, die an Hauptstraßen wohnten, in kleine Gassen vertrieben, wo sie mit anderen Familien in erbärmliche und oftmals viel zu enge Wohnungen einquartiert wurden." Dann mussten alle Wertsachen abgeliefert werden. Männer wurden im harten Straßen- und Brückenbau eingesetzt (S. 26/ 27).

Dann wurde David mit anderen Opfern in eine Ortschaft namens Popiele gebracht, in deren Umgebung sie bei ständigen Drangsalierungen auf den Feldern arbeiten mussten (S. 28 ff.). – Glücklicherweise konnte David den Arbeitsplatz wechseln und wurde Pferdepfleger (S. 31 ff.), was aber nicht lange gutging. – "Die in der Stadt (Borislaw, ERW) verbliebenen Juden lebten zu dieser Zeit, gegen Ende

[123] Dazu: Margit Bartfeld-Feller, Am östlichen Fenster – Gesammelte Geschichten aus Czernowitz und aus der sibirischen Verbannung. Konstanz 2002; Margit Bartfeld-Feller, Von dort bis heute – Gesammelte Geschichten aus Czernowitz sowie aus der sibirischen Verbannung und danach 1925–2015. Konstanz 2015.

1942, zusammengepfercht in einem Ghetto, wo Hunger, Krankheit und Verzweiflung herrschten." (S. 33) Aber auch für David ging der Überlebendkampf mit grausamer Härte weiter, "ja steigerte sich in der kommenden Zeit zu vorher unvorstellbaren Szenarien." (S. 35) – Inzwischen wurde das Ghetto von Borislaw liquidiert, die Bewohner wurden in Vernichtungslager verbracht, darunter auch Angehörige von Davids Familie. "Unser Seelenschmerz war unbeschreiblich." (S. 36).

David flüchtete aus dem Pferdestall, weil er die Brutalität seines ukrainischen Aufsehers nicht mehr ertragen konnte, verbarg sich im Wald, aber: "Meine Angst, entdeckt zu werden, war riesig!" (S. 38) Doch damit war er einem Massaker entgangen, dem alle Häftlinge in Popiele zum Opfer gefallen waren. Bald suchte er in einer Kaserne Unterschlupf, wurde dann zusammen mit anderen Häftlingen in die unweit von Borislaw gelegene Mittelstadt Stryj[124] gebracht, wo die Hamburger Firma Nickel und Zeiss (S. 43) einen Militärflughafen bauen sollte. Um der Schwerarbeit und den Misshandlungen zu entgehen, verließ David heimlich die Baustelle, riskierte eine Bahnfahrt nach Borislaw und hauste dann als "Waldmensch" zusammen mit anderen Jugendlichen in einer Erdhöhle im Wald (S. 46 ff.).

Immer wieder machte er kurze Besuch in der Kaserne von Borislaw, wo Davids Vater und Bruder einquartiert bzw. inhaftiert waren (S. 50). Dann kam er zur Baustelle eines großen Elektrizitätswerkes, geriet einmal mehr an einen sadistischen Aufseher, dem er unbedingt entgehen musste, wenn er überleben wollte (S. 50-58). Wieder tauchte er in der Kaserne bei Vater und Bruder unter, die dann erfuhren, dass das Kasernen Lager aufgelöst werden sollte: "Die Auflösung hatte im Zuge einer Maßnahme zu geschehen, deren Endziel darin bestand, die Stadt Borislaw, in der zu Kriegsbeginn mehr als dreizehntausend Juden gewohnt hatten, 'judenfrei' zu machen." (S. 59) – "Nach zwei Tagen in der stinkenden Hölle auf Schienen sind wir schließlich im Konzentrationslager Plaszów bei Krakau angekommen." (S. 60 ff.)[125] Hier machte harte Arbeit den Häftlingen das Lebend schwer, und es ging nicht ohne Verletzungen ab, die mangels ärztlicher Versorgung kaum heilen konnten

[124] https://de.wikipedia.org/wiki/Stryj

[125] Inzwischen in Krakau integriert; dort wurden Teile vom Steven Spielbergs 'Schindlers Liste' (1993) gedreht; https://de.wikipedia.org/wiki/KZ_Plaszow: https://de.wikipedia.org/wiki/Schindlers_Liste

Im Oktober 1943 wurde David mit anderen Häftlingen wieder in Viehwaggons verfrachtet, und nach "24 Stunden leidvoller Fahrt hielt der Zug vor den Toren der berüchtigten Todesfabrik" Auschwitz-Birkenau (S. 63), fuhr dann aber wieder zurück: Weil das Lager überfüllt war, ging die Leidensreise jetzt nach Mauthausen bei Linz, [126] wo allen neuen Häftlingen eine Nummer auf den Arm tätowierte und viele durch schreckliche Schindereien in einem Steinbruch zu Tode kamen (S. 64 ff.). – Wieder einmal hatte David Glück: "Nach einigen Tagen wurde ich einer Gruppe zugeteilt, die im Lastwagen-Konvoi zum KZ Melk, [127] achtzig Kilometer vor Wien liegend, transportiert wurde." (S. 65 ff.) Hier baute die Firma "Weiss & Freitag"[128] Gewölbe und Tunnels für die Rüstungsindustrie, was schwerste körperliche Arbeit bedeutete, wo David aber auch unverhoffte Menschlichkeit erlebte: Ein Wachsoldat drückte ihm ein Päckchen mit einem Wurstbrot in die Hand, eingewickelt in einer deutsche Zeitung mit den neuesten Nachrichten von der Front (S. 66 f.).

Hier wurde David als Übersetzer tätig und war dann als "Häftling Nummer 855466" schon zum "Kapo"[129] ernannt (S. 69), als ihn "eine Art Nierenkolik" aus dieser ambivalenten neuen Rolle warf, denn: "Nach der Befreiung wurde zuerst mit den Kapos und den Blockältesten abgerechnet. Nicht wenige wurden gelyncht." Und: "Es muss wohl Gottes schützende Hand gewesen sein, die mich davor bewahrte, das Schicksal der meisten Kapos zu teilen." (S. 71) Im Krankenrevier lerne David die junge Ungarin Sandra kennen, es folgten tatsächlich drei unvergessliche Liebesnächte *unter* den Baracken: "für mich und wohl auch für Sandra ein Triumph des Lebens über die Barbarei, intensive Momente des Glücks, in denen das Morgen nicht zählte." (S. 73) Doch die beiden haben sich nie wiedergesehen.

Im Dezember 1944 wurden alle Häftlinge nach Ebensee[130] in der Nähe des Ferienortes Bad Ischl verlegt, ein Außenlager von Mauthau-

---

[126] 20 km östlich von Linz; https://www.mauthausen-memorial.org/de/Wissen/Das-Konzentrationslager-Mauthausen-1938-1945; vgl. dazu Yoel Sher, Zum Frieden unterwegs – Botschaften eines israelischen Botschafters in Österreich, der Slowakei u. Slowenien 1995–1998. Konstanz 1998,

[127] https://de.wikipedia.org/wiki/KZ_Melk

[128] Muss wohl heißen: Wayss & Freytag; https://de.wikipedia.org/wiki/Wayss_&_Freytag

[129] https://de.wikipedia.org/wiki/Kapo_(KZ)

[130] https://de.wikipedia.org/wiki/KZ_Ebensee

sen (S. 74 ff.), wo David dem "Müllaufräumungskommando" zugeteilt wurde, bald aber wieder der Firma "Weiss & Freitag", die auch hier unterirdische Stollen baute, aber: Es war spürbar, dass sich alles, der Krieg, die Lager, die Gräuel, dem Ende zuneigten, denn von der nahezu perfekten Organisation bei der Ausbeutung menschlicher Arbeitskraft und dem effizienten Töten von Arbeitssklaven, wie es die Nazis in den vergangenen Jahren praktiziert hatten, war nicht mehr viel übrig. Überall herrschte Chaos." (S. 75)

Am 2. Mai 1945 mussten die verbliebenen ca. 12.000 Häftlinge von Ebensee zu einem letzten Appell antreten, und es bestand die Gefahr, von der SS in einem Stollen ermordet zu werden. Doch die Häftlinge weigerten sich, den Stollen zu betreten, – am folgenden Tag waren die Wachtürme schon nicht mehr besetzt und die SS-Leute verschwunden. Am 6. Mai 1945 erschienen die ersten amerikanischen Panzer im Lager: "Offiziere stiegen aus ihren Jeeps und blieben vor dem, was sich ihrem Anblick bot, wie versteinert stehen. Sie schauten auf die überall im Lager verteilten Leichenberge, auf die wandelnden Skelette in den dünnen gestreiften und schmutztriefenden Häftlingsanzügen…" (S. 77 f.) – Und David: "Mit 21 Jahren wog ich gerade mal 37 Kilo." (S. 78)

Doch er erholte sich überraschend schnell und konnte sich als Krankenpfleger im Krankenhaus bald nützlich machen, zumeist im Nachtdienst, wo er sich in Schwester Clementa verliebte, die Kloster-Novizin war, weshalb diese Romanze nicht gutgehen konnte (S. 85). Wieder ein Abschied ohne Wiedersehen, und so war es bald auch mit Sophie, einer Polin, die ihren verschollenen Mann suchte (S. 90 ff.). Dem folgte die "Liebe auf dem Feuerkogel" (S. 97 ff.): "Nicht ahnen konnte ich damals, dass wir uns dennoch gar nicht viel später in einer außergewöhnlichen Situation wieder treffen würden." (S. 99) Was aber hier nicht schon verraten wird.

Bald traf David seinen Bruder Josef und seinen Vater in der Tschechoslowakei wieder, den Oskar Schindler[131] gerettet hatte und dem hier eine lesenswerte Anmerkung gewidmet ist; alle anderen Ge-

---

[131] https://de.wikipedia.org/wiki/Oskar_Schindler; durch die Konstanzer Regionalzeitung *Südkurier* vom 23. Mai 2019 wusste ich, dass Oskar Schindler nach dem Krieg versuchte, illegal in die Schweiz zu gelangen, was ihm jedoch nicht gelang; zusammen mit einem Aktivisten der *Initiative Stolpersteine* stellte ich daraufhin bei der Stadt Konstanz den Antrag, an der Grenze in Konstanz eine Erinnerungstafel für Oskar Schindler anzubringen, was positiv beschieden wurde; die Tafel gibt es jedoch bis heute nicht. (E.R.W., 22.09.2020)

schwister waren im Holocaust ermordet worden; die Mutter war am erstem Kriegstag verstorben, sodass ihr die Schoáh erspart blieb (S. 104 f.). – Die nächste Station der überlebenden Familie war Wien, und David fand sehr bald Arbeit bei der UNRRA (dazu hier S. 111 ff.), wo sich die Chance ergab, durch diese Organisation in die U.S.A. zu gelangen (S. 115). David hatte aber auch ein Stipendium des Vatikans für ein Medizinstudium in Rom in Aussicht (S. 118).

Völlig überraschend entschied sich David jedoch durch eine "Herzensentscheidung", mit seiner Rachel in Israel einzuwandern, wo Rachels Schwester schon lebte (S. 118). Am 6. Juni 1948 kamen David und Rachel in Haifa an, drei Wochen nach der Gründung des Staates Israel am 15. Mai 1948. Da zwischen den arabischen Armeen und Israel bereits Krieg herrschte, musste David sofort zum Militär. – Nach wenigen Monaten kamen auch die anderen überlebenden Familiengehörigen nach Israel. – "Nach Beendigung des Militärdienstes ließ ich mich verpflichten, bei der Kolonisierung des Landes mit Neueinwanderern mitzuwirken; ich wurde Verwalter in Nord-Galiläa für eine neue zu gründende Siedlung von 150 Familien. Diese Siedlung wurde zu einem Modell, wie Neueinwanderer aus diversen Ländern zusammenzubringen sind in einer Siedlung, sogenannter Kibbuz 'Galuyot'." (S. 122 ff.)

David kündigte diesen Job; es kam zu einem interessanten "Besuch bei einem Scheich in der Wüste" (S. 126 ff.); dann kam ein neuer Auftrag für die fortlaufend neu entstehenden Siedlungen mit überraschenden Episoden (S. 131 ff.). – Im Sommer 1957 reiste er für eine israelische Organisation zur Zentralkartei für Wiedergutmachung nach Koblenz (S. 137 ff.), arbeitete von 1954 bis 1959 bei den "Imperial Chemical Industries", und fand ein Haus mit einem Stück Land in Kiryat Ono[132] bei Tel Aviv (S. 139 ff. und versuchte erfolglos für die Knesset zu kandidieren (S. 141).

"Aber auf einmal fühlte ich mich nicht mehr wohl in meiner hiesigen Welt. Ich sagte meiner Frau, dass ich für einige Zeit nach Europa möchte, um Abstand vom Geschehenen zu finden. Gleichzeitig wollte ich unsere Anrechte auf das Vorkriegsvermögen unserer Familie schneller zum Abschluss bringen." (S. 142) – "Dann flog ich nach Deutschland, folgte wiederum meinem Herzenswunsch." Und "Anfang 1960

[132] https://de.wikipedia.org/wiki/Kirjat_Ono

kam ich nach Deutschland mit einem Startkapital von eintausend US Dollar." (S. 142 f.) Damals war David Murlakow 37 Jahre jung, startete alsbald eine phantastische Karriere als Gastronom und Hotelier (S. 143), zeitweise sogar "Burgherr" eines Burghotels bei Solingen, mit Betrieben in Spanien und Teneriffa (S. 187), einige Jahre sogar in Moskau (S. 192 ff.; nur in Österreich gab es Probleme, S. 158 ff.), und er hatte unglaublich viel Prominenz zu Gast. Diese ebenso extrem intensiven wie erfolgreichen Jahre muss man unbedingt in David Murlakows Erinnerungen selbst nachlesen.

In seinen "Gedanken, als Jude in Deutschland zu leben" schreibt er: "Und so erlebte ich immer wieder Situationen, welche mir bestätigten, dass ich normal integriert bin und mit anderen Bürgern gleichgestellt werde." – Im Epilog heißt es schließlich: "Heute, im Jahr 2014, zurückblickend auf die vergangenen Jahrzehnte muss ich feststellen, dass mir diese harte, unvergessliche Vergangenheit eine eigene Härte und Sicherheit mitgegeben hat, die mir nach dem Krieg verhalf, jene gesellschaftlichen und geschäftlichen Erfolge zu erreichen, wie ich sie hier beschrieben habe. (...) als einer der noch wenigen Holocaust-Überlebenden wünsche ich niemandem, so seine Stärke beweisen zu müssen." (S. 214)

Zusammenfassend lässt sich sagen, der Inhalt *Eines bewegten Lebens* erscheint ganz ungewöhnlich: Die Schoáh in Galizien (hier mit knapp 80 Seiten) kam in unserer Edition schon öfter vor, auch Post-Schoáh-Einwanderungen in Palästina bzw. Israel (ca. 40 Seiten), aber nicht eine solche erfolgreiche Karriere ausgerechnet in Deutschland (etwa 70 Seiten), weshalb wir diese Erinnerungen gerne in unsere Edition aufgenommen haben, weil eben auch David Murlakows Leben als das eines säkularen Juden, der als solcher durchaus bekannt war, Teil des jüdischen Lebens in Deutschland ist, ohne dass er selbst irgendwelche jüdischen Bezüge erwähnt, was auch für seine Kindheit und Jugend vor dem Zweiten Weltkrieg gilt (Bar Mitzwa, Feiertage, etc.).

Allerdings schreibt David Murlakow einmal: "Diese wunderbare Rettung hatte jedenfalls einen großen Einfluss auf meine Skepsis in Sachen Glauben. In den schrecklichen Jahren des Kriegs mit all den Grausamkeiten und Ungerechtigkeiten, waren meine Zweifel an der Existenz eines Wesens, welches als eine Art 'Gerechter Herrscher der Welt' fungiert, stetig gewachsen. Und doch kann ich das zuvor beschriebene Nicht als Zufall abtun. Ich erlebte in der Zukunft noch weitere solche 'Zufälle', die ich nicht Zufälle nennen mag.[133] Ich glaube doch, dass ein 'höheres Wesen' unser aller Schicksal bestimmt:" (S. 41) Später wird auch einmal die ehemalige Zugehörigkeit klar formuliert: "Die meisten der auf dem Appellplatz versammelten Menschen waren, wie ich und meine Familie, ein Teil der jüdischen Gemeinde von Borislaw gewesen." (S. 49) Und schließlich: "Es muss wohl Gottes schützende Hand gewesen sein, die mich davor bewahrte, das Schicksal der meisten Kapos zu teilen." (S. 71)

Zur Publikationsgeschichte ist zu bemerken, dass der literarisierte[134] Originaltext aus dem Jahre 2015 aus zeitlichen Gründen gescannt wurde, weil es dem Autor verständlicherweise eilte. Daher konnten im Text keine Unschärfen korrigiert werden, was jedoch an dieser Stelle in minimalem Umfang geschehen soll: Mit dem "deutschen Adler" (S. 47) ist der NS-Reichsadler gemeint, der auf einem umkränzten Hakenkreuz sitzt.[135] – Am 12. März 1944 wurde Ungarn von der deutschen Wehrmacht besetzt, und am 15. Mai 1944 begannen die Deportationen der ungarischen Jüdinnen und Juden nach Auschwitz-Birkenau (S. 63).[136] – Für die "Mauthausener Stiege" werden 250 Stufen verzeichnet (S. 65).[137] – "Arbeit macht frei" konnte für Melk nicht verifiziert werden (S. 69). – Das KZ Ebensee wurde am 6. Mai 1945 befreit (S. 77).[138] – Der Feuerkogel bei Ebensee ist 1562 m hoch (S. 88).[139] – Oskar Schindler hatte seine Fabrik von Krakau ins mährische Brünnlitz verlegt (S. 105).[140] – 1948 war das Mittelmeer von briti-

---

[133] Immer wieder geht es bei Überlebenden aber doch um "Zufall": Joseph Mlawski, "Ein Zufall hat mir das Leben gerettet", in: Erhard Roy Wiehn, Ghetto Warschau – Aufstand und Vernichtung 1943 fünfzig Jahre danach zum Gedenken. Konstanz 1993, S. 213 ff.; Zwi Helmut Steinitz, Durch Zufall im Holocaust gerettet – Rückblick eines Israeli aus Posen, der das Krakauer Ghetto und deutsche KZs durchlitt und überlebte. Konstanz 2012; in: Erhard Roy Wiehn, Jüdisches Leben und Überleben. Konstanz 2020, geht es um "Glück, Wunder, Zufall" S. 62, 68, 82, 93, 100, 105, 108 f., 121, 127, 128, 160, 234, 237.

[134] Es gibt z.B. viele Zitate, die nur erinnerte Zitate sein können und nicht genau so gewesen sein müssen.

[135] https://de.wikipedia.org/wiki/Reichsadler

[136] https://de.wikipedia.org/wiki/Geschichte_der_Juden_in_Ungarn

[137] http://uran-deutsch-tschechischer-erinnerungsort.info/?p=77

[138] https://de.wikipedia.org/wiki/KZ_Ebensee

[139] https://feuerkogel.info/

[140] https://de.wikipedia.org/wiki/Oskar_Schindler

schen Kriegsschiffen und der Royal Airforce beherrscht (S. 120 f.). – In Beduinenzelten galt und gilt strikte Friedenspflicht, draußen kann man sich dann umbringen (S. 129 f.). – Auch einige Rechtschreibefehler (z.B. "Großmagd" statt "Großjagd", S. 60) konnten nicht korrigiert werden, wofür hier um Nachsicht gebeten wird.

Ralph Giordano (1923-2014) hatte recht, wenn er meinte, dass diese unglaubliche jüdische Lebensgeschichte nicht vergessen werden darf (S. 7), und deshalb haben wir mit Hochdruck dieses unbedingt lesenswerte Buch daraus zu machen versucht. Wir danken David Murlakow, dass er uns seine Erinnerungen anvertraut hat und Wolfgang Hartung-Gorre vom gleichnamigen Verlag in Konstanz für sein besonderes Engagement. – Was aufgeschrieben, publiziert und in etlichen Bibliotheken der Welt aufgehoben ist, wird nicht so schnell vergessen, damit vielleicht daraus gelernt werden kann. – 23.09.2020

8. Joseph und Klara Mlawskis jüdische Odyssee[*][141]

Für die heute nur noch sehr wenigen Überlebenden der Schoáh ist alles so gegenwärtig, als ob es erst gestern geschehen wäre.

Joseph Mlawski wurde 1920 in Warschau geboren und ist in einer ebenso religiösen wie wohlhabenden Familie aufgewachsen; sein Vater betrieb einen Großhandel, importierte Lebensmittel, hauptsächlich Reis und Salz.[142] Joseph besuchte die traditionellen religiösen jüdischen Schulen und anschließend die Handelsschule, die er mit 19 Jahren als diplomierter Steuerberater verließ.

Dann begann die Holocaust-Schoáh: Josephs ältere Schwester mit ihrem dreijährigen Kind wurde 1942 in Treblinka ermordet, seine Eltern, seine vier Brüder und eine Schwester im Oktober 1943 in Auschwitz-Birkenau. Von Josephs großer Familie und Verwandtschaft haben außer ihm nur ein Schwager und eine Nichte überlebt.

---

[*] **In: Erhard Roy Wiehn, Der Schmerz ist geblieben – Von Warschau durch die Sowjetunion und Amerika nach Deutschland und zurück. Gespräche mit Joseph und Klara Mlawski sowie mit Tochter Marlene Mlawski. Konstanz 2020, S. 9-11.**

[141] Dazu auch: Erhard Roy Wiehn, Totengebet – 60 Jahre Beginn des Zweiten Weltkriegs und der Schoáh in Polen. Konstanz 1999, S. 35 ff.

[142] Zu Josephs Vater Rafal Mlawski siehe in: Erhard Roy Wiehn, Kaddisch – Totengebet in Polen. Reisegespräche und Zeitzeugnisse gegen Vergessen in Deutschland. Darmstadt 1984, 2. Auflage 1987; S. 174 f., 178-181, 359.

Joseph Mlawskis Großvaters Großvater väterlicherseits, Rebbe Avraham Landau von Ciechanów (1789-1875) bei Warschau, war ein ebenso berühmter wie frommer Thora-Gelehrter, und anlässlich seines 100. Todesjahres wurde zu Ehren dieses "Zaddiks" in Jerusalem die Zechuta De-Avraham by Rabbi Avraham of Chahanov (so im Internet am 01.10. 2020) gegründet, eine religiöse Schule, in der schon bald etwa 200 Schüler und Studenten unterrichtet wurden.

Josephs Frau Klara, die ebenfalls zahlreiche Angehörige verlor, hatte Joseph während des Krieges in der Sowjetunion kennengelernt. Klara kam auch aus einer sehr religiösen Familie, besuchte jedoch eine katholische Nonnenschule. Bald nach Kriegsbeginn wurde sie mit ihrer Familie nach Sibirien deportiert und hatte dort immerhin eine Überlebenschance.

*

Joseph und Klara Mlawski hatten 1944 geheiratet (siehe Umschlagtitelfoto), lebten nach dem Zweiten Weltkrieg mangels Alternativen – in das kommunistische Nachkriegspolen zu gehen, war bestimmt keine Option – zunächst in Westdeutschland, gingen dann einige Jahre in die USA, kamen 1967 wieder nach Deutschland, betrieben etliche Jahre in der Konstanzer Altstadt ein beliebtes Geschäft für Damenoberbekleidung, und man konnte jederzeit ein freundschaftliches Schwätzchen mit ihnen halten, wenn keine Kundinnen im Laden waren. Wie schon immer geplant, gingen sie schließlich im Jahre 1989 in die USA zurück: Joseph Mlawski starb 1993, Klara 2006.

Beide hatte ich während der 1970er Jahre in der Israelitischen Gemeinde Konstanz kennengelernt, wir haben uns bald angefreundet, uns ziemlich oft gesehen, öfter auch zusammen gegessen, mit Vorliebe bei Klara und Joseph zu Hause (denn Klaras jiddisch-polnische Küche war einfach köstlich!) und buchstäblich über Gott und die Welt diskutiert. Joseph hatte übrigens eine eher leise, weiche, überaus freundliche Stimme, und auch Klaras Stimme war sehr sympathisch.

Etwas ganz besonderes war unsere gemeinsame Reise nach Warschau, Auschwitz-Birkenau, Majdanek und Treblinka, zusammen mit einer größeren Gruppe Überlebender aus Deutschland, und zwar aus Anlass des 40. Jahrestags des jüdischen Aufstands im Warschauer Ghetto am 19. April 1983.[143] Während dieser Reise habe ich auch mit

---

[143] Über diese Reise hatte mein Bruder Karl Wiehn s.A. einen Film gedreht unter dem Titel: *Gegen das Vergessen – Eine Polenreise 1983 40 Jahre nach dem jüdischen Aufstand im Warschauer Ghetto,* der am Sonntag, dem 6. November

Joseph Mlawski ein langes Gespräch geführt,[144] der erstmals seit damals wieder Polen besuchte; dem folgte das hier authentisch wiedergegebene Tonband-Interview vom 10. Februar 1985.[145]

Durch eine Mail von Josephs und Klaras Tochter Marlene Mlawski am 12. August 2020 kam ich auf die Idee, aus den erwähnten Gesprächen eine eigene Publikation zu machen, zumal die Inhalte dieser Jüdischen Odyssee ja weiterhin aktuell sind und bleiben – die Schoáh und das Überleben in Asien ebenso wie die schwierige Nachkriegszeit in Deutschland mit allen Nachwirkungen bis zum heutigen Tag. – Ich freue mich, dass Marlene Mlawski ein Vorwort geschrieben, etliche Fotos zur Verfügung gestellt (darunter eine Zeichnung, von der sie meint, dass sich auch ihr Vater darüber freuen würde, S. 99) und sehr sorgsam korrekturgelesen hat; eine englische Ausgabe ist angedacht.

Für mich persönlich ist die vorliegende Dokumentation einer jüdischen Odyssee auch eine gute Gelegenheit, dieser besonderen Freunde Joseph und Klara Mlawski einmal mehr dankbar zu gedenken. Im übrigen gilt auch hier unsere Hoffnung: Was aufgeschrieben, publiziert und in einigen Bibliotheken der Welt aufgehoben ist, wird nicht so schnell vergessen, damit vielleicht daraus gelernt werden kann.

18. Oktober 2020

9. Eine Hommage an Hedwig Brenner[*]

Hedwig Brenner (1918-2017) bot mir für die Edition Schoáh & Judaica Mitte März 1995 – vor etwas mehr als 25 Jahren also – ihre *Jüdische Frauen in der bildenden Kunst* an. Dieser erste Kontakt kam durch Vermittlung von Marianne Ahlfeld-Heymann (1905-2003) zu-

---

1983, 13.15 Uhr im Ersten Deutschen Fernsehen gesendet wurde; Filmskript in: Erhard Roy Wiehn, Kaddisch, a.a.O., S. 857-870

[144] In: Erhard Roy Wiehn, Kaddisch –. Darmstadt 1984, 2. Auflage 1987, S. 16, 146-192, 234, 246 f., 252 ff. 272 ff., 278 f. 320, 322 f.. 331 f., 343-347, 359 f., 379 ff., 438, 479, 482, 608 f., 627.; dann auch in: Erhard Roy Wiehn, Ghetto Warschau – Aufstand und Vernichtung 1943 fünfzig Jahre danach zum Gedenken. Konstanz 1993, S. 213-259.

[145] Zuerst in: Erhard Roy Wiehn (Hg.), Überall nicht zu Hause – Jüdische Schicksale im 20. Jahrhundert – Gespräche mit Überlebenden in Konstanz. Konstanz 2012, S. 57 ff, 92 ff., 83 ff.

[*] **In: Erhard Roy Wiehn & Christel Wollmann-Fiedler (Hg.) Hedwig Brenner ihre Künstlerinnen jüdischer Herkunft. Einer Pionierin zum Gedenken. Konstanz 2020, S. 7-9.**

stande, deren Überlebensbiographie wir im Frühjahr 1994 veröffentlicht hatten."[146] Mit Marianne Ahlfeld-Heymann war ich durch meine langjährige Freundin Gretel Baum-Meróm (1913-2019)[147] in Verbindung gekommen, weil beide im selben Elternheim in Haifa lebten.

Der erste Band *Jüdische Frauen in der bildenden Kunst – Ein biographisches Verzeichnis* erschien, von mir herausgegeben, im Hartung-Gorre Verlag (Konstanz) vor 22 Jahren im März 1998 mit 199 Namen auf 236 Seiten (hier S. 67 ff.).

Jüdische Frauen in der bildenden Kunst II wurde im Herbst 2004 ausgeliefert, und zwar mit 428 Biographien, 376 Seiten und einer Bilder-CD (hier S. 83 ff.).

Dem folgte *Jüdische Frauen in der bildenden Kunst III* im Sommer 2007 mit 405 Biographien auf 264 Seiten (hier S. 95 ff.).

Jüdische Frauen in der bildenden Kunst IV erschien 2011 und enthält 296 Namen auf 174 Seiten mit einer Bilder-CD (hier S. 103 ff.).

Jüdische Frauen in der bildenden Kunst V folgte 2013 mit 353 Namen auf 172 Seiten und einer Bilder-CD (hier S. 108 ff.).

Jüdische Frauen in Musik und Tanz schließlich erschien im Januar 2017 mit 235 Namen auf 176 Seiten (hier S. 113 ff.).

Die ersten fünf Bände umfassen 1.681 Namen auf 1.222 Seiten, zusammen mit dem sechsten Band ergeben sich 1.916 Namen auf 1.398 Seiten.

Die Abstände zwischen den sechs Erscheinungsjahren weisen nicht nur auf Hedwig Brenners Recherche-Aufwand hin, sondern auch auf unsere zeitaufwändigen Editionsarbeiten, was mit unserer Autorin nicht immer leicht war, aber stets freundschaftlich zu Ende gebracht werden konnte – um aus Rohdiamanten Hedi-Brenner-Biographie-Diamanten zu schleifen.

Der Titel *Jüdische Frauen in der bildenden Kunst* bedeutet nicht, dass alle bewusste oder gar praktizierende Jüdinnen waren oder sind und ebenso wenig, dass sich allzu viele von ihnen mit jüdischen The-

---

[146] Marianne Ahlfeld-Heymann, Und trotzdem überlebt. – Ein jüdisches Schicksal aus Köln durch Frankreich nach Israel 1905-1955. Konstanz 1994.

[147] Gretel Baum-Meróm & Rudy Baum, Kinder aus gutem Hause / Children of a Respectable Family – Von Frankfurt am Main nach Israel und Amerika / From Frankfurt to Israel and America. Erinnerungen, Fotos und Dokumente / Memories, photos and documents 1913/15–1995–2011. Konstanz 2011; Gretel Baum-Meróm, Ich erinnere – Jüdisches Leben in Frankfurt am Main und in Israel. Eine Nachlese. – I remember – Jewish life in Frankfurt/Main and in Israel. Second thoughts 1913–1934–2008. Konstanz 2009,

men befasst hätten oder befassen, vielmehr vertreten sie insgesamt wohl ein sehr breites Spektrum der bildenden Kunst des 19. und 20. sowie der ersten Jahre des 21. Jahrhunderts.

Der Sinn dieser biographischen Verzeichnisse besteht vor allem darin, dass Hedwig Brenner durch ihre Recherchen viele Künstlerinnen überhaupt erst wiederentdeckt und ihnen somit ihre Namen zurückgegeben hat. Ansonsten aber dürfte völlig klar sein: Wenn Frauen es im allgemeinen in der Kunst wohl immer schon etwas oder gar viel schwerer hatten als Männer, so dürfte das aus mancherlei Gründen um so mehr für *jüdische Frauen* gelten;[148] viele jüdische Künstlerinnen hatten überdies während der deutschen NS-Herrschaft seit den 1930er Jahren und bis 1945 in Deutschland und im ganzen deutschbeherrschten Europa schwer zu leiden und nicht wenige wurden ermordet.

Durch die Zusammenstellung der Vorworte in der vorliegenden Gedenkschrift, die in den sechs Bänden über fast 20 Jahre verteilt waren und sind, kommt es unvermeidlich zu gewissen Doppelungen bzw. Wiederholungen, die jedoch bewusst inkauf genommen werden, um eben die über viele Jahre verteilten Texte so zu belassen, wie sie in ihrer jeweils ersten Fassung formuliert waren.

Hedwig Brenner ist für diese jahrelange ebenso originelle wie außerordentlich verdienstvolle Pionierarbeit auch posthum herzlichst zu danken, denn sie hat damit ein einzigartiges Werk geschaffen, das sie bei weitem überdauert und bleibt: Sie hat sich um die Verewigung *Jüdischer Frauen in der bildenden Kunst* wahrlich hoch verdient gemacht und wurde im Jahre 2012 sowohl mit dem Bundesverdienstkreuz der Bundesrepublik Deutschland als auch mit dem Österreichischen Ehrenkreuz für Wissenschaft und Kunst geehrt.

Ihrem Andenken ist diese Gedenkschrift gewidmet, und ich danke Christel Wollmann-Fiedler ganz herzlich dafür,[149] dass sie sofort mit der Idee dieser Schrift nicht nur einverstanden war, sondern sich unverzüglich dafür engagierte. Ihr Gespräch mit Hedwig Brenner ist eine gute Einführung in deren Leben und eine Art Hintergrund für ihr

---

[148] Dazu hier Pnina Navè Levinson, S. 68 ff.; dazu auch: "Die Stellung der Frau und die Sitzung des Mannes". In: Alice Schwarz-Gardos, Zeitzeugnisse aus Israel – Gesammelte Beiträge der Chefredakteurin der 'Israel Nachrichten'. Konstanz 2006, S. 141 ff.

[149] Erhard Roy Wiehn & Christel Wollmann-Fiedler, Unser Überlebenswille war stark – Gespräche mit Margit Bartfeld-Feller über Czernowitz, die sibirische Verbannung und Israel - zum Gedenken. Konstanz 2020.

Schaffen. Herzlich gedankt wird auch Wolfgang Hartung-Gorre für das Scannen der Vorworte der ersten beiden Bände und für sein verlegerisches Engagement sowie Mirjam Wiehn für das Korrekturlesen dieses Vorworts.

Übrigens hatten wir einmal kurz ins Auge gefasst, weitere Freundinnen und Freunde Hedwig Brenners zur Beteiligung an dieser Gedenkschrift einzuladen; das hätte jedoch unvermeidlich zu Verzögerungen geführt, was in Corona-Zeiten unbedingt vermieden werden sollte und vielleicht in einer zweiten Auflage nachgeholt werden könnte.

Nicht zuletzt mag das Motto unserer Edition Schoáh & Judaica auch für diese Gedenkschrift gelten: Was aufgeschrieben, veröffentlicht und in etlichen Bibliotheken der Welt aufgehoben ist, wird hoffentlich nicht so schnell vergessen. – 13. Oktober 2020

10. Eine Hommage an Zwi Helmut Steinitz*

Christel Wollmann Fiedler, mit der ich im Spätsommer und Herbst 2020 bereits zwei Gedenkschriften herausgegeben hatte, nämlich zu Ehren von Margit Bartfeld-Feller und Hedwig Brenner,[150] schickte mir am 13. Oktober 2020 folgende Mail:

"... Mir kam gestern in den Sinn, dass wir ein Buch über Zwi machen sollten? Nur nicht direkt! Habe 4 Kassetten liegen, die ich mit ihm aufgenommen habe. Das Ergebnis kenne ich nicht, werde sehen, was ich alles mit ihm aufgenommen habe. Ich muss anhören und schreiben. Das ist eine Heidenarbeit! Ein wenig geschrieben habe ich über ihn sowieso. Jahrelang trafen wir uns in Berlin, Sachsenhausen und Oranienburg. Fotos habe ich en masse. 2019 besuchte ich Regina und Zwi [Steinitz] im April in TA [Tel Aviv] und bekam seine Gedichte geschenkt. Sind die bei Ihnen schon erschienen? 2 oder 3 Monate späte starb Zwi. ..."

---

* **Erhard Roy Wiehn & Christel Wollmann-Fiedler (Hg.), Zwi Helmut Steinitz – Vom Holocaust-Opfer um Blumenexport-Pionier und die heilige Pflicht zu berichten. Eine Hommage. Konstanz 2020, S. 7/8.**

[150] Unser Überlebenswille war stark – Gespräche mit Margit Bartfeld-Feller über Czernowitz, die sibirische Verbannung und Israel. (Konstanz, September 2020); Hedwig Brenner – und ihre Künstlerinnen jüdischer Herkunft – Einer Pionierin zum Gedenken. Konstanz (November) 2020.

Meine sofortige Antwort: *Liebe Christel – eine prima Idee – mit Zwi habe ich immerhin 6 Bücher gemacht – Roy*

Anderntags ging ich in gerade offen gewordenen Zeitfenster sofort an die Arbeit, hatte nach zwei Tagen bereits einen Titel gefunden und alle Vor- und Nachwort aus Zwi Helmut Steinitz' sechs Publikationen zusammengestellt, insgesamt immerhin ca. 70 Seiten.

Inzwischen kam Mirjam Wiehn auf die schöne Idee, dass vielleicht auch eine Auswahl von Zwi Helmut Steinitz' *Poemen* aus den letzten Jahren für diese Gedenkschrift in Betracht gezogen werden könnte, was ich umgehend tat: Unser Autor und Freund hatte 2016 bis 2019 Poeme geschrieben, die ich 2019 bereits für eine Publikation unter dem Titel *Verdichtete Vergangenheit* vorbereitet hatte, wozu es aber nicht gekommen war. Die vorliegende Gedenkschrift bietet nun die gute Gelegenheit, eine Auswahl dieser Poeme erstmals zu veröffentlichen.

Zwi Helmut Steinitz wurde am 2. Juni 1927 in Posen geboren und verstarb am 24. August 2019 in Tel Aviv. Er hatte als einziger seiner Familie die NZ-Zeit überlebt, seine Eltern Salomea und Hermann Steinitz waren und sein jüngerer Bruder Rudolf waren im Vernichtungslager Belcez ermordet worden. Zwi lebte seit 1946 in Israel.

Zwi und Regina Steinitz hatten im Sommer 2005 Kontakt zu mir gefunden, und seit Herbst 2005 habe ich zusammen mit Zwi an seinen Erinnerungen gearbeitet, die im Herbst 2006 erschienen: Als *Junge durch die Hölle des Holocaust* (Hartung-Gorre Verlag Konstanz). Weitere Publikationen erschienen 2007, 2007, 2010, 2012 und 2015. Inzwischen hatten wir uns sehr angefreundet, ich war mehrfach Gast bei Regina und Zwi, habe ihre deutsch-israelische Küche sehr geschätzt und besonders die Gespräche. Zwi war ein äußerst besonnener und liebenswürdiger Mensch, nach seiner schrecklichen Jugendzeit unter deutscher Herrschaft in fünf Konzentrationslagern fast nicht zu glauben.

In seinen späten Jahren hat er sich mit seinem Lesungen, Vorträgen und Gesprächen während zahlreicher Besuche mit seiner Erinnerungsarbeit in Deutschland engagiert und erhielt 2012 des Bundesverdienstkreuz.

Christel Wollmann-Fiedler und ich sind beglückt, dass Regina Steinitz sofort ein Vorwort zugesagt hat, und ich danke meiner Mitherausgeberin herzlich für ihre speditive Arbeit und die sehr erfreuliche Zusammenarbeit an einem dritten Buchprojekt.

Wir haben keinen Zweifel daran, dass unser Freund Zwi sich über diese Gedenkschrift freuen würde, und für uns war es eine Art Ehrenpflicht, hiermit sein Leben und Werk einmal mehr zu verewigen.

Denn was aufgeschrieben, veröffentlicht und in etlichen Bibliotheken der Welt aufgehoben ist, wird hoffentlich nicht so schnell vergessen, damit vielleicht daraus gelernt werden kann. – 16.10.2020

11. Jüdische Mädchen und Frauen in der Schoáh[*]

Um den folgenden Sammelband über *Jüdische Mädchen und Frauen in der Schoá*h aus eigener Edition komponieren zu können, muss man über einen entsprechenden Veröffentlichungsfundus verfügen. Der erste Band dessen, was sich im Laufe von 36 Jahren zur Edition Schoáh & Judaica[151] entwickelte, hatte den *Titel Kaddisch – Totengebet in Polen. Reisegespräche und Zeitzeugnisse gegen Vergessen in Deutschland* (Darmstadt 1984),[152] und bis November 2020 haben wir in unserer schwarzen Edition im Hartung-Gorre Verlag (Konstanz) insgesamt ziemlich genau 330 Buchpublikationen auf den Weg gebracht – ein nachtschwarzes Schoáh-Mosaik, das nie vollendet sein wird.

Jüdische Frauen kamen schon in Kaddisch vor, und seit den frühen 1990er Jahren gehörten sie selbstverständlich zu unseren Autorinnen. Mit Brigitte Pimpel hatte ich 1995 (vor 25 Jahren) den Sammelband

---

[*] **In: Erhard Roy Wiehn (Hg.), Mädchen und Frauen in der Schoáh. Konstanz 2021, S. 7 ff.; Mirjam Wiehn wird herzlich für das Korrekturlesen des Vorworts gedankt. [Fußnoten mit * wurden während der jüngsten Editionsarbeiten eingefügt.] (02. 11.2020)**

[151] Dieser Titel ist in keinem unserer Bücher eingedruckt, stattdessen verwenden wir das Logo S. 6: *Schoáh* (hebräisch) kommt als Flamme aus dem *Davidstern* als Symbol für *Judaica und Israelia;* der Entwurf dazu stammt von unserem verstorbenen Malerfreund Shmuel Brand (Tel Aviv): http://www.artnet.de/künstler/shmuel-brand/

[152] Verlag Darmstädter Blätter, Darmstadt, 2. Auflage 1987; mit dem Tod des engagierten Verlegers und Freundes Dr. Günter Schwarz (1905-1996) war leider auch der Verlag am Ende – wonach sich als Glücksfall meine Verbindung zum Hartung-Gorre Verlag ergab, die völlig problemlos und effizient nun schon 34 Jahre währt.

Was für eine Welt – Jüdische Kindheit und Jugend in Europa 1933-1945 herausgegeben, und es schien mir schon lange an der Zeit, aus unserer Edition einen Auswahlband Jüdische Mädchen und Frauen in der Schoáh zusammenzustellen. Nach meiner Anthologie Jüdisches Leben und Überleben (Oktober 2020), worin unter 44 Autorinnen und Autoren 14 Autorinnen dokumentiert sind, schien mir nun endlich die Zeit gekommen, meine alte Idee eines Mädchen- und Frauen-Bandes zu verwirklichen (vgl. hier S. 58, 59, 71, 191, 249).

Den letzten Anstoß dafür war die von Christel Wollmann-Fiedler und mir im Herbst 2020 herausgegebene Schrift Hedwig Brenner und ihre Künstlerinnen jüdischer Herkunft – Einer Pionierin zum Gedenken, und zwar deshalb, weil Hedi Brenner zwischen 1998 und 2013 (nebst anderem!) in unserer Edition fünf Bände Jüdische Frauen in der bildenden Kunst und 2017 einen sechsten Band Jüdische Frauen in Musik und Tanz publizierte. In diesen biographischen Verzeichnissen kommen auch zahlreiche Frauen vor, die in der Schoáh gelitten haben bzw. ermordet wurden.

Die hier präsentierten Texte stellen eine Auswahl aus Publikationen unserer Edition über fast 30 Jahre dar, die ältesten stammen vom Anfang der 1990er Jahre, der jüngste Beitrag ist von 2018. Auswahl heißt hier, dass wir vor allem Autorinnen aufgenommen haben, die die Schoáh direkt erlebt und darüber berichtet haben. Diese Auswahl über einen langen Zeitraum hat auch den Vorteil, dass etliche unserer frühen Autorinnen hier nochmals in Erinnerung gerufen und gewürdigt werden, obgleich viele von ihnen schon nicht mehr am Leben sind.

Wie in meiner Anthologie Jüdisches Leben und Überleben in Europa und Israel (S. 294) habe ich auch hier wiederum die faire alphabetische Abfolge der Autorinnen gewählt, was zu teils drastischen Schnitten führt. Zweifellos wäre es nun interessant zu untersuchen, ob es in den hier präsentierten Texten so etwas wie typisch weibliche Erlebens- und Leidensformen gab, regionalbestimmt waren sie auf jeden Fall – wenn man an Auschwitz-Birkenau, Gurs und Rivesaltes, Sibirien, Theresienstadt, Transnistrien und andere Orte und Regionen des Grauens denkt. Viele Geschichten sind stark, alle haben es in sich.

Auf jeden Fall handelt es sich hier um böse Geschichten des Bösen (S. 124 u. 232), die durch ihren Zusammenschnitt geradezu verdichtet erscheinen und teilweise schwer lesbar sind, wenn man bedenkt, dass es sich um tatsächlich Erlebtes, Erlittenes, Durchlittenes handelt: um Demütigungen und Erniedrigungen schon während der Verhaftung, des Transports, der Aufnahmeprozeduren in den Lagern und gewiss danach.

In vielen Vorhöllen wie in den französischen Internierungslagern Gurs und Rivesaltes, im sogenannten "Muster-Ghetto" bzw. Konzentrationslager Theresienstadt und in den Höllen von Auschwitz-Birkenau und anderen Vernichtungslagern, in Transnistrien und Sibirien wurden die Menschen entrechtet, erniedrigt, gedemütigt, beraubt, geschunden, gefoltert, ermordet.

Die sanitären Verhältnisse, Verpflegung und Strafen waren für Mädchen und Frauen katastrophal, besonders Durchfall und Krätze die Folgen, die Krankenbaracke erst recht ein Inferno. Und viele kamen nur knapp an der Gaskammer vorbei. Ignatz Bubis weist zurecht darauf hin, dass "jede jüdische Überlebensgeschichte immer auch Geschichten vom Nichtüberleben enthält", und dass über das Geschehen der Schoáh niemals Gras wachsen darf (S. 231 f.).

*

Bedauerlicherweise war es aus verschiedenen Gründen nicht möglich, die Lebensdaten der hier versammelten Autorinnen zusammenzustellen, und da nur wenige Fotos vorhanden waren, wurde ganz darauf verzichtet. Die Inhaltsverzeichnisse sind als eine Art Nachschlage-Verzeichnisse gedacht. Fast alle originalen Vor- oder Nachworte enthalten teils ausführlich ergänzende bzw. vertiefende Literaturlisten, von denen beispielhaft nur eine einzige in diese Anthologie aufgenommen wurde (S. 185 ff.). Gewiss wäre es sehr erfreulich, wenn einige Leserinnen und Leser durch die eine oder andere Geschichte animiert würden, sich für das betreffende Buch selbst zu interessieren.

Für mich waren die intensiven Editionsarbeiten eine Art Wiederbegegnung mit den hier versammelten 52 Geschichten und ihrer Protagonistinnen, die ich in den 1990er Jahren in Israel zu verschiedenen AutorInnen-Treffen eingeladen hatte, von denen ich die allermeisten persönlich kannte und von denen viele zu den jährlichen Buchvorstellungen im Frühjahr und Herbst an die Universität Konstanz kamen. Mit einigen entstanden langjährige enge Freundschaften bis zu ihrem Tod.

Allen unseren Autorinnen sei hier nochmals sehr herzlich dafür gedankt, dass sie durch ihre Zeugenaussagen bzw. Niederschriften ihre Schicksale und die anderer Opfer vor dem Vergessen bewahrten; danken möchte ich auch meinen ehemaligen Mitarbeiterinnen und Mitarbeitern für ihr damaliges Engagement. Herzlich zu danken ist aktuell

Wolfgang Hartung-Gorre für das Scannen von mehr als 30 Texten, die im Rechner nicht mehr vorhanden waren, und für sein verlegerisches Engagement.

Möge auch hier das oft wiederholte Motto unserer Edition gelten: Was aufgeschrieben, veröffentlich und in etlichen Bibliotheken der Welt aufgehoben ist, wird wohl nicht so schnell vergessen, damit vielleicht daraus gelernt werden kann. – 31. Oktober 2020

*

"Nein. Diese Verbrechen wurden nicht 'im Namen des deutschen Volkes verübt', sondern von der Hand des deutschen Volkes, in den dreißiger und vierziger Jahren des 20. Jahrhunderts. Ein großer Teil des deutschen Volkes hat diese Verbrechen begangen, mit der vollen oder teilweisen Mitwisserschaft eines noch größeren Teils dieses Volkes." (Amos Oz, Israel und Deutschland. Bundeszentrale für politische Bildung, Bonn 2005, S. 41)

12. Shared History – Gemeinsame Geschichte?*

"We allow all town councils to appoint through general law, Jewish people in the Curia. To give them a certain compensation for the previous rules, we let that always two or three of them enjoy the privilege not to be taken to any office." – Decree of Constantine the Great from 321[153] passed down in the Codex Theodosianus from 439; Webside des Leo Baeck Institute zum "Shared History"-Projekt.

Am 23. November 2020 kam vom Leo Baeck Institute New York / Berlin eine Mail mit der Konferenz-Ankündigung zum "Shared History"-Projekt mit folgendem deutschen Text:

2021 feiert Deutschland 1700 Jahre jüdischen Lebens im deutschsprachigen Raum. Aus diesem Grund hat das Leo Baeck Institut New York | Berlin das "Shared History" Projekt ins Leben gerufen, denn seit jeher waren und sind die Leben von Jüdinnen und Juden eng ver-

*** In: Erhard Roy Wiehn (Hg.), Jüdisches Leben und Leiden in deutschsprachigen Landen – Ein Lesebuch der Edition Schoàh & Judaica zum 1700-Jahre-Jubiläum 2021. Konstanz 2021, S. 7 ff.**

[153] Dazu: LVR-Jüdisches Museum im Archäologischen Quartier Köln: Das Dekret von 321: Köln, der Kaiser und die jüdische Geschichte. Köln (Januar) 2021 (12 Seiten).

flochten mit der Geschichte der Regionen, Gebiete und Länder, die sie bewohn(t)en. Doch inwieweit handelt es sich bei den vergangenen 17 Jahrhunderten tatsächlich um gemeinsam erlebte Geschichte? Wie gestaltete sich der gesellschaftliche, wirtschaftliche und wissenschaftliche Austausch zwischen jüdischer Minorität und christlicher Majorität?

Die vom 07.12.2020 bis zum 09.12.2020 in Kooperation mit der Bundeszentrale für politische Bildung (bpb) geplante und vom Auswärtigen Amt finanziell unterstützte internationale Konferenz des Leo Baeck Instituts New York / Berlin will diesen Fragen in mehreren interdisziplinären Paneln nachgehen. Dabei soll nicht nur die Vielfalt und Vielstimmigkeit der jüdischen Gemeinschaft im Vordergrund stehen, sondern auch die Themen, die jüdisches Leben seit jeher dominieren und durch ihren unmittelbaren Gegenwartsbezug und ihre gesamtgesellschaftliche Bedeutung auch heute nicht an Relevanz eingebüßt haben: das Leben als Minderheit, gesellschaftliche Inklusion und Exklusion, Verfolgung, Flucht, Exil, Akkulturation und Fragen der Selbstverortung und Identität.– Die Konferenz wird virtuell stattfinden. (https://www.lbi.org/projects/shared-history/; https://www. lbi.org/projects/shared-history/)

*

Obwohl ich an dieser Konferenz nicht teilnahm, überlegte ich dennoch sofort, was ich zu dieser Thematik bzw. zu diesem Jubiläum beitragen könnte, kam dann einige Tage später auf eine entsprechende Idee, begann Ende November 2020 mit ihrer Realisierung und konnte aus unserer Edition Schoáh & Judaica von mehr als 50 Personen knapp 500 Seiten Texte zusammenstellen. Darin sind fast alle im obigen Konferenzprogramm genannten Aspekte enthalten, und wenn wir mit unserer Text-Sammlung zwar keine 1700 Jahre abbilden können,[154] so aber doch wenigstens die historisch relevanten Jahrzehnte des 20. Jahrhunderts.

Die hier präsentierten Texte stammen teils aus Interviews, die ich Mitte der 1980er Jahre durchführen und später publizieren konnte

[154] "The 1.700-year history of Jewish life in Cologne - and north of the Alps in general - begins with an Edict issued by Constantine the Great for the Roman outpost then known as Colonia Agrippina. Constantin's ruling is the earliest evidence in the historical record for the presence of Jews in the Rhineland, and it offered the Jews prestige, with strings attached. Henceforth, they too could be compelled to serve alongside their Pagan neighbors on the municipal council, which meant that they would share in the financial burden administering the colony." Mail des Leo Baeck Institute, New York. (09.01.2021)

(vgl. S. 501 f.), teils aus biographischen Überlebensberichten unserer Edition Schoáh & Judaica. Die zitierten Jüdinnen und Juden kommen aus verschiedenen Regionen Deutschlands sowie aus verschiedenen (damals) deutschsprachigen (oder teils deutschsprachigen) Städten und Regionen Europas, beispielsweise aus Bratislava, der Bukowina, Prag, der Schweiz und sogar aus einer deutschsprachigen Familie in Thessaloniki.

Zweifellos handelt es sich um jahrzehntelang gemeinsam erlebte Geschichte, schon weil die allermeisten deutschen Jüdinnen und Juden ganz und gar Deutsche waren und sich auch so fühlten, obgleich jüdische und nicht-jüdische Deutsche spätestens ab 1933 gemeinsame Geschichte aus unterschiedlicher Perspektive erlebten, nämlich aus der Minderheitsperspektive der Opfer und aus der Mehrheitsperspektive der Täter und Mitläufer. Der gesellschaftliche und wirtschaftliche Austausch ("wissenschaftlicher Austausch", was immer das sein soll,) kommt in unseren Texten nicht vor) zwischen jüdischer Minorität und nicht-jüdischer bzw. christlicher Majorität wurde mancherorts sogar noch nach 1933 als weitgehend normal empfunden. Bald aber kamen Verfolgung, Flucht und Exil oder Inhaftierung, wobei die bisherige Identität als deutsche bzw. deutschsprachige Jüdinnen und Juden größtenteils erhalten blieb.

Die Bedeutung der deutschen Sprache und der Grad der Verbundenheit mit ihr konnte und kann nicht nur örtlich und regional variieren, sondern auch mit dem Alter, dem Bildungsgrad und dem Beruf. In vielen mittelosteuropäischen Regionen war Mehrsprachigkeit der jüdischen Bevölkerung üblich, und auch diese Tatsache beeinflusste die Relevanz der deutschen Sprache für die Menschen, insbesondere dort, wo Deutsch die lingua franca war.

Deutsche Jüdinnen und Juden waren bekanntlich in vielen Berufen tätig: Es gab Arbeiter, Handwerker (unter den Schweizer Juden findet sich hier sogar ein Landwirt), viele waren Kaufleute, es gab Juden in verschiedenen Parteien, auf verschiedenen Ebenen der Politik, es gab relativ viele Akademiker: Ärzte, Journalisten, Lehrer, Rechtsanwälte, Schriftsteller und viele, teils bedeutende Wissenschaftler. Trotzdem gab es Vereine, die keine Juden aufnahmen, und wo dies bekannt war, hat man sich schon gar nicht um Aufnahme beworben, um keine Abfuhr zu erleben.

Mit der Sprache einher geht das Gefühl der Zugehörigkeit zum Land: Die deutsche Sprache als Muttersprache bedeutet eine gewisse bis starke Zugehörigkeit zu Deutschland, was wahrscheinlich für eine Mehrheit der deutschen Juden in Deutschland sogar noch nach 1933 zutraf, für manche sogar immer galt. Deutsch in Bratislava, Czernowitz, Posen oder Prag bedeutete ein besonderes Verhältnis zur deutschen Literatur und Zugehörigkeit zur deutschen Kultur.

In den folgenden Texten heißt es bisweilen, viele deutsche Jüdinnen und Juden hätten sich zuerst als Deutsche und dann erst als Juden gefühlt; manchmal wird sogar gesagt, die deutschen Juden seien deutscher gewesen als die Deutschen: Viele waren deutsche Patrioten, gerade im Ersten Weltkrieg und danach. Dies galt auch für die deutschsprachigen Bukowiner Juden im Ersten Weltkrieg, wo sie aufseiten der Donaumonarchie kämpften; danach blieb die deutsche Sprache auch unter rumänischer Herrschaft die traditionelle Kultursprache, zumal sie während der langen k.u.k.-Zeit Staatssprache war, inmitten der offiziellen rumänischen und der verbreiteten ukrainischen Sprache.

Etliche Überlebende, die hier zu Wort kommen, thematisieren ganz klar die identitätsstiftende Bedeutung der deutschen Sprache, und dass sie sich eben nur in dieser ihrer Muttersprache adäquat ausdrücken könnten. Interessante Varianten gab es diesbezüglich im ehemaligen k.u.k. Kronland Bukowina und anderen deutsch-dominierten Regionen Mittelosteuropas sowie in der deutschsprachigen Schweiz.

Obwohl die Beziehungen zwischen Jüdinnen und Juden im allgemeinen eng waren, hatten viele auch nichtjüdische Freundinnen und Freunde, sei es in der Nachbarschaft, in der Schule und im späteren Leben, vielfach wurden keine Unterschiede gemacht oder wahrgenommen, man besuchte sich gegenseitig, was sich spätestens ab 1933 änderte und dazu führte, dass sich das innerjüdische Leben intensivierte und man sich noch stärker als zuvor als Schicksalsgemeinschaft fühlte, zumal mit der Zunahme der Ausgrenzungen und Demütigungen. Die Rassengesetzte von 1935 und insbesondere die Reichspogromnacht im November 1938 wurden als Schock empfunden, und wer noch nicht emigriert war, versuchte das jetzt, sofern es noch möglich war.

Ein bemerkenswerter Fall ist der einer jüdischen Familie in Czernowitz, die 1941 durch die Sowjets nach Sibirien deportiert wurde und erst nach 50 Jahren nach Israel auswandern konnte, deren Angehörige im Familienkreis und mit anderen Deportierten jedoch stets deutsch sprachen und gewissermaßen mit Rilke Sibirien überlebten (S. 32 ff.). – Eine einzigartige Geschichte ist die einer jüdischen Familie in Thessaloniki, in der die Eltern des Vaters Ladino (Spaniolisch, Judäo-Spanisch, Sephardisch) sprachen, die Mutter aus Karlsbad stammte, die Muttersprache der beiden Kinder also Deutsch war, weshalb Mutter, Vater, Tochter und Sohn, die zum ersten Transport nach Auschwitz-Birkenau gehörten, dort überlebten, weil sie von den Deutschen als Dolmetscher für die nachfolgenden Transporte gebraucht wurden (S. 222 ff.).

Die starke Verbundenheit mit der deutschen Sprache war neben Aspekten der Krankenversicherung und Gesundheitsversorgung der Hauptgrund, warum Jüdinnen und Juden nach 1945 wieder nach Deutschland zurückkehrten, und zwar nicht zuletzt jene, die in ihren Exilländern nicht recht Fuß gefasst und keine Kinder hatten. Die sprachliche Verwurzelung war jedenfalls so stark, dass sogar während der Jahre der Verfolgung deutsch gesprochen, geschrieben und gelesen wurde, was auch für viele Einwanderer in Palästina galt, obwohl Deutsch in Erez Israel lange stark tabuisiert war. Auf diese Weise haben nicht wenige, wenn auch lange nicht alle Kinder von Überlebenden in ihren Exilländern und in Palästina bzw. Israel Deutsch gelernt.

Auch die jüdischen Emigrantinnen und Emigranten verkehrten im allgemeinen landsmannschaftlich mehr unter sich als mit Einheimischen. Nach dem Ende des Dritten Reiches wollten viele deutsch-jüdische Rückkehrer übrigens nicht an die Orte zurück, aus denen sie vertrieben worden waren, sondern suchten andernorts in Deutschland einen neuen Anfang, und zwar möglichst dort, wo es bereits eine jüdische Gemeinde gab, um möglichst unter sich zu sein.

Sicherlich hätten viele Beiträge auf das Thema *Geteilte Geschichte* hin gekürzt und verschlankt werden können, was aber nicht geschah, um spezifisches Kolorit zu belassen. Die Abfolge der Texte hätte nach verschiedenen Kriterien erfolgen können; hier wurde die faire alphabetische Reihenfolge der Namen der Autorinnen und Autoren bzw. der Interview-Partnerinnen und -Partner gewählt, was unvermeidlich zu teils scharfen regionalen und zeitlichen Schnitten führt, denen man jedoch einen eigenen Reiz abgewinnen kann. In der alphabetischen Abfolge wurden zwei Ausnahmen gemacht, nämlich bei den beiden ersten Beiträgen, wo es um historische Überblicke über die Geschichte der Israelitischen Gemeinde Konstanz geht (S. 13 ff.), und bei den beiden letzten Beiträgen (S. 493 ff.), die sich auf die Schweiz beziehen, obgleich in den alphabetisch geordneten Texten weitere weitere, auf Kreuzlingen und die Schweiz bezogene Beiträge vorkommen.

"Geteiltes Leid ist halbes Leid. – Geteilte Freude ist doppelte Freude." – Und wie steht es mit *shared history* – geteilter Geschichte?

18. Dezember 20120 u. 8. Januar 2021

13. Edita Katzovás schmerzvolles Überleben*

Schauderhafte Erinnerungen. – Am 15. März 1939 marschierte die deutsche Wehrmacht in Prag ein,[155] am 16. März 1939 proklamierte Adolf Hitler auf tschechischem Territorium das an das Deutsche Reich angeschlossene "Protektorat Böhmen und Mähren" unter "Reichsprotektor" Konstantin von Neurath;[156] die Slowakei hatte sich am 14. März 1939 von der Tschechoslowakei losgesagt und wurde ein faschistischer Vasallenstaat Deutschlands.[157]

Sofort begannen sich ständig verschlimmernde Demütigungen und Repressalien gegen die jüdische Bevölkerung, die damals im sog. "Protektorat" gemäß NS-Definition etwas mehr als 118.000 Menschen umfasste. Im Juni 1939 installierte Adolf Eichmann in Prag die "Zentralstelle für Jüdische Auswanderung", und bis Oktober 1941 konnten etwas mehr als 26.500[158] Menschen das "Protektorat" legal verlassen.[159]

---

* **In: Edita Katzová, Schauderhafte Erinnerungen – Von Prag durch Theresienstadt über Auschwitz-Birkenau, Ravensbrück, Beendorf und Wandsbek nach Schweden in die Freiheit. Konstanz 2021, S. 7 ff.**

155 Jan Wiener, Immer gegen den Strom – Ein jüdisches Überlebensschicksal aus Prag 1939–1950. Konstanz 1992.

156 18.03.1939, am 27.09.1941 beurlaubt, im August 1943 offiziell abgelöst, im Nürnberger Hauptkriegsverbrecherprozess zu 15 Jahren Haft verurteilt, 1954 aus dem Spandauer Kriegsverbrechergefängnis entlassen; siehe Hermann Weiß (Hg.), Biographisches Lexikon zum Dritten Reich. Frankfurt a.M. 1999, S. 334f.

157 Edith Ernst-Drori, Des Lebensrechts beraubt - Drei Jahre im Untergrund. Jüdische Schicksale in der Slowakei. Konstanz 2000.

158 The Jewish Publication Society of America/Philadelphia & Society for the History of Czechoslovak Jews / New York (Ed.), The Jews of Czechoslovakia. Philadelphia u. New York 1984, Band III, S. 53 u. 60, nennt die Zahl 26.100.

159 Die ehemalige amerikanische Außenministerin (1997-2001) Madeleine Albright (geb. 1937 in Prag) schreibt in ihrer Autobiographie: "Ungefähr zu der Zeit, als ich Außenministerin wurde, erfuhr ich, dass ich jüdischer Herkunft war und mehr als zwei Dutzend Mitglieder meiner Familie, darunter drei meiner Großeltern, im Holocaust ermordet worden waren." – "*Zwei Dutzend Verwandte.* Drei banale Worte. Welches Leben hatten sie geführt, wie waren sie gestorben?" *Die Hölle und andere Reiseziele*. Köln 2020, S. 325, 327, 353; Madeleine Albrights *Winter in Prag – Erinnerungen an meine Kindheit im Krieg* (München

*

Mit Beginn des Zweiten Weltkriegs am 1. September 1939 wurde die Bewegungsfreiheit der jüdischen Bevölkerung stark eingeschränkt, und bereits im Oktober 1939 gab es erste Deportationen. Anfang September 1941 wurden im "Protektorat" 88.105 jüdische Menschen registriert, die nun den gelben Stern tragen und in völliger Isolation von der übrigen Bevölkerung leben mussten.[160] Die antijüdischen Maßnahmen, so Pavel Stránský in seinen autobiographischen Aufzeichnungen *'Als Boten der Opfer',*[161] "waren Bestandteil eines bis ins kleinste Detail durchdachten und vorbereiteten Plans systematischer Demütigung menschlicher Würde bis auf den Grund der Existenz des Individuums selbst, das sich in unendlichen Tagen und Nächten nur nach einem Stück Brot sehnte. Dieses System der Demütigungen hatte ein geradezu teuflisches Szenario mit vielen Niveaus. Einen schon erniedrigten Menschen kann man leichter noch weiter erniedrigen und herabwürdigen."

Am 10. Oktober 1941 berief Reinhard Heydrich – seit 1936 Chef der Sicherheitspolizei, später des Reichssicherheitshauptamtes[162] und am 4. Juni 1942 in Prag einem Attentat erlegen[163] – kurz nach seiner Ernennung zum "Stellvertretenden Reichsprotektor von Böhmen und Mähren" auf der Prager Burg einen Kreis ranghoher SS-Führer ein, um die "Lösung des Judenproblems" zu erörtern, und man beschloss, in der alten Festungsanlage Theresienstadt ein Ghetto einzurichten,[164]

2014) kommen die deutsche Okkupation und Theresienstadt sehr oft vor, sodass hier auf Seitenangaben verzichtet wird

[160] Siehe Eberhard Jäckel et al. (Hg.), Enzyklopädie des Holocaust. Band II, München 1995, S. 1166 ff.; Jan Wiener, Immer gegen den Strom. Konstanz 1992, S., 17 ff.

[161] Pavel Stránský, Als Boten der Opfer. – Von Prag durch Theresienstadt, Auschwitz, Schwarzheide und zurück. Konstanz 1997, S. 18.

[162] Siehe Stefan Baumeister, Zur Organisation und Realisation der Schoah - Rechtliche, institutionelle, organisatorische und verwaltungstechnische Voraussetzungen des Massenmords an den europäischen Juden. Konstanz 2001; Eberhard Jäckel et. al., Band III, München 1995, S. 1210 ff.

[163] Eberhard Jäckel et al.(Hg.), a.a.O., Band II, München 1995, S. 604 ff.; dazu: Jan Wiener, The Assassination of Heydrich – Hitlers Hangman and the Czech Resistance. (1969) Irie Books (Bokeelia, Florida) 2012.

[164] Eberhard Jäckel et al.(Hg.), a.a.O., Band II, München 1995, S. 604 ff.; S. 1166 f., 1168; siehe Plan S. 142; https://de.wikipedia.org/wiki/Ghetto_Theresienstadt

wozu es im Sitzungsprotokoll u.a. heißt: "Der Transport ins Ghetto würde keine lange Zeit in Anspruch nehmen; jeden Tag könnten 2-3 Züge nach Theresienstadt gehen mit je 1000 Personen. Die Umsiedlung erfolgt nach Grundsätzen der Evakuierung. Nach bewährter Methode kann der Jude bis zu 50 kg nicht sperrendes Gepäck mitnehmen und – im Interesse der Erleichterung für uns – Lebensmittel für 14 Tage bis zu 4 Wochen. In die leeren Wohnungen (in Theresienstadt, ERW) wird Stroh verteilt, da durch das Aufstellen von Betten zu viel Platz weggenommen wird."[165]

Theresienstadt war eine k.u.k Festung, Ende des 18. Jahrhunderts unter Kaiser Joseph II. gegen preußische und andere Überfälle erbaut und nach Josephs Mutter Maria Theresia benannt, liegt ca. 60 km nördlich von Prag, bestand und besteht aus (heute verlassenen) Kasernen und Personalunterkünften, umgeben von Festungsmauern samt Kasematten und Innenhöfen, ist alles in allem eine kleine Stadt. Die sogenannte "Kleine Festung" daneben hatte damals bereits der Prager Gestapo als Gefängnis gedient. Im Jahre 1930 lebten in Theresienstadt 3.498 tschechische und 347 deutsche Zivilisten, die wegziehen mussten.[166] "Am 19. November 1941 befahl SS-Obersturmführer Siegfried Seidl, der spätere erste Kommandant von Theresienstadt (November 1941 bis Juli 1943),[167] den Repräsentanten der Jüdischen Kultusgemeinde (Prag), dass am 24. November 1941 ein Kommando zum Aufbau von Theresienstadt anzutreten habe.

An diesem Tag kam tatsächlich eine Gruppe von 342 Männern nach Theresienstadt, das sog. 'Aufbaukommando'. Es folgten weitere 1000 Männer, das 'Aufbaukommando 2'",[168] so Lucie Ondřichová. Am 4. Dezember 1941 kam dann der sog. "Stab", nämlich 23 Mitarbeiter der Gemeinde, welche die Organisationsstruktur des Ghettos aufbauen

---

[165] Zit. nach Lucie Ondřichová, Fredy Hirsch - Von Aachen über Düsseldorf und Frankfurt am Main durch Theresienstadt nach Auschwitz-Birkenau. Eine jüdische Biographie 1916-1944. Konstanz 2000, S. 47; Neuausgabe 2017.

[166] Siehe Peter Erben, Auf eigenen Spuren. Konstanz 2001, S. 41; nach seinen Angaben lebten 1930 ca. 7.000 Personen in Theresienstadt; dazu Anna Hyndráková, Helena Krejčová, Jana Svobodová, Hg. Ústav pro soudobé dějiny Akademie věd (Institut für Zeitgeschichte der Akademie der Wissenschaften), Prominenti v ghettu Terezín 1942-1945. Praha 1996, S. 22: 1941 lebten in Theresienstadt 7.181 Einwohner, davon 3.431 Zivilisten.

[167] The Jews of Czechoslovakia, a.a.O., III, S. 132.

[168] Darunter 12 spätere Mitglieder des Ältestenrates, Lucie Ondřichová, a.a.O., S. 48; vgl. Anna Hyndráková et al., a.a.O., S. 324; P. Stránský, a.a.O., S. 18 ff.

sollten. Der erste Transport jüdischer Häftlinge war jedoch bereits am 30. November 1941 in Theresienstadt eingetroffen, darunter die ersten Familien mit Kindern.

Die ersten Weiterdeportationen nach Riga erfolgten schon am 9. und 15. Januar 1942, weitere Züge fuhren "nach Osten" ins Ungewisse. Im Januar und Februar 1942 wurden die ersten 16 Männer wegen banaler "Vergehen" hingerichtet: Einer hatte versucht, einen Brief nach Hause zu schicken, ein anderer hatte Pfefferkuchen gekauft und deshalb die Kaserne kurz verlassen.[169]

Das Ghetto Theresienstadt hatte die Funktionen eines "Durchgangs- und Sammellagers", sodann die der Dezimierung der Häftlinge sowie die eines "Altenghettos"; darüber hinaus sollte es gegebenenfalls eine "vorbildliche jüdische Siedlung" darstellen und beweisen, dass die Deutschen die Juden human behandelten. Diese Propagandafunktion unterschied Theresienstadt von allen anderen Ghettos, z.B. von denen in Lodz und Warschau, und ermöglichte zeitweise eine gewisse Erziehungsarbeit sowie vielfältige kulturelle und sportliche Aktivitäten, getragen nicht zuletzt von einer großen Zahl inhaftierter Künstler, Schriftsteller und Wissenschaftler. Die 1938 entstandene und 1942 zweimal heimlich in Prag sowie zwischen September 1943 und September 1944 55 mal in Theresienstadt offiziell aufgeführte Kinderoper "Brundibár" von Hans Krása wird noch heute gespielt.[170]

Doch "Sie (die Deportierten, ERW) wurden in Kasernen getrieben und gezwungen, auf dem Fußboden und auf drei Stock hohen Pritschen zu schlafen", so Jiří Weil: "Es wurden ihnen drei gefrorene Pellkartoffeln ausgegeben oder sie bekamen Spülwasser, welches einmal 'Kaffee', ein andermal 'Suppe' genannt wurde... Leichen wurden auf Leichenwagen transportiert, auf denen man vorher Brot zustellte.[171] Es gab viele Leichen, aber keine Särge mehr... Man konnte es noch Leben nennen, es war noch nicht das Ende. Auch in dieser sternförmig wallumgürteten und (sich) hinter Stacheldraht befindenden Stadt waren die Menschen bemüht, sich das Leben mit einem Würfel Zucker oder mit einer Theatervorstellung zu erleichtern. Sie waren aber der Macht von Verbrechern ausgeliefert, die über ihr Schicksal walteten

[169] Lucie Ondřichová, a.a.O., S. 48 ff.

[170] Siehe Milan Kuna, Musik an der Grenze des Lebens. Frankfurt a.M. 1993, S. 205 f.; in der Universität Konstanz zuletzt aufgeführt am 29. u. 30.03.2004.

[171] Hans Munk, a.a.O., S. 60 u. 65.

und jede weitere Station kannten. Mitunter wurden sie aus Kurzweil und aus Langeweile geschlagen und bestraft."[172]

Peter Erben berichtet: "Als unsere Transporte aus Ostrau ankamen, lebten im Ghetto bereits ca. 60.000 Häftlinge. Man schickte die meisten Neuangekommenen sofort weiter 'nach Osten', aber niemand wusste wohin... Auch im Ghetto war das Leben im Oktober 1942 grausam. Die vielen Toten konnten in dieser Zeit nicht begraben werden und wurden in den Kellern der Kasernen gelagert. Erst die abgehenden Transporte und das neu errichtete Krematorium halfen, die Ordnung wieder herzustellen. Die Asche der Toten wurde in Kartonkästchen mit den Namen aufbewahrt, aber kurz vor Kriegsende in die Eger geschüttet. Man musste sich an die furchtbaren Umstände gewöhnen..."[173]

Nachdem Ende 1943 beschlossen wurde, einer Delegation des Internationalen Roten Kreuzes einen Besuch in Theresienstadt zu gestatten und in Vorbereitung dessen eine sogenannte "Verschönerung" des Ghettos begann, wurden vorher zwei Transporte[174] "nach Osten" geschickt, weil die Überbelegung dem vermeintlichen "Muster-Ghetto" nicht gut anstand.

Als am 23. Juli 1944[175] der Delegierte und Schweizer Arzt Dr. Maurice Rossel vom Internationalen Roten Kreuz dann Theresienstadt inspizierte, war die Täuschung perfekt gelungen. Dabei wusste man damals schon von der Ermordung von 3.792 Theresienstädter Häftlingen des Transports vom September 1943. Im August und September 1944 drehten die Deutschen einen Propagandafilm, bekannt unter dem Titel "Der Führer schenkt den Juden eine Stadt", der vor allem durch all das extrem verlogen war, was er nicht zeigte;[176] Fast alle "mitspielenden" Personen wurden später ermordet.

Am 18. September 1942 hatte die Überbevölkerung in Theresienstadt mit 58.491[177] Menschen ihren Höhepunkt erreicht: Im September 1943 kamen 18.639 Menschen nach Theresienstadt, 13.004 wurden in

---

[172] Jiří Weil, Elegie für 77297 Opfer - Jüdische Schicksale in Böhmen und Mähren. Konstanz 1999, S. 25 ff.

[173] Peter Erben, a.a.O., S. 41 ff.

[174] The Jews of Czechoslovakia, a.a.O., III, S. 135.

[175] Ebenda, S. 136; Eberhard. Jäckel et al. (Hg.), a.a.O., Band III, S. 1406.

[176] Lucie Ondřichová, a.a.O., S. 50 f.

[177] Die folgenden Zahlen beinhalten auch andere Nationalitäten als Tschechen.

Todeslager weiterdeportiert, 3.941 starben im Ghetto. Im September 1943 kamen zwei Transporte aus Theresienstadt mit insgesamt 5.007 Menschen – darunter 274 Kinder – nach Auschwitz-Birkenau, für die dort das sogenannte "Theresienstädter Familienlager" eingerichtet wurde; fast alle wurden am 8. März 1944 ermordet.

Weitere Häftlinge kamen im Dezember 1943 und im Mai 1944; insgesamt haben dieses "Familienlager" 17.517 Menschen durchlitten.[178] Zwischen dem 24. November 1941 und dem 16. März 1945 wurden aus allein dem "Protektorat Böhmen und Mähren" in 122 Zügen 73.608 Menschen nach Theresienstadt verbracht, davon wurden 1942 bis 1944 60.399 Menschen nach Auschwitz-Birkenau und andere Vernichtungslager deportiert, nur 3.227 von ihnen überlebten.

Am 3. Mai 1945 wurde das Lager von der SS dem Roten Kreuz übergeben,[179] am 5. Mai 1945 waren insgesamt noch 2.803 jüdische Menschen registriert, ca. 78.150 der 91.200[180] waren ermordet worden, ca. 14.000 überlebten.[181] Am 8. Mai 1945 wurde Theresienstadt von der Roten Armee befreit.

Insgesamt wurden zwischen dem 24. November 1941[182] und dem 20. April 1945 ca. 140.000 Menschen in Theresienstadt eingeliefert, von denen ca. 33.000 am Ort verstarben, 88.000 wurden in Vernichtungslager deportiert, ca. 19.000 überlebten im Ghetto oder in Todeslagern oder waren gegen Kriegsende in die Schweiz und nach Schweden gebracht worden.

Nur ca. 3000 Menschen überlebten ihre Deportation in die Vernichtungslager. Von ca. 15.000 Kindern in Theresienstadt haben etwa 100 überlebt. Ca. 75.500 Insassen stammten aus der Tschechoslowakei, 42.000 aus Deutschland, 15.000 aus Österreich, 5000 aus den Niederlanden, 1000 aus Polen, 1150 aus Ungarn und 500 aus Dänemark.

Die Kommandanten Siegfried Seidl und Karl Rahm wurden nach dem Ende der NS-Herrschaft zum Tode verurteilt und gehängt, Anton

---

[178] Lucie Ondřichová, a.a.O., S. 68 ff.; Danuta Czech, Kalendarium der Ereignisse im Konzentrationslager Auschwitz-Birkenau 1939-1945. Reinbek u. Frankfurt 1989, S. 735 ff. etc.

[179] Eberhard Jäckel et al. (Hg.), a.a.O., Band III, S. 1406.

[180] The Jews of Czechoslovakia, a.a.O., III, S. 111: 87.000, S. 152: 88.000.

[181] Eberhard Jäckel et al. (Hg.), a.a.O., Band III, S. 1168 f.; Jiří Weil, a.a.O.

[182] Vom 9. Januar bis 8. September 1942 gab es 26 Transporte von Theresienstadt an mehr als 10 verschiedene Orte im Osten: www.doew.at/projekte/holocaust/ shoah/theres.html.

Burger entkam und wurde in Abwesenheit zum Tode verurteilt (Pavel Stránský a.a.O., S. 19).

"Es gab einmal eine Diskussion darüber, ob Theresienstadt ein Konzentrationslager war oder nicht", schreibt Pavel Stránský. "Der Schluss dieser Debatte war, dass Theresienstadt ein regelrechtes Konzentrationslager war, aber kein Vernichtungslager, was jedoch so auch nicht ganz stimmt: Für alte und kranke Menschen war Theresienstadt gewiss ein Vernichtungslager. Sollte ich jedoch sehr vereinfacht den Unterschied zwischen Theresienstadt und Auschwitz formulieren, so war Theresienstadt ... 'Vorhölle', Auschwitz jedoch die 'Hölle'."[183]

*

Das alles muss man ungefähr über Theresienstadt wissen, um Edita Katzovás *Schauderhafte Erinnerungen* zu verstehen, die dort vom 14. Dezember 1941 bis zum 28. Oktober 1944 inhaftiert war uns später noch andere Lager kennenlernte; ihre Eltern und ihr Mann waren schon vor ihr in Theresienstadt angekommen.

Und Theresienstadt hieß: "Hunger! Das erste Mal begegnete ich diesem Wort, und es begleitete mich leider die ganzen Jahre." (S. 35) – " Brot und Brot! Dafür gab man alles." (S. 36) – "... jeder von uns hatte überall Hunger, Hunger. Wie wir darunter gelitten haben." (S. 40) "Und doch ging das Leben, nein, dies Vegetieren weiter." (S. 39) – Denn "man war das Papier zwischen der Schere." (S. 41)

Dann kam "der bitterste Tag meines Lebens, der 1. September 1942. Meine Eltern wurden wieder in den Transport eingereiht (nachdem Edita sie vor einem früheren Transport bewahren konnte), nichts half, sie mussten fort." (S. 42) Und sind in Auschwitz-Birkenau geblieben. "Seit dieser Zeit weiß ich, was Herzweh ist, und meine Augen füllen sich oft mit Tränen." (S. 42) – Ständiger Hunger und ständige Angst: "In dieser Nacht werden wir totgemacht." (S. 44) – Für die Visite des Internationalen Roten Kreuzes im Juli 1944 wird Theresienstadt als "jüdische Siedlung" aufgeschönt (S. 49), die "Stadt 'als ob'..." (S. 51). Ein damals gedrehter Film hieß: *Der Führer schenkt den Juden eine Stadt.*[184] Die teuflische Täuschung war perfekt.

---

[183] Pavel Stránský, a.a.O., S. 19; http://www.terezinstudies.cz/; www.pamatnik.quasar.cz/; www.jewishmuseum.cz/

[184] "Der Regisseur und Drehbuchautor des Films, der Häftling Kurt Gerron und die meisten prominenten unfreiwilligen 'Mitwirkenden' wie auch fast alle Kinder-Darsteller wurden nach den Aufnahmen nach Auschwitz deportiert und dort ermordet." https://de.wikipedia.org/wiki/Theresienstadt_(Film)

Am 28. Oktober 1944 begann der zweitägige Transport ins Unbekannte, und "am 30.10.1944 um drei Uhr früh waren wir in Auschwitz. Was für Schreck!" (S. 55) "Auschwitz! Der Höhepunkt der Kultur des 20. Jahrhunderts!" (S. 57) – "Um 3 Uhr früh wurden wir geweckt und wieder in die Sauna geführt. 'Das ist unser letzter Tag', dachten wir und betraten kreidebleich ein Gebäude. Man stirbt so schwer, wenn man 28 Jahre alt ist und das Leben erst gekostet hat. Ausziehen." (S. 59) – Doch zum Glück kam es anders: "Wie glücklich ich war, dass ich aus dieser Hölle herauskam. Egal wohin, nur fort von da!" (S. 60)

"Nach 2 Tagen und 2 Nächten stiegen wir aus. Ravensbrück, ein neues KZ. Wieder Stacheldraht, Aufseherinnen, Appelle." (S. 60) – Von dort gelangte Edita am 7. November 1944 nach Beendorf bei Helmstedt, wo sie vier Monate lang in einer unterirdischen Munitionsfabrik arbeiten musste, und auch dort war das Leben sehr schwer: "Im ganzen Block, ja in ganz Beendorf herrschte Wassernot. Es vergingen oft 14 Tage, ohne dass wir uns gewaschen hätten. Kleider und Haarläuse fraßen uns beinahe auf und raubten uns den so spärlichen Schlaf." (S. 62) Und auch hier: "Der Magen knurrte vor Hunger. Ich konnte nicht sehen, wenn ein anderer aß, ich hätte ihm am liebsten den Bissen vom Mund gerissen." (S. 63)

"Das was jetzt kam, war außer Auschwitz das Furchtbarste der ganzen 3 Jahre. Mein Leben lang vergesse ich nicht diese Reise." In offenen Waggons und bei minimaler Verpflegung: "12 Tage und 12 Nächte dauerte dieses Elend" von Beendorf nach Hamburg-Wandsbek (S. 64 ff.). – "Ein neues Lager 'Neue Heimat' [!! ERW] war unser Bestimmungsort. Ohne Essen, ohne Brot mit geschlossenen Augen saßen wir auf den Betten und warteten auf das weitere Schicksal." (S. 66 ff.)

"In mir starb jede Hoffnung auf bessere Zukunft. Wenn die ganze Welt untergegangen wäre, wäre ich nicht überrascht gewesen, doch das was geschah, nahm mir vor Glück den Atem. Ein Wunder Gottes! Das Rote Kreuz, diese heilige Institution übernahm uns Häftlinge." (S. 67) – Zunächst ging es nach Dänemark und dann nach Schweden: "Malmö. Hunderte Menschen standen im Hafen und hießen uns mit Gesang und Hurra willkommen. Ist das möglich, dass dieser Jubel uns gilt, uns, den armen Häftlingen, die vor 3 Tagen noch vor Hunger umfielen?" (S. 69)

"Nie vergesse ich der Güte des schwedischen Volkes und seinen ganzen Landes. – Jeden Tag danke ich dem lieben Gott für meine wundersame Errettung und bete für meine Eltern und meinen Mann. Hilf mir Allmächtiger, meine Lieben zu finden, dann werde ich völlig glücklich sein." (S. 70) – Edita hatte überlebt, ihre Eltern und ihren Mann jedoch nie wieder gesehen. – Schauderhafte Erinnerungen.

*

Herzlich zu danken ist Pavel Chabr (Prag) nicht nur für die Idee zu dieser Publikation, sondern auch für die Transkription des Textes, für die Beschaffung der Fotos, für die Herstellung von Kontakten zu Bekannten der Autorin sowie für sein Engagement bei der Finalisierung des Textes. Herzlich gedankt wird auch Heinz Moll für sein gekonntes Co-Lektorat. – Diese Schrift ist wohl nicht sehr umfangreich, hat es aber in sich, macht außer Editas Leben, Leiden und Überleben einige weitere Schicksale unvergessen und wird unsere Edition Schoáh & Judaica ergänzen und bereichern: Was aufgeschrieben, veröffentlicht und in etlichen Bibliotheken der Welt aufgehoben ist, wird wohl nicht so schnell vergessen, damit vielleicht daraus gelernt werden kann.

9. November 2020 und 8. Januar 2021

14. Jüdische Kinder und Jugendliche in der Schoáh[*185]

Vor 25 Jahren hatte ich mit Brigitte Pimpl den Sammelband Was für eine Welt – Jüdische Kindheit und Jugend in Europa 1933-1945 (Konstanz 1995, 171 Seiten) herausgegeben, und vor 23 Jahren erschien in unserer Edition Schoáh & Judaica von Christoph Schwarz, Verfolgte Kinder und Jugendliche aus Baden-Württemberg 1933-1945 (Konstanz 2007, 2. u. aktualisierte Auflage 2009, 249 Seiten). Inzwischen konnten wir nicht wenige weitere Bücher publizieren, in denen es auch um jüdische Kinder und Jugendliche in der Schoáh geht, was uns dazu veranlasste, den vorliegenden neuen Band zusammenzustellen.

Vor 25 Jahren schrieb ich in meinem Vorwort zu Was für eine Welt: "Der ebenso bizarre wie schlichte Steingarten zum Gedenken an die Ermordeten von Treblinka war diesbezüglich das Bewegendste,

---

[*] **In; Erhard Roy Wiehn, Jüdische Kinder und Jugendliche in der Schoáh – Ein Lesebuch der Edition Schoáh & Judaica. Konstanz 2021, S. 7 ff.**

[185] Meine allererste einschlägige Buchpublikation hat den Titel: Kaddisch – Totengebet in Polen. Reisegespräche und Zeitzeugnisse gegen Vergessen in Deutschland. Darmstadt 1984, 2. Auflage 1987.

das ich bis 1983 gesehen hatte. Unvergleichbar, aber in seiner Art vielleicht noch stärker ist die Kindergedenkstätte von Moshe Safdie (1987) für die eineinhalb Millionen unter deutscher Herrschaft ums Leben gebrachten Kinder in Yad Vashem, der nationalen Gedenkstätte Israels in Jerusalem. Man erkennt sie leicht schon aus einer gewissen Entfernung an den zwanzig unterschiedlich hohen, abgebrochenen weißen Steinstelen – abgebrochenen Kindheiten und Jugendzeiten gleich – am Berg nahe des zentralen Eingangsbereichs (Umschlag-Fotos), das Memorial selbst ist darunter in den Berg gebaut. Zwischen hellen Steinmauern wird man im blendenden Jerusalemer Licht zum Eingang geleitet; gleich nach dem Eintritt in das als höhlenartig ahnbare Innere wird man sofort von fast völliger Dunkelheit zu umfangen, und es ist wie ein reales zeitgemäßes Platonisches Höhlengleichnis.[186] Man greift unwillkürlich zum Leitgeländer, wartet einen Augenblick, und sobald sich die Augen an die völlig unerwartete Situation gewöhnt haben, findet man sich wie in einem Himmel oder Meer von kleinen Lichtern: Fünf Kerzen tausendfach in der Dunkelheit gespiegelt. Dann hört man abwechselnd eine Frauenstimme und eine Männerstimme Namen verlesen: Namen, Namen, Namen. Die Namen von eineinhalb Millionen Kindern. Was kaum zu ertragen ist. Es ist wie ein Gang durch eine Art abstraktes Kindermassengrab. Ein Gang, bei dem die Füße schwer werden können. Ein unheimlich ergreifendes Mahnmal in Jerusalem. Wie lange dauert es, bis eineinhalb Millionen Namen verlesen sind?"[187]

Kinder im Krieg sind stets die allertraurigsten Opfer, ob sie sterben oder überleben. Denn Sie sind ganz bestimmt nicht schuldig, sei ihr Land Aggressor oder Opfer. Wie in vielen Kriegen vorher, nachher und bis zum heutigen Tag wurde der Tod vieler Kinder auch im Zweiten Weltkrieg "natürlich" von der deutschen NS-Regierung inkauf genommen. Der Mord an eineinhalb Millionen jüdischer Kinder in allen deutschbesetzten Gebieten war, ist und bleibt jedoch etwas völlig anderes als der "normale" Kriegstod. Wie nämlich die Juden als "Untermenschen" so wurden auch jüdische Kinder und Jugendliche einfach deshalb vernichtet, weil sie den herrschenden deutschen Herrenmenschen schlichtweg nicht lebenswert erschienen. Darin zeigt sich nicht

---

[186] https://de.wikipedia.org/wiki/Höhlengleichnis

[187] https://www.yadvashem.org/yv/de/remembrance/children_memorial.asp; https://de.wikipedia.org/wiki/Denkmal_für_die_Kinder_in_Yad_Vashem

nur einmal mehr die völlig Absurdität der nationalsozialistischen Begründungideologie bezüglich der "Endlösung der Judenfrage" überhaupt, sondern auch die totale Barbarei ihrer Vollstreckung, was unbedingt auch für Sinti- und Romakinder gilt. Man schätzt, dass nicht mehr als 10 Prozent der jüdischen Kinder in Europa die Schoáh überlebten. Wenn eines Tages viele Einzelheiten dieser schrecklichen 12 Jahre des "Tausendjährigen Großdeutschen Reiches" und der Schoáh sowie der sechs Jahre des Zweiten Weltkriegs noch mehr in Vergessenheit geraten sein werden, dann wird doch diese Schandtat der Schandtaten noch immer und auf ewig im kollektiven Gedächtnis der Menschheit bleiben.

In vielen Publikationen unsere Edition Schoáh & Judaica kommen Kinderschicksale und Schicksale von Jugendlichen vor, und mit Brigitte Pimpl habe ich bereits 1995 den eingangs erwähnten Sammelband Was für eine Welt herausgeben können, aber natürlich konnte auch dieses schwarze Lesebuch mit seinen 36 Geschichten nur eine ganz unvollständige Sammlung von Schicksalen aus dem damals deutschbesetzten Europa bieten. Dabei wurden ziemlich oder gänzlich unbekannte Aufzeichnungen ausgewählt; im Warschauer Ghetto gab es von allen Schrecklichkeiten genug. Die erste "Aktion" der Liquidierung dauerte vom 22. Juli bis 13. September 1942, und im Verlauf von nur sieben Wochen wurden mehr als 300.000 Menschen aus dem Warschauer Ghetto deportiert, darunter auch viele Kinder, vor allem in das Vernichtungslager Treblinka. Der Bericht des deutschen Gouverneurs des Distrikts Warschau vom 15. Oktober 1942 verzeichnet sogar 400.000 Personen. In den ersten Gruppen der Deportierten befand sich auch der Pädagoge und Schriftsteller Dr. Janusz Korczak (Henryk Goldszmit) mit seinen Waisenkindern, und ein Augenzeuge berichtet: "Ich muss hier noch einmal die banalen Worte wiederholen, dass es keine solche Feder gibt, mit der dieses furchtbare Bild beschrieben werden könnte... 200 Kinder standen zu Tode erschrocken da. Gleich würden sie bis auf das Letzte erschossen werden. Und dann geschah etwas Außergewöhnliches: Diese 200 Kinder schrien nicht, 200 unschuldige Wesen weinten nicht, keines von ihnen lief davon, keines verbarg sich. Sie schmiegten sich nur wie kranke Schwalben an ihren Lehrer und Erzieher, ihren Vater und Bruder, an Janusz Korczak, damit er sie behüte und beschütze. Er stand in der ersten Reihe. Er deckte die Kinder mit seinem schwachen, ausgemergelten Körper. Die Hitlerbestien nahmen keine Rücksicht. Die Pistole in der einen, die

Peitsche in der anderen Hand bellten sie: 'Marsch!' – Wehe den Augen, die dieses furchtbare Bild mitansehen mussten. Janusz Korczak, barhäuptig und mit einem Lederriemen um den Mantel, mit hohen Stiefeln, gebeugt, hielt das jüngste Kind an der Hand und ging voraus. Ihm folgten einige Schwestern in weißen Schürzen und dann kamen die 200 frischgekämmten Kinder."[188]

Zu erinnern ist hier jedoch auch an die jugendlichen jüdischen Widerstandskämpferinnen und Widerstandskämpfer, wie sie gerade auch aus dem Ghetto von Warschau bekannt sind. Nach dem Tod von mehr als 100.000 Menschen schon im Ghetto selbst und nach der Ermordung von etwa 320.000 Menschen in Treblinka sollten im Frühjahr 1943 die letzten der ca. 70.000 Jüdinnen und Juden mitsamt dem Restghetto durch SS- und Wehrmachtseinheiten, unterstützt durch lettische, litauische und ukrainische Hilfseinheiten, liquidiert werden. Das war das Signal zum jüdischen Aufstand im Warschauer Ghetto am 19. April 1943. Der Jüdischen Kampforganisation ging es vor allem darum, sich nicht abschlachten oder widerstandslos abtransportieren zu lassen, wenn die Deutschen mit barbarischen Methoden und militärischer Übermacht ihre Wohnhäuser stürmten, niederbrannten oder sprengten. Es ging eigentlich nur um die Art zu sterben, um ein Fanal für Freiheit und Menschenwürde. – Unter einem hohen Hügel liegt heute der Kommandobunker der Jüdischen Kampforganisation des Warschauer Ghettos. Als die SS diesen Bunker nach 19 Tagen entdeckte und mit Gas attackierte, konnten nur wenige fliehen, die dann zum Teil in den Abwasserkanälen ertranken. Die anderen haben sich im Bunker erschossen, 17- bis 22-jährige Jungen und Mädchen, darunter der junge Kommandant des Aufstands, Mordechaj Anielewicz, und seine Freundin Mira, an die ein Gedenkstein auf dem Bunkerhügel erinnert, deren darunterliegende Gebeine nie geborgen wurden.

Als Kind habe ich selbst schaurige Bombennächte, Tod und Zerstörung in unmittelbarer Nachbarschaft, die mehrfach brennende Stadt und den Hunger erlebt. Seither konnte ich vielleicht wenigstens ganz entfernt ein wenig mit- und nachfühlen, was Schoáh – Katastrophe - gerade auch für Kinder und Jugendliche bedeutete. Niemals hat mich der Gedanke verlassen, wie viele Kinder meines Alters nicht mit meinem Jahrgang aufwachsen konnten, weil sie ermordet wurden oder sonstwie dem Krieg zum Opfer fielen, besonders in Polen, in der Uk-

---

[188] Bernard Mark, Der Aufstand im Warschauer Ghetto. Berlin (Ost) 19957, S. 110 f.

raine, im Baltikum, in Russland, Weißrussland, Griechenland, Frankreich, Holland, Ungarn, im ganzen deutschbeherrschten Europa und zuletzt in Deutschland selbst. Gegenwärtig geblieben sind mir auch jene, die zwar überlebten, deren Kindheit oder Jugend jedoch gebrochen wurde. Alle diese Schicksale habe ich als Verpflichtung zu begreifen gelernt, diese meine toten oder schwer versehrten Mitkinder von damals – die längst Kinder, Enkel und Urenkel hätten, die es ebenfalls nicht gibt – niemals zu vergessen. In aller Bescheidenheit wollte und will ich daher wenigstens versuchen, irgendeinem dieser so grausam und so früh ums Leben und zum Schweigen gebrachten Kinder und Jugendlichen meine Stimme und meinen Namen zu geben, nicht zuletzt auch durch meine Edition Schoáh und Judaica, eine Art schwarzes Mahnmal-Mosaik.

Der Friedenspreisträger des Deutschen Buchhandels des Jahres 2007, Saul Friedländer, sagte anlässlich der Verleihung des Geschwister-Scholl-Preises 1998, für ein Mahnmal plädierend. "'Könnte man sich nicht vorstellen, dass eines Tages deutsche Kinder, die vor einer solchen Wand oder Platte stehen, sich fragen: Warum musste dieses Kind im Alter von nur sieben Jahren sterben, warum dieses andere mit nur drei Jahren? Warum wurden diese Kinder von der Insel Rhodos abtransportiert, warum jene aus Norwegen, aus Warschau, aus fast allen Ländern Europas, aus Berlin, Düsseldorf, Köln oder München, um dann an weit entfernten Orten getötet zu werden? Wäre ein solches Mahnmal ein dauerhaftes 'Monument der Schande', oder würde es nicht vielmehr Stimmen, die Namen rufen, zum Klingen bringen?' Genau um diese Namen und Stimmen der Toten geht es ihm", so Lorenz Jäger: "Anders als Raul Hilberg, der große Pionier der Erforschung der Vernichtungspolitik, will Friedländer nicht nur den mörderischen Apparat und seine Abläufe schildern, sondern auch den Ermordeten ihre individuelle Stimme wiedergeben."[189]

Vor allem um die Stimmen der Opfer geht es auch in unserer gesamten Edition Schoáh & Judaica: In der vorliegenden Dokumentation geht es um die Namen und Stimmen von jüdischen Kindern[190] und Jugendlichen in den verschiedensten Regionen Europas damals, in

[189] Lorenz Jäger, "Stimmgeber - Zeichen setzen: Friedenspreis für Saul Friedländer", in: Frankfurter Allgemeine Zeitung, Nr. 136, 15. Juni 2007, S. 4.

[190] Dazu die Rezension von Guiseppe Gracia, "Kinder im Holocaust" (Andra & Tatiana Buch: Wir, Mädchen in Auschwitz. ISBN 978-3-312-01172-8), in: Der Rundbrief, Nr. 119, Nov. 2020, S. 34 u. 39.

denen die Lebens- und Sterbenssituationen jedoch sehr verschieden waren: In Westeuropa wurden Kinder und Jugendliche zuerst deportiert und dann vergast oder erschossen, in Osteuropa und im Baltikum wurden sie zumeist gleich erschlagen (um Munition zu sparen) oder erschossen.

Die folgenden 56 teils kurze, teils längere Beiträge – Interviews oder autobiographische Berichte – dieses Lesebuchs sind alphabetisch geordnet, was teilweise zu scharfen Schnitten führt, die aber inkauf genommen werden, weil sie um so mehr zum Nachdenken anregen können. Die Arbeit an diesem Lesebuch war eine Art Wiedersehen mit den Autorinnen und Autoren, von denen ich viele persönlich kannte und kenne.

Sehr herzlich zu danken ist Birgit Arnold, die ehrenamtlich und überaus speditiv 24 Beiträge aus Brigitte Pimpls und Erhard Roy Wiehns *Was für eine Welt* (Konstanz 1995) als Fließtext scannte.

Neben unseren Lesebüchern *Jüdisches Leben und Überleben in Europa und Israel* (Konstanz 2020), *Jüdische Mädchen und Frauen in der Schoáh* (Konstanz 2021) sowie *Jüdisches Leben und Leiden in deutschsprachigen Landen* (Konstanz 1921) ist auch das vorliegende Lesebuch *Jüdische Kinder und Jugendliche in der Schoáh* nicht nur ein weiteres Resümee unserer Edition Schoáh & Judaica, sondern auch ein weiterer Versuch des Kampfes gegen Vergessen und Intoleranz zum Jubiläum 1700 Jahre jüdisches Leben und Leiden in Deutschland.[191] – *27. Januar 2021 – Holocaust-Gedenktag*

15. Schoáh-Schicksale in Polen*

Polen ist seit etwa 1000 Jahren Heimstätte für Juden.[192] POLIN, das hebräische Wort für Polen, heißt: "Hier verweile"![193] – Im Jahre 1939

---

[191] Am 5. Januar 2021 sah ich im ARTE-TV "Geschehen, neu gesehen", eine Doku über die missglückte Entnazifizierung in Deutschland und eine Doku über die Schweiz im Zweiten Weltkrieg als Bestätigung meiner jahrzehnlangen Publikationstätigkeit gegen Vergessen in Deutschland.

* **In: Erhard Roy Wiehn (Hg.), Schoáh-Schicksale in Polen – Ein Lesebuch der Edition Schoáh & Judaica. Konstanz 2021, S. 7-12.**

[192] https://de. wikipedia.org/wiki/Geschichte_der_Juden_in_Polen

[193] Damit beginnt der Rundgang durch das Museum der Geschichte der polnischen Juden in Warschau, das am 19. April 2013 eröffnet wurde, am Jahrestag des Beginns des jüdischen Aufstands im Warschauer Ghetto 1943; https://de.wikipedia.org/wiki/Museum_der_Geschichte_ der_polnischen_Juden; vgl.

leben in Polen ca. 3.460.000[194] jüdische Bürgerinnen und Bürger, etwa ein Drittel der Judenheit Europas, von denen ca. 90% in der Schoáh ihr Leben verlieren. Es handelt sich um ein monströses deutsches Verbrechen mit öffentlicher Ansage an alle Welt:

"Und eines möchte ich an diesem nicht nur für uns Deutsche denkwürdigen Tag nun aussprechen", so Reichskanzler Adolf Hitler nach sechs Jahren im Amt am 30. Januar 1939 im Reichstag zu Berlin: "Ich will auch heute wieder Prophet sein: Wenn es dem internationalen Finanzjudentum in und außerhalb Europas gelingen sollte, die Völker noch einmal in einen Weltkrieg zu stürzen, dann wird das Ergebnis nicht die Bolschewisierung der Erde und damit der Sieg des Judentums sein, sondern die Vernichtung der jüdischen Rasse in Europa."[195]

Am 23. August 1939, wenige Tage vor dem Überfall der deutschen Wehrmacht auf Polen, wird der deutsch-sowjetische Nichtangriffspakt geschlossen, der im Falle eines Krieges mit Polen Deutschland den Rücken freihalten sollte, bereits die Teilung Polens vorsieht und der Sowjetunion das östliche Polen sowie weitere Gebiete zusichert, die Russland nach dem Ersten Weltkrieg verloren hatte.[196]

In der "Weisung Nr. 1 für die Kriegsführung" des Obersten Befehlshabers der Wehrmacht, Adolf Hitler, vom 31. August 1939 heißt

---

dazu: Maria Kłańska, Aus dem Schtetl in die Welt 1772–1938 – Ostjüdische Autobiographien in deutscher Sprache. Wien, Köln, Weimar 1994, S. 40 u. 33 ff.

[194] Die Zahlen schwanken, Thomas Sandkühler nennt 3,5 Millionen (in: "Endlösung" in Galizien. Bonn 1996, S. 24), im Wikipedia-Artikel steht die Zahl 3.350.000; https://de. wikipedia.org/wiki/ Geschichte_der_Juden_in_Polen; Yad Vashem nennt 3.3 Mio; http:// www.-yadvashem.org/ yv/de/holocaust/ about /09/poland.asp

[195] Max Domarus, Hitler – Reden und Proklamationen 1932–1945. Band II, Erster Halbband. Wiesbaden 1973, S. 1058; http://www.holocaust-chronologie.de /ar-tikel/hitlers-drohung.html

[196] Der Hitler-Stalin-Pakt, nach den beiden Außenministern auch Ribbentrop-Molotow-Pakt genannt, wurde am 24. August (Datum 23. August) 1939 in Moskau unterzeichnet; er garantierte Deutschland im Falle kriegerischer Auseinandersetzungen mit Polen oder den Westmächten sowjetische Neutralität. Ein geheimes Zusatzprotokoll gestattete der Sowjetunion, die im Ersten Weltkrieg verlorenen Gebiete des russischen Kaiserreiches wiederzugewinnen. Dem deutschen Reich wurde die Benutzung verschiedener Häfen zugesichert, ein Wirtschaftsabkommen regelte den kriegswichtigen Warenaustausch. https://de.wikipedia. org/wiki/Deutsch-sowjetischer_Nichtangriffspakt; dazu: Josef Govrin, The Jewish Factor in the Relations between Nazi Germany and the Soviet Union 1933–1941. London & Portland 2009.

es: "1. Nachdem alle politischen Möglichkeiten erschöpft sind, um auf friedlichem Wege eine für Deutschland unerträgliche Lage an seiner Ostgrenze zu beseitigen, habe ich mich zur gewaltsamen Lösung entschlossen. 2. Der Angriff gegen Polen ist nach den für den Fall Weiß getroffenen Vorbereitungen zu führen mit den Abänderungen, die sich beim Heer durch den inzwischen fast vollendeten Aufmarsch ergeben. – Aufgabenverteilung und Operationsziel bleiben unverändert. – Angriffstag 1.9.1939 – Angriffszeit 4.45 Uhr ..."[197]

Am 1. September 1939 sagt Adolf Hitler im Reichstag:[198] "Abgeordnete, Männer des deutschen Reichstags! Seit Monaten leiden wir alle unter der Qual eines Problems, das uns einst das Versailler Diktat beschert hat und das nunmehr in seiner Ausartung und Entartung unerträglich geworden war. (…) Polen hat nun heute nacht zum ersten Mal auf unserem eigenen Territorium auch durch reguläre Soldaten geschossen. (Stürmische Pfuirufe). Seit 5.45 Uhr wird jetzt zurückgeschossen! [Unterstreichung im Original; vgl. die Differenz der Angriffszeit!] Und von jetzt ab wird Bombe mit Bombe vergolten! (Erneut brausender Beifall) (…) Deutschland – Sieg Heil!"

Am 1. September 1939 gibt das Oberkommando der Wehrmacht bekannt: "Freitag, den 1. September 1939, 11.35 Uhr – Auf Befehl des Führers und Obersten Befehlshabers hat die Wehrmacht den aktiven Schutz des Reiches übernommen. – In Erfüllung ihres Auftrages, der polnischen Gewalt Einhalt zu gebieten, sind Truppen des deutschen Heeres heute früh über alle deutsch-polnischen Grenzen zum Gegenangriff angetreten. Gleichzeitig sind Geschwader der Luftwaffe zum Niederkämpfen militärischer Ziele in Polen gestartet. – Die Kriegsmarine hat den Schutz der Ostsee übernommen." – In einer weiteren Meldung gab das OKW am Abend des 1. September 1939 bekannt: "Im Zuge der deutschen Kampfhandlungen aus (*in*) Schlesien, Pommern und Ostpreußen wurden an allen Fronten schon heute die erwar-

---

[197] W. Hubatsch, Hitlers Weisungen für die Kriegsführung 1939–1945 – Dokumente des Oberkommandos der Wehrmacht. 2. Auflage, Koblenz 1983, S. 17 f.

[198] Alfred J. Berndt u. von Wedel (Hg.), Deutschland im Kampf – Erste Septemberlieferung. Nr. 1 der Gesamtlieferung. Berlin 1939, S. 35 ff.; dazu: Jakob Honigsman, Juden in der Westukraine – Jüdisches Leben und Leiden in Ostgalizien, Wolhynien, der Bukowina und Transkarpatien 1933–1945. Konstanz 2001, S. 107 f. (zuerst in russischer Sprache in Lwów erschienen 1998).

teten Anfangserfolge erzielt (...)." Im Einsatz sind ca. 1,6 Millionen deutsche Soldaten.[199]

Am 3. September 1939 erklären England und Frankreich Deutschland den Krieg. Gemäß dem "geheimen Zusatzabkommen" zum Nichtangriffspakt vom 23. August 1939 marschiert die Rote Armee am 17. September 1939 in Ostpolen ein.[200] Warschau kapituliert am 28. September 1939, die polnische Regierung und Armee tut dies offiziell nicht; am 5. Oktober 1939 nimmt Adolf Hitler in Warschau die Siegesparade ab.[201]

Während des "Polen-Feldzugs", des sogenannten "Blitzkriegs" von vier Wochen gegen Polen, – erstmals als totaler Vernichtungskrieg geführt[202] – fallen 66.300 polnische Soldaten, 133.700 werden verwundet, 694.000 geraten in deutsche Kriegsgefangenschaft, 16.376 Zivilisten werden ermordet (September/Oktober 1939). – Die deutsche Wehrmacht verzeichnet[203] 17.469 Gefallene, 36.995 Verwundete, 323 Vermisste. "16.000 polnische und jüdische Zivilisten und Kriegsgefangene werden bei mehr als 700 Massenexekutionen ermordet, die von der Wehrmacht und den Einsatzgruppen[204] durchgeführt werden. (...) **Von Anfang an ist die Diskriminierung der jüdischen Bevölkerung** von Gewalttaten begleitet: Razzien gegen Juden – vor allem auf orthodoxe Juden in traditioneller Kleidung –, Raubüberfälle auf jüdische Wohnungen, Plünderung jüdischer Geschäfte und Lager, Beschlag-

---

[199] Die Wehrmachtsberichte 1939–1945; Band 1, München 1985, S. 1 f.; dazu: Erhard Roy Wiehn (Hg.): Totengebet – 60 Jahre Beginn des Zweiten Weltkriegs und der Schoáh in Polen. Konstanz 1999.

[200] Vgl. Jakob Honigsman, a.a.O., S. 109. – "Der sowjetische Besatzungspolitik in Ostpolen und Weißrußland sind zwischen 1939 und 1941 wahrscheinlich mehr Menschen zum Opfer gefallen als der deutschen in West- und Zentralpolen. In den 21 Monaten unter sowjetischer Besatzung wurde in der Westukraine die Geschichte der UdSSR unter massivem Terror 'nachgeholt': Der Eroberung und Annexion folgte ab Anfang 1940 eine rasche Stalinisierung der Region." Thomas Sandkühler, "Endlösung" in Galizien – Der Judenmord in Ostpolen und die Rettungsinitiativen von Berthold Beitz 1941–1944. Bonn 1996, S. 53.

[201] http://weltkrieg2.de/kriegstagebuch-5-oktober-1939/

[202] Vgl. dazu: Rafael Olewski, Tor der Tränen – Jüdisches Leben im Schtetl Osięciny in Polen, Leiden unter NS-Terror und in Auschwitz, Überleben im KZ Bergen-Belsen, dort im DP-Camp und in Celle 1914–1981. Konstanz 2014.

[203] https://de.wikipedia.org/wiki/Polenfeldzug

[204] Dazu: Yitzhak Arad, Shmuel Krakowski, Shmuel Spector (Eds.), The Einsatzgruppen Reports. New York 1989; https://de.wikipedia.org/wiki/Einsatzgruppen_der_Sicherheitspolizei_und_des_SD

nahme jüdischer Wohnungen."[205] Bis Ende 1939 werden ca. 60.000 polnische Staatsbürger ermordet, darunter Lehrer, Ärzte, Juristen, Professoren, Priester: Gezielt sollte die polnische Oberschicht vernichtet werden.

Das deutschbesetzte polnische Territorium wird teils dem deutschen Reich einverleibt,[206] teils im *Generalgouvernement* unter eine Art Kolonialverwaltung gestellt.[207] Mehr als zwei Millionen Jüdinnen und Juden geraten unter deutsche Herrschaft, mehr als eine Million unter die Herrschaft der Sowjetmacht. 1940 werden die ersten Ghettos in Polen errichtet, im Dezember 1941 das erste Vernichtungslager in Chełmno (Kulmhof, ca. 130 km östlich von Posen).[208]

Vom 19. April bis 16. Mai 1943 findet der jüdische Aufstand im Warschauer Ghetto statt, der einzige bewaffnete Aufstand im ganzen deutschbesetzten Europa überhaupt, ein einzigartiges Fanal für Freiheit und Menschenwürde.[209] – Lwów wird am 27. Juli 1944, Warschau am 17. Januar 1945 durch die Rote Armee befreit. Bis zum Ende des Zweiten Weltkriegs verlieren ca. 6 (sechs) Millionen Polinnen und Polen ihr Leben.[210] Das 1000-jährige jüdische Leben in Polen

---

[205] Eberhard Jäckel et al (Hg.), Enzyklopädie des Holocaust – Die Verfolgung und Ermordung der europäischen Juden. Band II. München u. Zürich 1995, S. 1121 ff., 1134.

[206] Zwi Helmut Steinitz, Meine deutsch-jüdische Kindheit im polnischen Posen – Erinnerungen eines Überlebenden und ein Wiedersehen nach 70 Jahren 1927–1939–2009. Konstanz 2015.

[207] "Polen sollte", so Timothy Snyder, "nach einem im Grunde kolonialen Modell regiert werden." In: "In der Zone der Zerstörung – Im Vorgehen Hitlers gegen Deutschlands Nachbarn seit dem Anschluss Österreichs 1938 ist das Muster der Enthemmung erkennbar: Warum die Zerschlagung von Staaten die Voraussetzung für den organisierten Massenmord an den Juden war – und welche Lehren über den Holocaust wir daraus ziehen sollten." In: Frankfurter Allgemeine Zeitung, Nr. 26, 1. Februar 2016, S. 6.

[208] https://de.wikipedia.org/wiki/Vernichtungslager_Kulmhof

[209] Erhard Roy Wiehn, Kaddisch – Totengebet in Polen. Reisegespräche und Zeitzeugnisse gegen Vergessen in Deutschland. Darmstadt 1984, 2. Auflage 1987; ders., Ghetto Warschau – Aufstand und Vernichtung 1943 (darin auch Bertrand Russells denkwürdige Londoner Rede zum 10. Jahrestag des Beginns des Aufstands im Warschauer Ghetto). Konstanz 1993.

[210] Eberhard Jäckel et al (Hg.), a.a.O., S. 1121 ff.; dazu Chr. Zentner, Der Kriegsausbruch 1. September 1939 – Daten, Bilder, Dokumente. Frankfurt a.M. 1979, S. 214 ff; Neues Lexikon des Judentums, 1998, S. 663 ff.; https://de. wikipedia.org/wiki/Deutsche_Besetzung_Polens_ 1939–1945

wird während der dreijährigen (Galizien, Lwów) bzw. viereinhalbjährigen deutschen Besatzung Polens fast völlig vernichtet.[211]

*

In diesem historischen Kontext ist das vorliegende Lesebuch zu verstehen, in dem 20 Geschichten von 20 Autorinnen und Autoren zusammengestellt sind (plus Einleitung und Nachwort des Herausgebers). Meine allererste Buchpublikation zu dem, was sich dann in mehr als drei Jahrzehnten zur *Edition Schoáh & Judaica* entwickelte, trug und trägt den Titel: *Kaddisch – Totengebet in Polen – Reisegespräche und Zeitzeugnisse gegen Vergessen in Deutschland* (Darmstadt 1984, 2. Auflage 1987). Weitere Polen-Publikationen folgten, und so lag es nahe, diese Schoáh-Schicksale endlich einmal für Polen zusammenzufassen. Wie man an der Polen-Literaturliste sieht, hätten wir unser Lesebuch leicht ausweiten könne; vielleicht animiert die eine oder andere Geschichte jedoch dazu, sich das zugehörige Buch zu besorgen.

Unser Lesebuch enthält teils Originaltexte unserer Autorinnen und Autoren, teils auch Vor- oder Nachworte des Herausgebers. Diese Texte sind alphabetisch geordnet, was zu krassen Kontrasten führt, die jedoch inkauf genommen werden, da sie zum Nachdenken anregen können. Auch Wiederholungen werden inkauf genommen, weil die einzelnen Geschichten möglichst originalgetreu erhalten bleiben sollten.

Für mich waren die Editionsarbeiten an diesem Lesebuch eine Art Wiederbegegnung mit Autorinnen und Autoren, von denen ich viele persönlich kannte und kenne, von denen etliche jedoch leider schon nicht mehr am Leben sind. Es waren Glücksfälle mit ihnen oder ihren Nachkommen und Freunden rechtzeitig in Kontakt gekommen zu sein, um durch unsere Publikationen ihre Schicksale vor dem Vergessen zu bewahren. – Die Editionsarbeiten haben mich im Laufe der Jahre auch zu etlichen Reisen nach Polen geführt, wo ich zahlreiche Gedenkstätten teils sogar mehrfach besuchen konnte, was mir die dort geschehenen vielfach unvorstellbaren Geschichten noch näher brachten.

Unvermeidlich möchte ich auch hier mit einer Hoffnung enden, mit der fast alle unsere Vorbemerkungen schließen: Was aufgeschrieben,

[211] Joseph Roth "spricht von den Juden als von den ersten Opfern aller Blutbäder ..., welche die Weltgeschichte veranstaltet'." In: Claudio Magris, Weit von wo. Wien 1971, S. 25.

veröffentlicht und in einiger Bibliotheken der Welt aufgehoben ist, wird wohl nicht so schnell vergessen, auf dass vielleicht daraus gelernt werden kann. – 9. Februar 2021

16. Zwi H. Steinitz' "heilige Pflicht zu berichten"*

Nachwort als Einführung

Helmut Steinitz wird am 1. Juni 1927 in Posen[212] geboren, wächst mit seinem ein Jahr jüngeren Bruder Rudolf in der Geborgenheit einer kultivierten liberalen jüdischen Familie auf, die sich in jeder Hinsicht deutscher fühlt als jüdisch, gerade in dieser Stadt, die nach dem Ersten Weltkrieg polnisch geworden war. Deutsche Literatur, Lyrik, Kunst und Musik sind im wahrsten Sinne des Wortes bei Familie Steinitz zu Hause.

Vater Hermann Steinitz war im Ersten Weltkrieg kriegsfreiwilliger Frontkämpfer bei der Artillerie und unterrichtet als hochgeachteter und verehrter Professor am deutschen Schiller-Gymnasium in Posen Deutsch, Englisch und Französisch. Mutter Salomea ist eine liebevolle, gebildete, musische, musikalische Frau, von ihrem Mann und ihren Kindern geliebt und im nichtjüdischen Freundeskreis beliebt und hoch geschätzt. – Zunehmende judenfeindliche Erfahrungen werden zwar wahrgenommen, aber noch nicht wirklich ernstgenommen, was sich aber zu ändern beginnt, als Hermann Steinitz 1936 als Jude sein geliebtes Schiller-Gymnasium verlassen und seine Familie durch Privatstunden ernähren muss, ein erster schwerer Schlag für den patriotischen Vater Hermann Steinitz.

---

* **In: Erhard Roy Wiehn & Christel Wollmann-Fiedler (Hg.), Zwi Helmut Steinitz – Vom Holocaust-Opfer zum Blumenexport-Pionier und die heilige Pflicht zu berichten. Eine Hommage. Konstanz (Januar) 2021, S. 79 ff.**

[212] Posen gehörte seit der Zweiten Polnischen Teilung bzw. seit 30. Januar 1793 zu Preußen und war Hauptstadt der preußischen Provinz Posen; mit dem Versailler Vertrag kamen die Stadt und weite Teile der Provinz zu Polen; im September 1939 folgte die Besetzung durch die deutsche Wehrmacht, Posen wurde Hauptstadt des Reichsgaues Wartheland; am 4. Oktober 1943 gab es hier die berüchtigte dreistündige geheime Rede des Reichsführers SS und Chefs der deutschen Polizei, Heinrich Himmler, vor 92 SS-Offizieren zur "Endlösung der Judenfrage"; am 23. Februar 1945 wurde Posen von sowjetischen Truppen unter General Schukow erobert; 1999 wurden "1000 Jahre Posen" gefeiert und 2003 "750 Jahre Stadtrecht".

Helmut ist gerade 12 Jahre jung, als die deutsche Wehrmacht samt SS-Einheiten am 1. September 1939 Polen überfällt, besetzt und die jüdische Bevölkerung sofort gnadenlos zu terrorisieren beginnt. Die Familie flieht in einer kurzen Odyssee aufs Land, kehrt dann nach Posen zurück, wo sie ihre Wohnung durch einen SS-Mann konfisziert vorfindet, bald eine trostlose Zeit im Posener Internierungslager erleidet und mit vielen Leidensgenossinnen und Leidensgenossen ihres gesamten Besitzes beraubt aus Posen deportiert wird.

Irgendwo außerhalb von Posen plötzlich freigelassen, erlebt Familie Steinitz auf der Durchreise das schon beängstigende Warschau, gelangt dann zu Mutters Lieblingsbruder nach Krakau, wo mühsam eine Bleibe gefunden wird, muss aber bereits Anfang März 1941 ins Ghetto als demütigender Anfang von einem noch unvorstellbaren, allzu schnellen grausigen Ende. Schon am 1. Juni 1942, genau an Helmuts 15. Geburtstag, werden die Eltern und sein Bruder Rudolf mit dem ersten Transport in das Vernichtungslager Bełżec[213] in Südostpolen deportiert und völlig unschuldig sofort ermordet, nur weil sie Juden sind: Bruder Rudolf 14, Mutter Salomea 38, Vater Hermann Steinitz 48 Jahre.

Helmut, durch seine Geistesgegenwart und viel Glück dieser Todesdeportation nur knapp entronnen,[214] ist ab jetzt ganz allein auf sich gestellt, kommt zum Arbeitseinsatz in eine Kfz-Werkstatt der deutschen Wehrmacht, wird nach der Liquidierung des Krakauer Ghettos in das berüchtigte KZ Krakau-Płaszów verbracht,[215] wo er durch unmenschliche Sklavenarbeit und brutale Wachmannschaften in äußerste Lebensgefahr gerät. – Um Płaszów schnellstens zu verlassen, meldet sich Helmut mit anderen Häftlingen freiwillig, als eines Tages Schlosser gesucht werden, landet dann ebenso ungewollt wie schockiert in Auschwitz, um dort als Nummer 174251 ab 21. Februar 1944 erst recht einen wahren Alptraum zu erleben, den er nur mühsam und wie-

[213] Zwi Helmut Steinitz, Jüdisches Tagebuch – Ein Überlebender der Schoáh engagiert sich als Israeli in Deutschland, besucht seine Geburtsstadt Poznań und das Massengrab seiner Familie in Bełżec. Konstanz 2010.

[214] Zwi Helmut Steinitz, Durch Zufall im Holocaust gerettet – Rückblick eines Israeli aus Posen, der das Krakauer Ghetto und deutsch KZs durchlitt und überlebte. Konstanz 2012.

[215] Das 1994 durch Steven Spielbergs Film *Schindlers Liste* bekannt werden sollte; https://de.wikipedia.org/wiki/Schindlers_Liste

derum mit viel Glück überlebt, als er ins Siemens-Kommando versetzt wird, das ihm eine gewisse Überlebenschance bietet.

Am 17. Januar 1945 beginnt dann der Todesmarsch von Auschwitz nach Gleiwitz, von dort folgt eine winterliche Todesfahrt im offenen Güterzug zum KZ Buchenwald bei Weimar, das längst als gefürchtetes Todeslager gilt. Helmut hat wieder einmal Glück im Unglück und wird als früherer Siemens-Arbeiter am 22. Februar 1945 in ein Siemens-Werk nach Berlin-Haselhorst geschickt. – Nachdem dort infolge alliierter Luftangriffe nicht mehr gearbeitet werden kann, wird Helmut ins KZ Sachsenhausen bei Berlin verlegt, beginnt er am 21. April 1945 den schweren Weg nach Schwerin, wo er nach fast sechs Jahren Krieg, darunter drei unmenschlichen Häftlingsjahren, als junger Sklavenarbeiter des Großdeutschen Reiches mit 17 Jahren am 3. Mai 1945 von Soldaten der US Army befreit wird.

Nach vier Wochen in einem amerikanischen Militärcamp folgen viele Monate in verschiedenen DP- und jüdischen Sammel-Lagern in Lübeck, Neustadt an der Ostsee (wo er den jüdischen Vornamen Zwi annimmt), Bergen-Belsen und schließlich Antwerpen, von Angehörigen der Jüdischen Brigade[216] betreut, bis in einem südfranzösischen Hafen die stürmische Reise ins Wunschland Erez Israel (Palästina) beginnt, wo Zwi alias Helmut am 27. März 1946[217] unter britischer Bewachung endlich an Land gehen kann. Nach zwei Wochen im britischen Internierungslager Atlít bei Haifa ist er wirklich frei, um nun zunächst im Kibbuz Afikím im Jordantal sein neues Leben zu beginnen. – Ende März 1948 zählt Zwi zu den Gründern des Kibbuz Buchenwald – Netzer Sereni.[218] Im August 1949 heiratet er Regina, die

---

[216] Die *Jewish Brigade Group* wurde am 20. September 1944 als eigenständige Einheit innerhalb der britischen Armee aufgestellt und im Juni 1946 aufgelöst; sie bestand aus ca. 5.000 Freiwilligen aus Palästina; seit Anfang August 1942 hatten bereits drei jüdische Bataillone in der britischen Armee in Ägypten und Nordafrika gekämpft; siehe z.B.: Sami Scharon, Gestritten, gekämpft und gelitten – Von Danzig nach Erez Israel, bei der britischen Armee in Nordafrika, mit der 'Jewish Brigade Group' durch Italien, Deutschland, Holland und Belgien, dann Offizier in der israelischen Armee 1923–1948. Konstanz 2002; dazu auch http://en.wikipedia.org/wiki/Jewish_Brigade

[217] Dieses Datum bestätigen auch Zwi Helmut Steinitz' Kameraden; im Museum von Atlit/Israel ist jedoch als Ankunftsdatum der "Tel Chaj" der 28. März 1946 verzeichnet; vgl. collections. yadvashem.org/photosarchive/en-us/35882.html

[218] https://de.wikipedia.org/wiki/Netzer_Sereni

mit ihrer Zwillingsschwester Ruth in Berlin überlebt hatte.[219] Für Regina und Zwi geht das Leben bald außerhalb des Kibbuz in Israel weiter, doch auch die Folgen der Schoáh wirken weiter. Ihre Kinder Ami und Schlomit wachsen ohne Großeltern und ohne Verwandte auf. Die deutsche KZ-Nummer 174251 auf Zwi Helmut Steinitz' linkem Unterarm bleibt ebenso wie die nicht weichenwollende schreckliche Last der Erinnerung.

Die Lebens- und Familiengeschichte der Familie Steinitz gehört zweifellos zum Unglaublichsten, Tragischsten, Schrecklichsten, das man in der autobio-graphischen Holocaust-Literatur finden kann. Zwi Helmut Steinitz' Erinnerungen sind selbst im großen zeitlichen Abstand unglaublich genau, hautnah und berührend, ein wichtiges zeitgeschichtliches Dokument, das die Einmaligkeit, Besonderheit und Monstrosität der NS-Verbrechen und Deutschlands Schuld am Beispiel einer einzigen Familie und des einzig überlebenden Jungen besonders drastisch deutlich macht. Man kann sich kaum vorstellen, wieviel Kraft es den Autor gekostet haben mag, sowohl seine schönen Kindheitserinnerungen als auch seine nachtschwarzen Holocaust-Erinnerungen niederzuschreiben, um dabei alles noch einmal durchleben und durchleiden zu müssen. Er empfindet jedoch eine "heilige Pflicht zu berichten" und hat damit seiner Familie ein Denkmal und der Öffentlichkeit ein Mahnmal gesetzt, das bleibt.

Zwi Helmut Steinitz hat mindestens vier Leben gelebt:[220] seine glückliche Kindheit im Posener Elternhaus,[221] die schreckliche Zeit der ersten Verfolgung und des Verlustes seiner Familie sowie die Jahre in deutschen Konzentrationslagern,[222] seine Zeit als israelischer Blumen-

[219] Regina Steinitz mit Regina Scheer, Zerstörte Kindheit und Jugend – Mein Leben und Überleben in Berlin. Herausgegeben von Leonore Martin und Uwe Neumärker, Stiftung Denkmal für die ermordeten Juden Europas. Berlin 2014; Inge Franken, Gegen das Vergessen. Erinnerungen an das jüdische Kinderheim Fehrbelliner Straße 92, Berlin, Prenzlauer Berg. Berlin 2005.

[220] Vgl. Erhard Roy Wiehn, "Aus dem vierten Leben eines Überlebenden", in: Zwi Helmut Steinitz, Jüdisches Tagebuch. Konstanz 2010, S. 9 ff.

[221] Zwi Helmut Steinitz, Meine deutsch-jüdische Kindheit im polnischen Posen – Erinnerungen eines Überlebenden und ein Wiedersehen nach 70 Jahren. Konstanz 2015.

[222] Zwi Helmut Steinitz, Als Junge durch die Hölle des Holocaust – Von Posen durch Warschau, das Krakauer Ghetto, Płaszów, Auschwitz, Buchenwald, Berlin-Haselhorst, Sachsenhausen bis Schwerin und über Lübeck, Neustadt, Bergen-Belsen, Antwerpen nach Erez Israel 1927–1946. Konstanz 2006, 2. durch-

export-Pionier[223] und schließlich etwa zehn Jahre Erinnerungsarbeit in Deutschland, insbesondere mit Schülerinnen und Schülern, einschließlich seiner Reise nach Polen.[224] Für sein unermüdliches Erinnerungs-Engagement in Deutschland wurde er durch den deutschen Botschafter Andreas Michaelis in Tel Aviv am 5. September 2012 im Namen des Bundespräsidenten mit dem Bundesverdienstkreuz am Bande ausgezeichnet. – Wieder und wieder schreibt Zwi Helmut Steinitz, dass ihn die Vergangenheit nicht loslässt, was in den folgenden Poemen seiner *Verdichteten Vergangenheit* bedrückend zum Ausdruck kommt.[225]

Zwi Helmut Steinitz ist herzlich dafür zu danken, dass er uns seine Poeme anvertraut hat, den Prager Freunden Pavel Cbabr und Heinz Moll für ihr engagiertes Lektorat und Prof. Dr. Andrei Hoişie (Iaşi) für seine Einschätzung. – Christel Wollmann-Fiedler und ich haben Zwi Helmut Steinitz mit der von uns herausgegebenen Schrift *Zwi Helmut Steinitz, Vom Holocaust-Opfer zum Blumenexport-Pionier und die heilige Pflicht zu berichten* (Konstanz, Januar 2021) zu würdigen versucht: *Verdichtete Vergangenheit* ist ein letzter Nachruf auf unseren guten Freund, der am 24. August 2019 im Alter von 92 Jahren in Tel Aviv verstarb.

Unsere Hoffnung lautet einmal mehr: Was aufgeschrieben, veröffentlicht und in einigen Bibliotheken der Welt aufgehoben ist, wird wohl nicht so schnell vergessen, damit vielleicht daraus gelernt werden kann. – 7./18. April 2019 – 1. Februar 2021

---

gesehene und erweiterte Auflage 2008 (mit zahlreichen Fotos aus dem ehemaligen Krakauer Ghetto heute sowie von der jüngsten Vortragstätigkeit des Autors in Deutschland), 455 Seiten, 3. Auflage 2011, 4. Auflage 2015.

[223] Zwi Helmut Steinitz, Vom Holocaust-Opfer zum Blumenexport-Pionier – Von Posen durch das Krakauer Ghetto und deutsche KZs nach Israel zum Gemüseanbau im Kibbuz und zum israelischen Blumenexport 1927–2007. Konstanz 2007

[224] Zwi Helmut Steinitz, Jüdisches Tagebuch – Ein Überlebender der Schoáh engagiert sich als Israeli in Deutschland, besucht seine Geburtsstadt Poznań und das Massengrab seiner Familie in Bełżec. Konstanz 2010.

[225] Diese Poeme sind einmal mehr der Gegenbeweis zu Theodor W Adonos (später modifizierten) These: "Kulturkritik findet sich der letzten Stufe der Dialektik von Kultur und Barbarei gegenüber: nach Auschwitz ein Gedicht zu schreiben, ist barbarisch, und das frisst auch die Erkenntnis an, die ausspricht, warum es unmöglich ward, heute Gedichte zu schreiben." Theodor W. Adorno, Kulturkritik und Gesellschaft. Frankfurt a.M. 1977, S. 30.

https://de.wikipedia.org/wiki/Nach_Auschwitz_ein_Gedicht_zu_schreiben,_ist_barbarisch

17. Schoáh-Schicksale in Czernowitz und der Bukowina*

Juden lebten seit dem 13. Jahrhundert in der Bukowina und seit Anfang des 15. Jahrhunderts auch in Czernowitz, anno 1408 als Ort erstmals urkundlich erwähnt. Die Bukowina stand ab 1512 unter osmanischem Einfluss.[226] Von 1774/75 bis 1918 gehörte die Vielvölkerstadt Czernowitz mit dominant deutschsprachiger Kultur samt der Bukowina (seit 1849 Kronland) zu Österreich, 1918-1940 und 1941-1944 als Cernăuţi (Tschernautz) zu Rumänien, seit 1944 als Chernovzi zur Sowjet-Ukraine und seit 1991 als Chernivtsi zur unabhängigen Ukraine.[227]

Vor 82 Jahren hatte am 1. September 1939 der Zweite Weltkrieg mit dem "Blitzkrieg" gegen Polen begonnen. Am 27. Juni 1940 akzeptierte Rumänien auf deutschen "Rat" das sowjetische Ultimatum, Bessarabien und die Nordbukowina an die Sowjetunion abzutreten, eine Folge des Hitler-Stalin-Pakts bzw. des von den Außenministern von Ribbentrop (1893-1946) und Molotow (1890-1986) unterzeichneten deutsch-sowjetischen Nichtangriffspakts vom 23. August 1939 sowie des Grenz- und Freundschaftsvertrages zwischen dem Großdeutschen Reich und der Sowjetunion vom 28. September 1939.

Am 28. Juni 1940 wurde die Bukowina von sowjetischen Truppen besetzt und von da an jüdisches Leben unterdrückt. Im sogenannten "Russenjahr" (1940/41) und fast genau ein Jahr nach dem Einmarsch der Roten Armee in Czernowitz erfolgte dann in der Nacht zum 13. Juni 1941 die Deportation von ca. 5.000 sogenannten "Volksfeinden" - darunter großenteils jüdische Männer, Frauen und Kinder nach Sibirien, wo viele Menschen durch Arbeit, Hunger, Klima, Krankheit und die unsäglichen Lebensbedingungen den Tod fanden.[228] Es war eine Art

* **Erhard Roy Wiehn, Schoah-Schicksale in Czernowitz und der Bukowina – Ein Lesebuch der Edition Schoah & Judaica. Konstanz (März) 2021.**

[226] Dazu: Margit Bartfeld-Feller, "Das Türkenviertel von Czernowitz" u. "Das Wasserbecken im Türkenbad", in: Margit Bartfeld-Feller, Erinnerungswunde. Konstanz 2007, S. 71 ff. (Alle Fußnoten dieser Einleitung stammen vom Verfasser.)

[227] Dazu: Peter Rychlo, "Czernowitz als geistige Lebensform. Die Stadt und ihre Kultur", in: Helmut Braun (Hg.), Czernowitz - Die Geschichte einer untergegangenen Kulturmetropole. Berlin 2006, S. 7 ff.

[228] Dazu: Margit Bartfeld-Feller, Am östlichen Fenster - Gesammelte Schriften aus Czernowitz und aus der sibirischen Verbannung. Konstanz 2002; Sassona

Ironie des Schicksals; denn durch die Deportation nach Sibirien blieben zumindest die dort Überlebenden vor dem Tod durch die deutschen Sonderkommandos und in den Vernichtungslagern oder von der rumänischen Deportation nach Transnistrien verschont.[229]

Seit Anfang September 1940 war General Ion Antonescu[230] "Staatsführer" Rumäniens; anlässlich seines Besuchs bei Adolf Hitler am 22./23. November 1940 in Berlin schloss er sich dem Dreimächtepakt Deutschlands, Italiens und Japans an. Am 22. Juni 1941 begann Deutschland seinen Angriffskrieg gegen die Sowjetunion, gleichzeitig proklamierte Antonescu den "Heiligen Krieg" zur Wiedergewinnung Bessarabiens und der Nordbukowina. Am 2. Juli 1941 überquerte die rumänische Armee den Pruth. - Acht Tage nach dem Einmarsch der deutschen Wehrmacht in die Sowjetunion verließen die sowjetischen Truppen Czernowitz am 30. Juni 1941, nicht ohne nochmals Juden zu verschleppen und zu ermorden.

Am 4. Juli 1941 marschierten rumänische Truppen in Czernowitz ein, am 5./6. Juli 1941 kamen erste deutsche SS-Angehörige, schon in den ersten Tagen wurden Tausende von Juden ermordet, am (Montag)[231] 7. Juli 1941 wurde der Czernowitzer Rabbiner Dr. Abraham Mark verhaftet und am (Mittwoch) 9. Juli 1941 zusammen mit 150-160 jüdischen Männern am Pruth erschossen. Am 10. Juli 1941 verlegte die mörderische deutsche SS-Einsatzgruppe D ihr Hauptquartier nach Czernowitz, um sogleich mit der Erschießung von Juden zu begin-

---

Dachlika, "Volksfeinde" – Von Czernowitz durch Sibirien nach Israel. Konstanz 2002

229 Damals eine Region in der südlichen Ukraine zwischen dem südlichen Bug im Osten, dem Dnjestr (Dnistr, Dnestr) im Westen, dem Schwarzen Meer im Süden und jenseits von Mogilew im Norden: "Die Bezeichnung Transnistrien ist ein geopolitischer Terminus, der im Zweiten Weltkrieg benutzt wurde; er bezieht sich auf einen Teil der Ukraine, den die deutschen und rumänischen Truppen im Sommer 1941 eroberten und den Hitler Rumänien zur Belohnung für dessen Teilnahme am Krieg gegen die Sowjetunion überließ." Eberhard Jäckel et al. (Hg.), Enzyklopädie des Holocaust. Band III, München 1995, S. 1421; http:// de.wikipedia.org/wiki/Transnistrien_(rumänisches_Besatzungsgebiet); heute wird das von Moldawien abtrünnige Gebiet Transnistrien genannt.

229 1882-1946, seit 23. August 1941 Marschall.

230 Damals lebten ca. 70.000 Juden in Czernowitz; dazu auch Eberhard Jäckel et al. (Hg.), Enzyklopädie des Holocaust. München 1995, Band I, S. 297.

231 Aussage von Dr. Marks Witwe im Eichmann-Prozess, 48. Sitzung am 23. Mai. 1961.

nen.[232] Bis 26. Juli 1941 waren Bessarabien und die Nordbukowina zurückerobert, am 23. August 1941 wurde Antonescu zum "Marschall von Rumänien" ernannt, am 30. August 1941 der Vertrag von Tighina über die Verwaltung des Gebietes zwischen Dnjestr und Bug geschlossen, fortan "Transnistrien" genannt.

Nach der raschen Rückeroberung der seit 1940 sowjetisch besetzten Bukowina und Bessarabiens begann hier eine Judenverfolgung gewaltigen Ausmaßes, welche die obwaltenden antijüdischen Maßnahmen im rumänischen Kernland noch übertraf. Raul Hilberg bemerkt, dass die Rumänen in "Transnistrien", der besetzten damaligen südwestlichen Sowjet-Ukraine, mit größter Härte gegen die Juden vorgegangen seien:

"In diesem Gebiet, genauer gesagt im Raum Odessa und Golta, töteten die Rumänen (...) etwa 150.000 einheimische Juden. Außer Deutschland war kein anderes Land in Judenmassaker solchen Ausmaßes verstrickt." Am 8. Juli 1941 hatte "Staatsführer" Antonescu in einer Sitzung des Ministerrates erklärt, "dass 'heute ein sehr günstiger Augenblick in unserer Geschichte besteht', um die Juden aus Bessarabien und der Bukowina zwangsauszusiedeln." Das deutsch-rumänische Vernichtungswerk hatte seinen blutigen Anfang genommen, und die am 4. und 6. Oktober 1941 von Marschall Antonescu befohlene "Abschiebung" über den Dnjestr nach Transnistrien verlief barbarisch.[233]

Am 11. Oktober 1941 wurden die noch verbliebenen mehr als 50.000 Juden von Czernowitz in ein Ghetto getrieben, am 12. Oktober 1941 begannen die Deportationen nach Transnistrien.[234] Am 17. Ok-

---

[232] Beteiligt war das Einsatzkommando l0 b der Einsatzgruppe D, aber auch ein Zug Waffen-SS und ein Halbzug des Polizei-Bataillon 9, abgesehen von rumänischen Einheiten.

[233] Raul Hilberg. Die Vernichtung der europäischen Juden. (1961) 3 Bände, Frankfurt a.M. 1990, S. 812, 823; 828 ff.; W. Grossman u. I. Ehrenburg. Das Schwarzbuch. Hg. v. Arno Lustiger. Reinbek 1994; A. Hillgruber, Hitler, König Carol und Marschall Antonescu. Die deutsch-rumänischen Beziehungen 1938-1944. Wiesbaden 1954, 2. Auflage 1965. (Anhang I: "Die Judenfrage als Problem der deutsch-rumänischen Beziehungen", in: M. Korber, Deportiert. Konstanz 1993, S. 271-286); H. Gold (Hg.), Geschichte der Juden in der Bukowina. Band I, Tel Aviv 1958; Band II, Tel Aviv 1962; R. Ostrowskaja, Juden in der Ukraine. Ostfildern-Ruit 1996.

[234] Dazu Mirjam Korber (Bercovici). Deportiert ~ Jüdische Überlebensschicksale aus Rumänien 1941-1944. Konstanz 1993; Sonja Palty, Jenseits des Dnjestr - Jüdische Deportationsschicksale aus Bukarest in Transnistrien 1942-1943. Kon-

tober 1941 ist folgende Aktennotiz der deutschen Gesandtschaft in Bukarest datiert: "Wie Generaldirektor Lecca (rumänischer 'Judenkommissar', ERW) heute mitteilte, werden 110.000 Juden aus der Bukowina und aus Bessarabien evakuiert, und zwar in zwei Wälder in der Gegend des Bug. Soweit er erfahren konnte, sei diese Aktion auf einen Befehl des Marschalls Antonescu zurückzuführen. Sinn der Aktion sei die Liquidierung der Juden." Als Präsident des rumänischen Bundes jüdischer Gemeindeorganisationen protestierte Dr. Wilhelm Filderman bei Antonescu: "Dies ist der Tod, Tod, Tod ohne Schuld, ohne eine andere Schuld als die, Jude zu sein." Filderman erhielt von Antonescu sogar eine Antwort, die freilich aus einer Aufzählung angeblicher jüdischer Untaten gegen das rumänische Volk bestand, die eine Bestrafung unverzichtbar machten.[235]

Der rumänische Gouverneur Alexianu von Transnistrien verfügte am 11. November 1941, dass sich Juden nur an ihnen zugewiesenen Orten aufhalten dürften. "Der deutsche Militärattaché in Bukarest berichtete, einem seiner Agenten sei aufgefallen, dass die rumänischen Offiziere mit Ringen, Pelzen, Seidenstoffen und anderen Wertsachen beladen waren, die sie von den Tausenden abgeschobenen Juden erbeutet hatten."[236]

Insgesamt wurden 145.000 bis 150.000 Juden nach Transnistrien deportiert, von denen dort ca. 90.000 ums Leben kamen.[237] Von dem einstmals blühenden jüdischen Leben in Czernowitz war nichts geblieben als Erinnerungen.

Im März 1944 wurde die Bukowina erneut von der Roten Armee besetzt, die Nord-Bukowina mit Czernowitz blieb von da an Teil der Sowjetrepublik Ukraine und seit 1991 der Republik Ukraine.[238] – Die sowjetische Offensive führte im August 1944 zum Sturz des Antones-

---

stanz 1995; Jacob Melzer, Jankos Reise - Von Czernowitz durch die transnistrische Verbannung nach Israel 1941-1946. Konstanz 2001; Jewgenija Finkel u. Markus Winkler, Juden aus Czernowitz - Ghetto, Deportation, Vernichtung 1941-1944. Überlebende berichten. Konstanz 2004.

[235] Raul Hilberg, a.a.O., S. 830.

[236] Raul Hilberg, a.a.O., S. 830.

[237] Eberhard Jäckel et al. (Hg.), Enzyklopädie des Holocaust. München 1995, Band III, S. 1421 ff. u. 1425; dazu auch Mariana Hausleitner, "Eine wechselvolle Geschichte", in: Helmut Braun (Hg.), a.a.O, S. 31 ff. u. 72 ff.

[238] https://de.wikipedia.org/wiki/Bukowina

cu-Regimes und zum Frontenwechsel Rumäniens;[239] danach herrschte wieder Mihai I. – bis er von den Kommunisten am 30. Dezember 1947 zur Abdankung gezwungen wurde.

*

In diesem historischen Kontext ist das folgende Lesebuch *Schoáh-Schicksale in* (und aus) *Czernowitz und* (aus) *der Bukowina* zu verstehen, in dem mehr als 23 Geschichten von 20 Autorinnen und Autoren zusammengestellt sind. Erste Publikationen zum jüdischen Leben, Leiden, Überleben und Nichtüberleben in Rumänien und der Ukraine finden sich in unserer Edition Schoáh & Judaica bereits in den 1990er Jahren, und so lag es nahe, diese Schicksale zusammenzufassen: Ausgehend von Czernowitz (oder auch Radautz, also in einem Fall aus der Bukowina nach Workuta nördlich des Polarkreises, hier S. 13 ff.[240]) kann man die Schicksalswege der Menschen nach Sibirien und Transnistrien verfolgen, die dann vielfach nach Erez Israel (Palästina) bzw. Israel führen.

Dabei handelt es sich teils um Originaltexte der Autorinnen und Autoren, teils um Einführungen des Herausgebers. Diese Texte sind alphabetisch geordnet, was zu krassen Schnitten führt, die jedoch inkauf genommen werden, da sie zum Nachdenken anregen können. Das gilt auch für Wiederholungen, weil die einzelnen Geschichten originalgetreu erhalten bleiben sollten. Vielleicht animiert die eine oder andere Geschichte sogar dazu, sich das dazugehörige Buch selbst zu besorgen.

Für mich war es eine Art Wiederbegegnung mit Autorinnen und Autoren, von denen ich viele persönlich kannte und kenne, mit denen ich befreundet war und bin, von denen etliche jedoch schon nicht mehr leben. Es waren Glücksfälle, mit ihnen oder ihren Nachkommen und Freunden rechtzeitig in Kontakt gekommen zu sein, um durch unsere Publikationen ihre Schicksale vor dem Vergessen zu bewahren.

Die Editionsarbeiten haben mich nicht zuletzt zu zahlreichen Reisen nach Rumänien und in die Ukraine geführt, wo ich viele Gedenkstätten besuchen konnte, die mir die dort geschehenen Geschichten noch näher brachten.

---

[239] https://de.wikipedia.org/wiki/Rumänien

[240] Herman Konradowitsch Abraham, Unter rotem Nordlicht – Aus dem rumänischen Gura Humora im sowjetischen Polarkreis-GULag Workuta verbannt und ein aktiver Lebensabend in Israel. Jüdische Schicksale im 20. Jahrhundert. Konstanz 2014.

Wie in fast allen unseren Einleitungen möchte ich auch hier der Hoffnung Ausdruck geben: Was aufgeschrieben, veröffentlicht und in etlichen Bibliotheken der Welt aufgehoben ist, wird wohl nicht so schnell vergessen, damit vielleicht daraus gelernt werden kann. – 12. Februar 2021

18. Jüdische Schicksale in und aus Rumänien*

Es wird vermutet, dass Jüdinnen und Juden bereits Anfang des 2. Jahrhunderts mit den Römern auf das Gebiet des heutigen Rumänien gekommen sein könnten, obwohl dafür kaum gesicherte Daten vorliegen, was auch für die folgenden Jahrhunderte gilt. In der Bukowina gab es jüdisches Leben seit dem 13. Jahrhundert, seit Anfang es 15. Jahrhunderts auch in Czernowitz (ukrainisch: Chernivtsi), das 1408 erstmals urkundlich erwähnt wird. Die Bukownia stand ab 1512 unter osmanischem Einfluss. Seit 1774/75 gehörte die Vielvölkerstadt Czernowitz mit dominant deutschsprachiger Kultur samt der Bukowina (seit 1949 Kronland) bis 1918 zur Donaumonarchie. In den 1920er Jahren gab es in Rumänien bei einer Gesamtbevölkerung von rund 16 Millionen etwa 800.000 Jüdinnen und Juden.[241]

*

Am 1. September 1939 hatte der Zweite Weltkrieg mit dem "Blitzkrieg" gegen Polen begonnen, Am 27. Juni 1940 akzeptierte Rumänien "auf deutschen Rat" das sowjetische Ultimatum, Bessarabien (https://de.wikipedia.org/wiki/Bessarabien) und die nördliche Bukowina an die Sowjetunion abzutreten, was eine Folge des Hitler-Stalin-Paktes war bzw. des von den Außenministern Joachim von Ribbentrop (1893-1946) und Wjatscheslaw Molotow (1890-1986) unterzeichneten deutsch-sowjetischen Nichtangriffspakts vom 23. August 1939 sowie des Grenz- und Freundschaftsvertrags zwischen dem Großdeutschen Reich und der Sowjetunion vom 28. September 1939.

---

* **Zuerst in: Andrei Voinea, Sanduhr aus Steinen – Jüdische Zwangsarbeiter in Rumänien 1940–1944. Aus dem Rumänischen von Mirjam Bercovici-Korber. Mit einem Beitrag von William Totok: Der revisionistische Diskurs. Mit umfangreicher Bibliographie. Konstanz 2000, S. 15 ff.**

241 https://de.wikipedia.org/wiki/Geschichte_der_Juden_in_Rumänien; https://www.yadvashem.org/de/holocaust/about/final-solution-beginning/romania.html; https://de.wikipedia.org/wiki/Bukowina;https://de.wikipedia.org/wiki/Czernowitz

Seit Anfang September 1940 war General Ion Antonescu "Staatsführer" Rumäniens; anlässlich seines Besuchs bei Adolf Hitler am 22./23. November 1940 in Berlin schloss er sich dem Dreimächtepakt Deutschlands, Italiens und Japans an.

Am 22. Juni 1941 begann Deutschland seinen Angriffskrieg gegen die Sowjetunion, gleichzeitig proklamierte "Staatsführer" Antonescu den "Heiligen Krieg" zur Wiedergewinnung Bessarabiens und der Nordbukowina. Am 2. Juli 1941 überquerte die rumänische Armee den Pruth, bis 26. Juli 1941 waren Bessarabien und die Nordbukowina zurückerobert, am 23. August 1941 wurde Antonescu zum "Marschall von Rumänien" ernannt, am 30. August 1941 der Vertrag von Tighina über die Verwaltung des Gebietes zwischen Dnjestr und Bug geschlossen, fortan "Transnistrien" genannt (heute Südwest-Ukraine).

Antijüdische Strömungen gab es in Rumänien schon mindestens seit dem 19. Jahrhundert. Im Jahre 1930 lebten in Rumänien rund 722.000 Jüdinnen und Juden, d.h. 4% der Gesamtbevölkerung, wobei ihre tatsächliche Zahl etwas höher angenommen werden kann. Die rechtliche Gleichstellung der Juden 1919 bzw. 1923 verstärkte die anti-jüdische Bewegung im Land, die von Intellektuellen, etwa an der Universität von Iaşi, vor allem aber von den "Legionären" der "Eisernen Garde" getragen wurde, "national-religiös" motiviert war und sich besonders gegen die Juden Bessarabien und der Moldau richtete.

Nach dem Beschluss der rumänischen Regierung vom 9. Juli 1940 wurden Juden aus dem öffentlichen Dienst entlassen. Ab 16. Oktober 1940 erschienen Gesetze zur Enteignung und "Rumänisierung", d.h. etwa das, was in Deutschland "Arisierung" hieß; es kam vermehrt zu Ausschreitungen und am 22. und 23. Januar 1941 zu einem blutigen Pogrom in Bukarest. Am 29. Juli 1941, noch bevor Rumänien in den Krieg eingetreten war, wurde der schwere Pogrom in Iaşi inszeniert, bei dem Tausende von Menschen starben (Jacques Zwieback S. 155 ff.). Am 13. Oktober 1941 wurde die jüdische Bevölkerung der Südbukowina nach Transnistrien deportiert (hier S. 43 ff u. viele weitere Beiträge).

Nach der raschen Rückeroberung der seit 1940 sowjetisch besetzen Bukowina und Bessarabiens begann hier eine Judenverfolgung gewaltigen Ausmaßes, welche die obwaltenden antijüdischen Maßnahmen im rumänischen Kernland beinahe in den Schatten stellte. "Mit der stillschweigenden Zustimmung der Bukarester Regierung", so Andrei

Corbea-Hoişie, "haben Einheiten der rumänischen Armee in Bessarabien und in der Nordbukowina kleinere und größere Pogrome organisiert, denen Tausende von Unschuldigen zum Opfer fielen." Die Absichten der Regierung Antonescu seien aber viel weiter gegangen: "Als Strafe für die vermeintliche Kollaboration der Juden mit den Sowjets sollte die ganze jüdische Bevölkerung aus Bessarabien und der Bukowina in die ukrainischen Territorien jenseits des Bug deportiert werden, der Anfang einer beabsichtigten Säuberung Rumäniens von allen seinen Juden. Da die Deutschen es ablehnten, die deportierten Juden zu nahe an die Front umzusiedeln, entschied man sich in einer deutsch-rumänischen Konvention vom August 1941, dass die Konzentrationslager für die Juden aus Bessarabien und der Bukowina in der Region zwischen Dnjestr und Bug, also in dem von der rumänischen Armee verwalteten sogenannten "Transnistrien" lokalisiert werden sollten."[242]

Raul Hilberg bemerkt, dass die Rumänen in "Transnistrien", der besetzten damaligen südwestlichen Sowjet-Ukraine, mit größter Härte gegen die Juden vorgegangen seien: "In diesem Gebiet, genauer gesagt im Raum Odessa und Golta töteten die Rumänen (...) etwa 15.000 einheimische Juden. Außer Deutschland war kein anderes Land in Judenmassaker solchen Ausmaßes verstrickt." Am 8. Juli 1941 hatte "Staatsführer" Antonescu in einer Sitzung des Ministerrates erklärt, "dass heute ein günstiger Augenblick in unserer Geschichte besteht, um die Juden aus Bessarabien und der Bukowina zwangsauszusiedeln." Am gleichen Tag habe der Befehlshaber der Gendarmerie in Bessarabien, Oberst Meculescu, die Festnahme aller Juden in den ländlichen Gebieten der Provinz angeordnet: "In der letzten Juliwoche (1941) begannen die Rumänen in lokaler Initiative, etwa 25.000-30.000 Juden aus dem nordbessarabischen Raum über den Dnjestr hinweg in ein Gebiet abzuschieben, das seinerzeit noch deutsches Militär- und 'Interessengebiet' war."[243]

Am 5. August 1941 forderte General Palangeanu als Polizeichef von Bukarest "alle Juden wehrfähigen Alters auf, sich zur Arbeit zu melden (Andrei Voinea S. 149 ff.). Einige Tage später traf in Berlin ein Bericht ein, wonach Antonescu befohlen habe, für 'Straßenbauar-

---

[242] Andrei Corbea-Hoişie in: Mirjam Korber, Deportiert. Konstanz 1993, S. 23.

[243] Raul Hilberg, Die Vernichtung der europäischen Juden. (1961) 3 Bände, Frankfurt/M. 1990, S. 812 u. 823.

beiten' 60.000 Juden aus Altrumänien nach Bessarabien zu bringen." Nach einer entsprechenden Intervention wurde die Maßnahme jedoch bald wieder gestoppt, weil die 600 Mann der deutschen Einsatzgruppe D mit der Vernichtung einer so großen Zahl von Menschen überfordert gewesen wäre. Am 30. August 1941 unterzeichneten Generalmajor Hauffe als Chef der deutschen Heeresmission in Rumänien und General Tataranu als Stabschef der rumänischen Armee in der bessarabischen Stadt Tighina ein Abkommen, wonach keine Juden über den Bug abgeschoben werden sollten. Die am 4. und 6. Oktober 1941 von Marschall Antonescu befohlene Abschiebung über den Dnjestr nach Transnistrien verlief barbarisch (vgl. Raul Hilberg, a.a.O., S. 828 ff.).

Am 17. Oktober 1941 ist folgende Aktennotiz der deutschen Gesandtschaft in Bukarest datiert: "Wie Generaldirektor Lecca (rumänischer 'Judenkommissar', ERW.) heute mitteilte, werden 110.000 Juden aus der Bukowina und aus Bessarabien evakuiert, und zwar in zwei Wälder in der Gegend des Bug. Soweit er erfahren konnte, sei diese Aktion auf einen Befehl des Marschalls Antonescu zurückzuführen. Sinn der Aktion sei die Liquidierung der Juden." Als Präsident des rumänischen Bundes jüdischer Gemeindeorganisationen protestierte Dr. Wilhelm Filderman bei Antonescu: "Dies ist der Tod, Tod, Tod ohne Schuld, ohne eine andere Schuld als die, Jude zu sein." Dr. Filderman erhielt von Antonescu sogar eine Antwort, die freilich aus einer Aufzählung angeblicher jüdischer Untaten gegen das rumänische Volk bestand, die eine Bestrafung unverzichtbar machten (vgl. Raul Hilberg, a.a.O., S. 830).

Der rumänische Gouverneur Alexianu von Transnistrien verfügte am 11. November 1941, dass sich Juden nur an ihnen zugewiesenen Orten aufhalten dürfen, was zu großen Umsiedlungen im ukrainischen Süden führte. Beresowka zum Beispiel sei ein Sammelplatz von rund 20.000 Juden aus Odessa gewesen, die das Massaker der rumänischen Armee vom Oktober 1941 überlebt hätten, schreibt Raul Hilberg: "Der Bahnhof der etwa 100 km nordöstlich von Odessa gelegenen Stadt befand sich inmitten einer Ansammlung ukrainischer und volksdeutscher Siedlungen. Die per Zug herbeitransportierten Juden wurden auf die umliegenden Felder getrieben und dort von dem in jenem Gebiet stationierten, aus Deutschstämmigen gebildeten Selbstschutz erschossen." Nach einer Meldung des Reichsaußenministeriums vom Mai 1942 waren bis dahin bereits 28.000 Juden in diesen deutschen Dörfer Transnistriens liquidiert worden (vgl. Raul Hilberg, a.a.O., S. 391 f.).

In der Präfektur Golta waren nach Raul Hilberg unter Oberstleutnant Modest Isopescu drei primitive Sammelplätze eingerichtet worden: Bogdanowka, Atmeketka und Domanowska (auch Domanevka oder Dumanovka): "In diesen aus verfallenen Hütten, Schuppen und Schweineställen eiligst errichteten Konzentrationslager pferchte man insgesamt 70.000 Juden, die größtenteils aus Städten und größeren Ortschaften, darunter Odessa, stammten. Es kam zu Epidemien, vor allem Typhus, und Hungersnöten. In Bogdanowka, dem größten der drei Lager, das zugleich die höchste Sterblichkeit zu verzeichnen hatte, begannen die Tötungen am 21. Dezember (1941). Zuerst zwängte man 4.000-5.000 kranke und gebrechliche Juden in mehrere Ställe, die mit Stroh bedeckt, mit Benzin übergossen und in Brand gesteckt wurden. Während die Ställe noch brannten, wurden etwa 43.000 Juden in Gruppen von 300-400 in einen Wald getrieben, wo sie sich bei Eiseskälte nackt auszuziehen und am Rande eines Abhangs niederzuknien hatten, um erschossen zu werden. Diese Aktion dauerte bis zum 30. Dezember (1941) und wurde nur zum Weihnachtsfest unterbrochen. In Domanowka wurden im Verlauf des Januar und Februar 1942 etwa 18.000 Juden ermordet. In Atmeketka, wo sich Isopescu die Zeit damit vertrieb, seine Opfer zu quälen und zu fotografieren, wurden 4.000 Tote gezählt." (Raul Hilberg, a.a.O., S. 392 f.) Insgesamt gingen ca. 100.000 jüdische Opfer auf das Konto der Präfekturen Beresowka und Golta (Sonja Palty S. 128 ff.).

Auch im rumänischen Kernland hatten sich antijüdischen Maßnahmen verschärft, und es herrschte große Angst. Raul Hilberg verweist auf den "Zwangsarbeitsdienst", zu dem alle jüdischen Männer im wehrdienstfähigen Alter zwischen 18 und 50 Jahren aufgefordert wurden, wovon sie sich nur unter bestimmten Bedingungen freikaufen konnten; der Zwangsarbeitsdienst wurde zunächst vom Arbeitsministerium, später vom Verteidigungsministerium organisiert. Die einberufenen Juden seien zu den unterschiedlichsten Tätigkeiten herangezogen worden, etwa zum Straßenbau, zum Wohnungsbau, zum Schneeräumen oder zur Beseitigung von Schutt (Andrei Voinea S. 149 ff.).[244]

[244] Dieser Text findet sich in: Andrei Voinea, Sanduhr aus Steinen – Jüdische Zwangsarbeiter in Rumänien 1940–1944. Aus dem Rumänischen von Mirjam Bercovici-Korber. Mit einem Beitrag von William Totok: Der revisionistische Diskurs. Mit umfangreicher Bibliographie. Konstanz 2000; S. 15 ff.; in Andrei

*

Außer den genannten Terrormaßnahmen habe übrigens die rumänische Regierung jede Gelegenheit ergriffen, an das Geld und Eigentum jüdischer Bürgerinnen und Bürger zu gelangen, beispielsweise durch die Erhebung einer Militärsteuer und die Beschlagnahmung von persönlichem Eigentum, was um so mehr in Bessarabien und Transnistrien galt: "Der deutsche Militärattaché in Bukarest berichtete, einem seiner Agenten (...) sei aufgefallen, dass die rumänischen Offiziere mit Ringen, Pelzen, Seidenstoffen und anderen Wertsachen behängt waren, die sie von den Tausenden abgeschobenen Juden erbeutet hatten." (Raul Hilberg, a.a.O, S. 837 ff u. 830)

Als die Rumänen Anfang 1942 damit begannen, Massen von Juden über den Bug in die deutschbesetzte Ukraine abzuschieben, wurde Adolf Eichmann mit der Angelegenheit befasst. Doch wenn auch im folgenden die rumänischen Maßnahmen den deutschen Erwartungen nicht entsprachen, so ist doch fraglich, ob die Rumänen "den Gipfel ihres antijüdischen Elans" bereits im August 1942 überschritten hatten, wie Raul Hilberg meint. Vielmehr erklärte der stellvertretende rumänische Ministerpräsident Mihai Antonescu schriftlich: "... dass die deutschen Dienststellen die Aussiedlung der Juden aus Rumänien durchführen und sofort mit dem Abtransport (...) beginnen" möchten, wobei es sich zunächst nur um arbeitsfähige Juden handeln sollte. Inzwischen hatten die Rumänen in einem ehemaligen Gebäude der sowjetischen Botschaft in Bukarest Listen von Personen gefunden, "die aus verschiedenen Gründen während der sowjetischen Besetzung Bessarabiens und der Bukowina 1940/41 eine Reise in diese Provinzen beantragt hatten. Aufgrund dieser Listen wurden Hunderte von Juden verhaftet und nach Transnistrien deportiert." (Raul Hilberg. a.a.O., S. 845 u. 848 f.

Die Zahl der Opfer in der Schoáh wird auf ca. 350.000 (laut Jad Vashem 380.000 bis 400.000) geschätzt.

*

Die Nachkriegsgeschichte der Jüdinnen und Juden in Rumänien ist im europäischen Kontext ziemlich einmalig. Bereits in den Jahren 1950/51 kam es zur ersten großen Auswanderungswelle vor allem nach Is-

---

Voineas Buch findet sich eine umfangreiche Auswahlbibliographie der Verfassers (S. 118-132 und Ausgewählte Literatur des Herausgebers (S. 135-138).

rael; zeitweilig durften monatlichen 5.000 Jüdinnen und Juden gegen 8.000 Lei Kopfgeld Rumänien verlassen, zwischen Mai 1948 und Ende 1951 waren es ca. 118.000, und zwar nicht ohne Gegenleistungen. Während der langen Herrschaft der Kommunistischen Partei haben 300.000 bis 350.000 Jüdinnen und Juden Rumänien verlassen, und 1989 waren noch knapp 24.670 verblieben, bis 2002 soll ihre Zahl weiter geschrumpft sein, und das bei einer Gesamtbevölkerung von 23.4 Millionen. Doch es gab und gibt weiterhin jüdisches Leben und herausragende jüdische Köpfe (vgl. Iulia Deleanu S. 60 ff.)

*

In diesem historischen Kontext ist das vorliegende Lesebuch *Jüdische Schicksale in und aus Rumänien* zu verstehen, worin auf 34 Publikationen von 32 Autorinnen und Autoren hingewiesen wird, die ihrerseits wiederum verschiedene Geschichten enthalten.

Geographisch gesehen gehen viele dieser Schicksale von Czernowitz und der Bukowina aus, die bis 1918 zur Donaumonarchie, dann zu Rumänien gehörten, als Folge des Hitler-Stalin-Paktes ab 1944 zur Sowjetukraine und Sowjetunion, seit 1991 schließlich zur Republik Ukraine.

Viele Schicksale ereignen sich in dem damals unter rumänischer Verwaltung stehenden Transnistrien (in der heutigen Südwest-Ukraine). Etliche Lebenswege führten zwangsweise von Czernowitz nach Sibirien und einer aus Rumänien sogar in ein Straflager nördlich des Polarkreises und nicht wenige Lebenswege führen schließlich nach Israel

Unsere ersten Publikationen über jüdisches Leben und Leiden in und aus Rumänien erschienen in den Jahren 1993, 1995 und 1996, die jüngsten 2018 und 2020. – Zwei der hier gesammelten Beiträge liegen jenseits der Holocaust-Thematik und sind historischer Art (Victor Rusu S. 141 ff. u. Itzik Schwarz-Kara S. 146 ff.), auch der tragische Beitrag über Marcel Pauker liegt vor der Schoáh, ein Beitrag ist kulturwissenschaftlicher Art (Andrei Oişteanu S. 124 ff.), ein Beitrag zeigt einen frühen europäischen Kopf (Valeriu Marcu S. 115) und ein Beitrag zeigt das intellektuelle jüdische Potential in und aus Rumänien der späten Nachkriegsjahre (Iulia Deleanu S. 60 ff.), *Die Letzten vielleicht* (Mirjam Bercovici u. Beno Hoişie S. 37 ff.) sind eine Art "Kaddisch" auf noch Lebende.

Das vorliegende Lesebuch enthält teils sehr kurze, teils längere Originaltexte von Autorinnen und Autoren, durchweg aber einführende

Vor- bzw. Nachworte des Herausgebers. Diese Texte sind alphabetisch, geordnet, was teils zu krassen Kontrasten führt, die jedoch in Kauf genommen werden, da sie das Nachdenken anregen können; ebenso werden Wiederholungen belassen, weil die einzelnen Beiträge möglichst originalgetreu erhalten bleiben sollten. Vielleicht animiert dieses Lesebuch dazu, sich das eine oder andere besprochene Buch selbst zu besorgen (zumal fast alle Bücher beim Hartung-Gorre Verlag noch erhältlich sind).

Für mich waren die Editionsarbeiten an diesem Lesebuch eine Art Wiederbegegnung mit den Autorinnen und Autoren, von denen ich die meisten persönlich kannte und kenne, mit einigen sogar befreundet war und bin, von denen etliche jedoch leider schon nicht mehr leben. Es waren Glücksfälle, mit ihnen oder ihren Nachkommen früh bzw. rechtzeitig in Kontakt gekommen zu sein, um ihre Schicksale durch unsere Publikationen vor dem Vergessen zu bewahren.

Die früheren Editionsarbeiten haben mich zuerst 1992 und im Laufe der Jahre zu weiteren Reisen nach Rumänien und in die Ukraine geführt (vgl. hier S. 42 u. 193 ff.), um an und in dortigen Holocaust-Gedenkstätten den damaligen Ereignissen besonders nahe zu sein. – Das Wichtigste sehe ich darin, dass auch weiterhin jüdisches Leben in Rumänien gelebt wird; denn, so Aharon Appelfeld:

"'Die Juden lassen sich nicht unterkriegen. Sie stehen auf, kehren zurück und richten sich wieder ein. Das muss man ihnen zugute halten. Ihre Überlebenskraft ist unvergleichlich, das sollte man von ihnen lernen. Stimmen Sie mir zu?'"[245] – 24. Februar 2021 – kurz vor Purim

19. Schoáh-Schicksale in und aus Ungarn[*]

Juden kamen wohl schon mit den Römern nach Ungarn, und so alt ist auch die jüdische Lebens- und Leidensgeschichte in diesem Land, die Schoáh aber deren schauriger Höhepunkt.[246] Die 1867 gewährte bür-

[245] Aharon Appelfeld, Meine Eltern. (Roman) Berlin 2017, S. 225; für die Durchsicht dieser Einleitung wird Mirjam Wiehn herzlich gedankt (24.02.2021).

[*] **Erhard Roy Wiehn (H.g.), Schoáh-Schicksale in und aus Ungarn – Ein Lesebuch der Edition Schoáh & Judaica. Konstanz (April) 2021, S. 7-10.**

[246] David Guttmann, Schwierige Heimkehr – Schicksale aus Ungarn. Konstanz 1997, S. 113 ff.; siehe dazu die Ungarn-Literatur der Edition Schoáh & Judaica, hier S. 80 f..

gerliche Gleichstellung und die 1895 staatlicherseits erfolgte Anerkennung der jüdischen Religion als offizielle Religion wurden unter dem seit 1920 amtierenden Staatsoberhaupt und "Reichsverweser" Miklós Horthy bereits 1920 und 1928 durch Gesetze des "Numerus Clausus" wieder eingeschränkt, was den Zugang junger Menschen jüdischer Herkunft zu Institutionen Höherer Bildung drastisch limitierte. Schon 1923 hatte der ungarische Rassist Gyula Gömbös, 1932–1936 ungarischer Ministerpräsident, Kontakt zu Adolf Hitler, und ab 1933 kam es zunächst vor allem zur wirtschaftlichen Zusammenarbeit Ungarns mit dem Deutschen Reich.

Bereits 1938 wurde ein antijüdisches Gesetz erlassen, das den Anteil der Jüdinnen und Juden in den Freien Berufen und der Wirtschaft auf 20% beschränkte und 1939 weiter absenkte. 1939 wurden Jüdinnen und Juden von staatlichen Ämtern ausgeschlossen, seit 1939 gab es einen ebenso harten wie erniedrigenden Arbeitsdienst für jüdische Männer, seit April 1941 Zwangsarbeiterbrigaden, wobei ca. 42.000 Männer ums Leben kamen. Entschädigung für Betroffene oder Hinterbliebene ist ein trauriges Kapitel für sich, von einer öffentlichen Entschuldigung ganz zu schweigen.[247] 1941 lebten in Ungarn ca. 725.00 jüdische Menschen und ca. 100.000 Konvertiten, die dann als "Rassejuden" definiert und behandelt wurden. 1941 traten "Rassengesetze" in Kraft, die den Nürnberger Gesetzen (1935) ähnlich waren, sexuelle Kontakte und Eheschließungen zwischen Juden und Nichtjuden wurden verboten.

Am 22. Juni 1941 begann Deutschland zusammen mit Ungarn den Krieg gegen die Sowjetunion. Am 9. März 1942 wurde Miklós Kállay zum Ministerpräsidenten ernannt, der im selben Jahr das Gesetz von 1895 annullierte, demzufolge das Judentum als anerkannte Religion galt; er widersetzte sich aber zugleich der deutschen Forderung nach "Endlösung der Judenfrage" und versuchte sogar, die Allianz mit Deutschland zu verlassen.

Am 19. März 1944 wurde Ungarn von der deutschen Wehrmacht besetzt und Ministerpräsident Miklós Kállay durch Döme Sztójay ersetzt. Ein deutsches "Sondereinsatzkommando" unter Adolf Eichmann begann unverzüglich, die Vernichtung der Juden in Ungarn zu organisieren. Ab 5. April 1944 mussten Jüdinnen und Juden den gelben

---

[247] Dazu: Anke Schwarzer, "Wenn Menschen sortiert werden – Entschädigung für ungarische Zwangsarbeiter?", in: Freitag – Die Ost-West-Wochenzeitung. Berlin, 28.02.2002: www. freitag.de/2002/32/02320901.php

Stern auf ihrer Kleidung tragen; am 28. April 1944 kam die Verordnung zur Ghettoisierung, vom 25. April bis 9. Juli 1944 erfolgten Deportationen aus 55 größeren Ghettos der ländlichen Gebiete Ungarns in 147 hermetisch verschlossenen Güterzügen nach Auschwitz-Birkenau, wo die meisten der mindestens 434.351 (evtl. 437.402) Menschen sofort durch Giftgas getötet und ihre Leichen verbrannt wurden.[248]

Am 15. Juni 1944 wurden ca. 450.000 von Juden geschriebene Bücher verbrannt. Ab Juni 1944 mussten die Juden von Budapest in bestimmten "Judenhäusern" wohnen, die mit dem gelben Stern gekennzeichnet waren. Am 3. November 1944 wurde das gesamte jüdische Eigentum konfisziert; im Dezember 1944 wurden ca. 70.000 Juden in Budapest in einem Ghetto konzentriert und viele von "Pfeilkreuzlern"[249] an Ort und Stelle bzw. an der Donau erschossen oder ertränkt. Insgesamt wurden ca. 564.500 jüdische Männer, Frauen und Kinder getötet, darunter ca. 63.000 bereits vor der deutschen Besetzung.[250]

Berühmt ist die mutige Rettungsaktion des schwedischen Diplomaten Raoul Wallenberg,[251] bekannt die Hilfe von Carl Lutz von der Schweizer Botschaft, auch das Rote Kreuz war aktiv, ebenso christliche Orden, nicht zuletzt jedoch junge Zionisten, die Menschen mit ge-

---

[248] Eberhard Jäckel et al. (Hg.), Enzyklopädie des Holocaust. München 1995, Band III, S. 11462 ff. (zu den Daten vgl. hier S. 38 u. die Diskussion Gábor Hirschs S. 107 ff.); dazu Christian Gerlach u. Götz Aly, Das letzte Kapitel. Der Mord an den ungarischen Juden. München u. Stuttgart 2002.

[249] Eberhard Jäckel et al. (Hg.), Enzyklopädie des Holocaust. München 1995, Band III, S. 11462 ff. (zu den Daten vgl. hier S. 38 u. die Diskussion Gábor Hirschs S. 107 ff.); dazu Christian Gerlach u. Götz Aly, Das letzte Kapitel. Der Mord an den ungarischen Juden. München u. Stuttgart 2002.

[250] Zur Schoáh in Ungarn siehe auch Szabolcs Szita, "Ein tragisches Kapitel der Geschichte Ungarn im Zweiten Weltkrieg", in: István Kádár et al., Zwangsarbeit, Todesmarsch, Massenmord – Erinnerungen überlebender ungarischer Zwangsarbeiter des Kupferbergwerks Bor in Jugoslawien 1943–1944. Konstanz 2007, S. 7-17; ders. Zwangsarbeit, Todesmärsche, Überleben durch Hilfe – Die österreichische Bevölkerung in der Erinnerung der ungarischen Deportierten und politischen Häftlinge 1944–1945. Budapest 2004; Klara Strompf, KZ Außenlager Walldorf – Jüdische Frauen aus Ungarn am Flughafen Frankfurt/Main 1944. Konstanz 2009.

[251] Yoel Sher, Zum Frieden unterwegs – Botschaften eines israelischen Botschafters. Konstanz 1998, S. 84 f.; siehe auch János Dési et al. (Eds.), Antisemitic Discourse in Hungary in 2002–2003. Report and Documentation. Published by B'nai B'rith Budapest Lodge. Budapest 2004; siehe Stephan Löwenstein, "Der Retter von Budapest", F.A.Z., Nr. 271, 20.11.2012, S. 8.

fälschten Dokumenten retteten.[252] – Am 23. August 1944 ersetzte Miklós Horthy Ministerpräsident Döme Sztójay durch General Géza Lakatos, und am 15. Oktober 1944 beschloss Horthy den Frontwechsel, woraufhin die deutschen Besatzer ihn sofort durch den Führer der "Pfeilkreuzler"-Partei, Ferenc Szálasi, ersetzten. Am 17. Januar 1945 wurde Pest von der Roten Armee befreit, knapp einen Monat später Buda.

*

In diesem historischen Kontext ist das vorliegende *Lesebuch Schoáh-Schicksale in* (und aus) *Ungarn* zu verstehen, in dem 17 Geschichten von 17 Autorinnen und Autoren zusammengestellt sind (plus Einleitung des Herausgebers). Meine allererste Buchpublikation zu dem, was sich dann in mehr als drei Jahrzehnten zur *Edition Schoáh & Judaica* entwickelte, trug und trägt den Titel: *Kaddisch – Totengebet in Polen – Reisegespräche und Zeitzeugnisse gegen Vergessen in Deutschland* (Darmstadt 1984, 2. Auflage 1987).

Die erste Geschichte über jüdisches Leben und die Schoáh in Ungarn war in unserem Israeltagebuch enthalten, nämlich ein Gespräch mit unserem Freund Prof. Dr. Alexander Barzél[253]. Weitere Ungarn-Publikationen folgten, und so lag es nahe, diese Schoáh-Schicksale für Ungarn zusammenzufassen. Wie man an der Literaturliste sieht, hätten wir unser Lesebuch noch etwas ausweiten können; vielleicht animiert die eine oder andere Geschichte jedoch dazu, sich das zugehörige Buch zu besorgen (vgl. Ungarn-Literatur S. 80 f.).[254]

---

252 Mordecai Paldiel, Es gab auch Gerechte – Retter und Rettung jüdischen Lebens im deutschbesetzten Europa. Konstanz 1999; Erhard Roy Wiehn u. Heide Mirjam Wiehn, Dajenu – Tagebuch einer Israelreise. Konstanz 1986: Gespräch mit Prof. Alexander Barzél S. 185–236.

253 Erhard Roy Wiehn u. Heide Mirjam Wiehn, Dajénu – Tagebuch einer Israelreise. Konstanz 1986, 2. Auflage 1987; dazu auch: Alexander Barzél u. Erhard Roy Wiehn, Was für ein Leben – Von Budapest durch Bergen-Belsen und die Schweiz nach Israel. Ein Gespräch im Kibbuz über jüdische Ideen sowie über jüdisches Leben und Leiden 1944–1985. Konstanz 2013.

254 "Die Zeugnisse von Toten oder Überlebenden der Schoa", schreibt Michael Stolleis in seiner Rezension über Tomáš Radil, Ein bisschen Leben vor diesem Sterben (Wuppertal 2020), "gehören zum Weltkulturerbe des Gedächtnisses. Sie aufzubewahren ist das Wenigste, was die Nachgeborenen tun können, um das Andenken an die Geschundenen, die stumm zugrunde gegangen sind, zu bewahre." Frankfurter Allgemeine Zeitung, Nr. 36, 12. Februar 2021, S. 10.

Unser Lesebuch enthält teils Originaltexte unserer Autorinnen und Autoren, teils auch Vor- oder Nachworte des Herausgebers. Diese Texte sind alphabetisch geordnet, was zu krassen Kontrasten führt, die jedoch in Kauf genommen werden, da sie zum Nachdenken anregen können, ebenso Wiederholungen, weil die einzelnen Geschichten möglichst originalgetreu erhalten bleiben sollten.

Für mich waren die Editionsarbeiten an diesem Lesebuch eine Art Wiederbegegnung mit Autorinnen und Autoren, von denen ich viele persönlich kannte und kenne, von denen etliche jedoch leider schon nicht mehr leben. Es waren Glücksfälle mit ihnen oder ihren Nachkommen und Freunden rechtzeitig in Kontakt gekommen zu sein, um durch unsere Publikationen ihre Schicksale vor dem Vergessen zu bewahren.

Die Editionsarbeiten haben mich im Laufe der Jahre auch zu Reisen nach Ungarn geführt, in bester Erinnerung habe ich die Buchvorstellungen zusammen mit Klara Strompf im Mai 2007: *Istvan Kadar et al., Zwangsarbeit, Todesmarsch, Massenmord – Erinnerungen überlebender ungarischer Zwangsarbeiter des Kupferbergwerks Bor in Jugoslawien 1943–1944.* Einleitung von Szabolcs Szita. Aus dem Ungarischen von Judit Polgár und Lídia Gál. Unter Mitarbeit von Klara Strompf (Konstanz 2007) sowie im Februar 2013: Frida Friedmann, *Wenig Freude und viel Kummer – Jüdische Arbeiterfamiliengeschichte in Ungarn 1888–1968.* Aus dem Ungarischen von Klara Strompf. Herausgegeben von Éva Gábor und Erhard Roy Wiehn (Konstanz 2013).

Unvermeidlich möchte ich auch hier mit einer Hoffnung enden, mit der fast alle unsere Vorbemerkungen schließen: Was aufgeschrieben, veröffentlicht und in einigen Bibliotheken der Welt aufgehoben ist, wird wohl nicht so schnell vergessen, auf dass vielleicht daraus gelernt werden kann. – 18. Februar 2021

20. Jüdisches Schicksale in und aus Tschechien und der Slowakei*

"Zwischen Slowaken und Juden hat seit Jahrhunderten eine gemeinsame Geschichte bestanden", so der erste israelische Botschafter in

*** Erhard Roy Wiehn (Hg.), Jüdische Schicksale in und aus Tschechien und der Slowakei – Ein Lesebuch der Edition Schoáh & Judaica. Konstanz (April) 2021, S. 7-10.**

der Slowakischen Republik, Yoel Sher[255] im Jahre 1997: *"Tatsache ist, dass die ersten Israelis oder die ersten Juden, die man in der Slowakei ausfindig gemacht hat, schon im 1. Jahrhundert dorthin kamen. Sie kamen mit der römischen Legion, die entlang der Donau und hauptsächlich in Bratislava und Devin stationiert war und nach der Zerstörung der Stadt und des Tempels von Jerusalem durch Titus im Jahre 70 der allgemeinen Zeitrechnung jüdische Gefangene mit sich brachte. (...) Somit haben wir eine sehr lange gemeinsame Geschichte. Im Laufe der Zeit, vor allem im 18. und 19. Jahrhundert gab es eine blühende jüdische Gemeinde in der Slowakei mit vielen Religion lehrenden und Forschungsarbeit betreibenden Schulen. Die in Bratislava, die von Rabbi Mosche Schreiber geführt wurde, besser bekannt als* Hatam Sofer, *wurde in ganz Europa als eine sehr angesehene Schule berühmt. (...) Bis zum Zweiten Weltkrieg gab es Hunderte jüdische Gemeinden in der Slowakei. Heute gibt es immer noch beinahe 700 jüdische Friedhöfe in der Slowakei, in Gegenden, wo nicht einmal ein einziger Jude mehr wohnt."*[256]

*

Im August 1968 hatte ich zusammen mit Assistenten-Kollegen und Studierenden gegen den Einmarsch der Warschauer Pakt-Staaten in die Tschechoslowakei auf dem Campus der Universität Konstanz protestiert. Anfang 1969 war ich erstmals zu einem Soziologen-Kongress nach Bratislava eingeladen, und damals konnte man an den Häusern noch die Parolen des "Prager Frühlings" lesen: "Dubček und Svoboda sind unsere Freiheit" und Ähnliches.

Bei meinem ersten Besuch in Bratislava (Anfang 1969) sah ich übrigens noch Teile des menschenleeren ehemaligen jüdischen Viertels, die Deportation der slowakischen Juden war damals ja noch gar nicht so lange her, und in den folgenden Jahren besuchte ich mit meinem (inzwischen leider längst verstorbenen) Freund MUDr. Libor Kovalčik (Liptovský Mikuláš) einige entweihte, aber zumeist noch recht gut er-

---

[255] 1990–1993 israelischer Botschafter in Prag; 1995–1998 Botschafter in Österreich und Ständiger Vertreter bei den Vereinten Nationen (Wien) und UNIDO (http://www.unido.org/) sowie Botschafter in der Slowakei und in Slowenien mit Sitz in Wien.

[256] Yoel Sher, Zum Frieden unterwegs – Botschaften eines israelischen Botschafters in Österreich, der Slowakei und Slowenien 1995–1998. Konstanz 1998, S. 58 f.; dazu auch: Eberhard Jäckel et al. (Hg.), Enzyklopädie des Holocaust. München 1995, Band III, S. 1322 ff.; http://de.wikipedia.org/wiki/Geschichte_der_Juden_in_der_Slowakei

haltene Synagogen und jüdische Friedhöfe, die mich stark berührten.[257]

*

Die ersten Publikationen in unserer Edition Schoáh & Judaica über jüdisches Leben und Leiden in und aus der Tschechoslowakei erschienen in den Jahren 1992, 1996, 1997, die jüngsten 2018, 2019, 2021.

Die insgesamt 28 (ca. 8% der gesamten Edition) teils kleinen, teils größeren, teils schwächeren, teils sehr starken hier präsentierten Beiträge aus 29 Jahren (die beiden Interviews datieren sogar 1984 und 1985, S. 50 ff. u. 98 ff.) schienen also nur darauf gewartet zu haben, endlich einmal synoptisch publiziert zu werden, was sie teilweise neu gewichtet. Da die Geschichten des Lebens und Leidens in Tschechien und der Slowakei im Kontext der politischen Geschichten dieser beiden Länder jedoch durchaus verschieden sind, stehen sie auch im vorliegenden Sammelband getrennt.

Die 16 Beiträge jüdischer Schicksale in und aus Tschechien beinhalten fast ausschließlich Überlebens- und Nichtüberlebensschicksale, wenngleich von unterschiedlicher Tragik, was auch für die 12 Beiträge über jüdische Schicksale in und aus der Slowakei gilt. Das vorliegende Lesebuch enthält neben zwei bereits publizierten Interviews, durchweg einführende Vor- bzw. Nachworte des Herausgebers, aber auch Originaltexte.

Diese Beiträge sind alphabetisch geordnet, was teils zu krassen Kontrasten führt, die jedoch in Kauf genommen werden, da sie das Nachdenken anregen können; ebenso werden Wiederholungen belassen, weil die einzelnen Beiträge möglichst originalgetreu erhalten bleiben sollten. Vielleicht animiert dieses Lesebuch dazu, sich das eine oder andere besprochene Buch selbst zu besorgen (zumal fast alle Bücher beim Hartung-Gorre Verlag noch erhältlich sind).

Vor Jahren war ich mit Professor Dr. Eduard Goldstücker (hier S. 15 ff.), mit der ehemaligen slowakisch-jüdischen Partisanin "Katka" alias Edith Ernst-Drori (S. 80 ff.), dem "Vogelmann" von Tel Barúch Eitan Porat (S. 118) und anderen Autorinnen und Autoren befreundet. Wer hätte sich in den frühen Anfangsjahren meiner ersten Besuche in der Tschechoslowakei vorstellen können, dass die Universität Konstanz

---

[257] Erhard Roy Wiehn, MenschWerden – Erinnerungen. Konstanz 2012, S. 242 ff.; Erhard Roy Wiehn, InnenAnsichten der Universität Konstanz. Konstanz 2016, S. 106 ff.; Erhard Roy Wiehn, "Oktobertage in der Slowakei", in: Erhard Roy Wiehn, NachLese aus geschenkter Zeit. Konstanz 2015, S. 617 ff.

und die Karls-Universität zu Prag am 8. Oktober 1991 (2021 vor 30 Jahren!) einen Partnerschaftsvertrag schließen würden, an dem ich nicht ganz unbeteiligt und bei dessen Unterzeichnung in Prag ich zugegen war?

In Prag haben wir im Herbst 1992 Jan Wieners *Immer gegen den Strom* und seine nachgeholte Bar Mitzwa in der Altneuschul in Anwesenheit des israelischen Botschafters Yoel Sher und seiner Frau Aviva gefeiert (mit denen wir seither befreundet sind), und Anfang September 2017 haben Avri Fischer (Kfar Masaryk) und ich im Jüdischen Museum Bratislava MUDr. Desider David Fischers *Bunkerblätter* vorgestellt (hier S. 82).[258] Wie schade, dass frühere Freundinnen und Freunde in Tschechien und der Slowakei nicht mehr miterleben konnten, was wir inzwischen auf den Weg gebracht haben.

Für mich waren die Editionsarbeiten an diesem Lesebuch eine Art nostalgische Wiederbegegnung mit unseren Autorinnen und Autoren, von denen ich die meisten persönlich kannte und kenne, mit einigen sogar befreundet war und bin, von denen etliche jedoch leider schon lange nicht mehr leben. Es waren Glücksfälle, mit ihnen oder ihren Nachkommen frühzeitig bzw. rechtzeitig in Kontakt gekommen zu sein, um ihre Schicksale durch unsere Publikationen vor dem Vergessen zu bewahren.

*

"Die Überlebenden der Schoáh verlassen uns langsam", so Yoel Sher weiter, *"still und leise verlassen sie uns, in Israel und in der Diaspora. Die Menschen, die das Inferno erlebt und das Feuer überlebt haben, Menschen, die gelitten haben, Menschen, die sahen und hörten, die Zeugnis ablegen können, Menschen, die erzählen können. Die Zeit hat ihr Werk vollbracht. In wenigen Jahren... wird es niemanden mehr geben, um den Horror zu schildern, nur Bücher, Filme, Zeugnisse und Erinnerungen werden bleiben und uns in alle Ewigkeit begleiten.*

Wir sind deshalb, ungeachtet unserer schwachen menschlichen Sprache, verpflichtet, immer und immer wieder zu schildern und diese Schilderung der Torturen und des Blutvergießens, welche an unserem Volk begangen wurden, von Generation zu Generation weiterzugeben. Wenn wir dies tun, erfüllen wir zumindest einen Teil des letzten Wil-

---

[258] Erhard Roy Wiehn (Hg.) Jüdisches Überlebenstagebuch mit Spätfolgen – Vom Bunkerblätter-Tagebuch aus Bratislava 1944/45 zur Baumpflanzung im Kibbutz Kfar Masaryk 2017 bis zur Buchvorstellung in Bratislava 2017. Ansprachen, Tagebuchnotizen, Fotos. Konstanz 2018.

lens derer, die dem unvermeidlichen Tod ins Auge sahen. Es war oft der letzte Gedanke des Opfers, hinausgeschrien und uns hinterlassen: Irgend jemand muss überleben, um die Wahrheit zu verkünden! An den Todeswänden und den Vernichtungsstätten schrieben sie mit dem Blut ihrer Wunden: 'Erzähle es der nächsten Generation!'"[259]

5. März 2021

21. Jüdische Schicksale in und aus der Ukraine*

Die Südwest-Ukraine war mir durch Martin Bubers (1878-1965) Chassidische Geschichten seit den 1950er Jahren gut bekannt.[260]

Im September 1989 besuchte ich erstmals zusammen mit meiner Frau Mirjam die Ukraine im Zusammenhang einer möglichen Partnerschaft zwischen der Universität Konstanz und der Kiewer Nationalen Wirtschaftsuniversität, damals noch in der Sowjet-Ukraine und der Union der Sozialistischen Sowjetrepubliken (UdSSR). Schon im Frühjahr 1990 wurde dieser erste Partnerschaftsvertrag in Kiew unterzeichnet, dem im Oktober 1992 der zweite Partnerschaftsvertrag mit der Kiewer Nationalen Taras Schewtschenko Universität folgte.

Viele Jahre war ich alsdann Beauftragter meiner Universität für diese Partnerschaften, die sich in der unabhängigen Ukraine bald gut entwickeln konnten und mich im Rahmen dieser universitären (aber auch humanitären) deutsch-ukrainischen Aktivitäten bis März 2019 nicht weniger als 76 Mal in die Ukraine führten, wobei ich viele dieser Arbeitsbesuche auch für meine deutsch-ukrainisch-jüdisch-historischen Interessen nutzen und überdies zahlreiche historische Orte besuchen konnte, sowohl hinsichtlich der jüdischen Geschichte in der Ukraine als auch bezüglich des Zweiten Weltkriegs.

Dementsprechend datieren unsere frühen Ukraine-Buchpublikationen bereits in den Jahren 1992, 1993 und 1999, die jüngsten 2016, 2018, 2020, und insgesamt ist eine durchaus ansehnliche Literaturliste entstanden (vgl. S. 176 f.), sodass es nahelag, mit der vorliegenden

[259] Yoel Sher, Zum Frieden unterwegs – Botschaften eines israelischen Botschafters in Österreich, der Slowakei u. Slowenien 1995–1998. Konstanz 1998, S. 74 u. 92.

* **In: Erhard Roy Wiehn (Hg.) Jüdische Schicksale in und aus der Ukraine – Ein Lesebuch der Edition Schoáh & Judaica. Konstanz (April) 2021, S. 7/8.**

[260] Martin Buber, Die Erzählungen der Chassidim. Zürich 1949.

Sammlung, einmal eine Auswahl von Texten synoptisch vorzustellen: Es handelt sich um 20 zumeist einführende Vorworte, davon betreffen 15 die Schoáh in der Ukraine, drei Lyrik und Philosophie und zwei Universitätspartnerschaften in Kiew, also den Brückenbau in die Zukunft (dementsprechend auch die Umschlagfotos).

Die vorliegende Auswahl unter dem Titel eines *Ukraine*-Lesebuchs vorzustellen, ist freilich insofern etwas gewagt und vielleicht irritierend, als auf dem Territorium der heutigen Ukraine verschiedene Gebiete im Verlauf von etwa 80 Jahren teilweise mehrfach die Staatszugehörigkeit wechselten – so gehörten die deutschsprachig-jüdisch geprägt gewesene Stadt Czernowitz samt der Bukowina, dem Buchenland, bis 1918 zur k.u.k. Donaumonarchie, bis 1941 zu Rumänien, dann kurzzeitig zur UdSSR, bald wieder kurzzeitig zu Rumänien, seit 1943 wieder zur UdSSR bzw. zur Sowjetukraine und seit 1991 zur unabhängigen Republik Ukraine. Entsprechend wechselten die Staatssprachen von Deutsch über Rumänisch und Russisch zu Ukrainisch; ebenso wurden große Bevölkerungsteile "ausgetauscht"; denn die Juden "verschwanden" durch die Schoáh, viele Rumänen gingen nach Rumänien, und die Sowjetmacht hatte ihre eigene Bevölkerungspolitik betrieben und gezielt Russen angesiedelt.

Dieser enorme soziale, kulturelle und religiöse Wandel wird hier pragmatisch zu lösen versucht: Die dokumentierten Schicksale sind alle eindeutig zeitlich verortet, zu welchem Staat sie auch immer gerade gehörten bzw. unter welcher Administration oder Herrschaft sie jeweils standen. Mein Beitrag über Iwan Franko (1856-1916), der von Roman Mnich über Iwan Franko, Theodor Herzl und Martin Buber sowie mein Beitrag über Lesja Ukrainka (Larissa Petriwna Kossatsch, 1871-1913) fallen in die Zaren-Zeit, und die beiden letzten Partnerschaftsbeiträge sind zwar noch von der Kriegsvergangenheit beeinflusst, wollen aber diese Vergangenheit wie Brücken in die Zukunft transformieren.

Wie die Lesebücher der Edition Schoáh & Judica (vgl. S. 177 f.), so sind auch die Beiträge dieses Lesebuchs alphabetisch geordnet, was teilweise zu drastischen Schnitten führt, die aber bewusst in Kauf genommen werden, ebenso Wiederholungen, welche die Texte leichter am Stück lesbar machen. Für mich waren die Editionsarbeiten nostalgische Wiederbegegnungen mit Autorinnen und Autoren, von denen ich etwa die Hälfte persönlich kannte, mit einigen war und bin ich befreundet, manche leben leider schon lange nicht mehr. Es war ein

Glück ihnen rechtzeitig begegnet zu sein, um ihre Schicksale durch unsere Publikationen unvergessen machen zu helfen.

In der Ukraine hatte ich vor mehr als 30 Jahren ein Stück Europa völlig neu entdeckt, große Gastfreundschaft erfahren, Freundschaften erlebt und am universitären Brückenbau für die Zukunft Europas mitwirken können. Deshalb ist dieses kleine Ukraine-Lesebuch auch ein großer Dank an alle, mit denen ich in diesen Jahren zusammenarbeiten durfte und an den Himmel, dass er mir diese Chance schenkte und mich befähigte, sie wahrzunehmen. – Barúch haSchém –Barúch ha-Makóm! – 18. März 2021

22. Zum Lebensweg des Dillinger Arztes Dr. Hans Wienskowitz*

Christine Lipp-Peetz' *Wohin die Reise geht - Der Weg des Dillinger Arztes Dr. Hans Wienskowitz durch Demütigungen und Entrechtungen nach Theresienstadt in den Tod* ist eine einzigartige Hommage an einen Arzt und Menschen, schwergewichtige Erinnerungsarbeit des Horrors der nationalsozialistischen Terrorherrschaft in Deutschland und im deutschbesetzten Europa.

Christine Lipp-Peetz zeichnet aus vielen Quellen und anhand zahlreicher Fotos und Dokumente (manche waren technisch leider nicht verbesserbar) das Leben des Arztes Dr. Hans Wienskowitz (1888-1945), seiner Familie und Verwandten ebenso akribisch wie mitfühlend nach, sodass man diesen im Dritten Reich gar nicht und doch einmaligen Lebensweg hier unweigerlich intensiv miterlebt und miterleidet, das ganze Ausmaß der bürokratischen Brutalität der Täter, die Schadenfreude der Mitläufer und Profiteure. Ebenso erlebt man die Nöte des Sohnes Carl Ludwig (1921-2012) in der Schule und danach, eines sogenannten "Mischlings 1. Grades", ebenso der Kummer der Eltern des Arztes (der Vater ebenfalls Arzt) sowie die Leiden der Verwandten in Dresden.

Man wird aber auch stark berührt vom Mut und der Tapferkeit von Dr. Hans Israel Wienskowitz' Ehefrau Else, die keine Jüdin, sondern "Arierin" war, mehrfachen Aufforderungen zur Scheidung widerstand

* **In: Christine Lipp-Peetz, Wohin die Reise geht – Der Weg des Dillinger Arztes Dr. Hand Wienskowitz durch Demütigungen und Entrechtungen nach Theresienstadt in den Tod 1888-1945. Konstanz (Mai) 2021, S. 386.**

- für ihren Mann lange Zeit in "privilegierter Partnerschaft" die überhaupt einzige und entscheidende Lebens- bzw. Überlebensversicherung. Dr. Wienskowitz war mit der Heirat zum Protestantismus übergetreten, was ihn aber spätestens durch die Nürnberger Gesetze 1935 mitnichten schützte, vielmehr wurde er in einen schmerzlichen Prozess der Identitätsveränderung gezwungen und durch das NS-Regime unweigerlich wieder zum *Juden* gemacht, der nur für wenige Mitbürgerinnen und Mitbürger vor Ort ein *Mensch* blieb.

Tragischerweise wurde Dr. med. Hans Wienskowitz noch am 20. Januar 1945 von Augsburg aus in das sogenannte "Privilegierten"-KZ Theresienstadt verschleppt, infizierte sich bei seiner ärztlichen Tätigkeit im KZ-Hospital am 10. Mai 1945 mit Typhus und starb – nachdem Theresienstadt bereits am 5. Mai 1945 von der SS dem IKRK übergeben worden und am 8. Mai 1945 die Rote Armee eingetroffen war. Weil der genaue Zeitpunkt seines Todes unbekannt ist, wurde dieser auf den 17. Mai 1945 festgesetzt.

Christine Lipp-Peetz schildert auch das schwierige Leben der Hinterbliebenen danach, den ebenso ärgerlichen wie traurigen Kampf mit der deutschen Bürokratie um Entschädigung für das erlittene unikale Unrecht. – Auch angesichts der fast unüberschaubar gewordenen Holocaust-Literatur ist Christine Lipp-Peetz' *Wohin die Reise geht* zweifellos ein Meisterwerk und für Familie Dr. Hans Wienskowitz ein bleibendes Denkmal. – 13. März 2021

23. Gertrud Feiertag und das jüdische Landschulheim in Caputh*

Vor 26 Jahren hatte ich mit Brigitte Pimpl den Sammelband *Was für eine Welt – Jüdische Kindheit und Jugend in Europa 1933-1945* (Konstanz 1995, 171 Seiten) herausgegeben; vor 24 Jahren erschien in unserer Edition Schoáh & Judaica von Christoph Schwarz, *Verfolgte Kinder und Jugendliche aus Baden-Württemberg 1933-1945* (Konstanz 2007, 2. u. aktual. Auflage 2009, 249 Seiten). Inzwischen konnten wir nicht wenige weitere Bücher publizieren, in denen es auch um jüdische Kinder und Jugendliche in der Schoáh geht (S. 117 ff.),

---

*** Manfred Berger, Gertrud Feiertag und das Jüdische Landschulheim Caputh – Eine Dokumentation zur Bildungs- und Erziehungsgeschichte in den Jahren 1931 bis 1933. Konstanz (Mai) 2021, S. 114-116.**

zuletzt *Jüdische Kinder und Jugendliche in der Schoáh – Ein Lesebuch der Edition Schoáh & Judaica* (Konstanz 2021, 218 Seiten).

In meinem Vorwort zu *Was für eine Welt* hatte ich geschrieben: "Der ebenso bizarre wie schlichte Steingarten zum Gedenken an die Ermordeten von Treblinka war diesbezüglich das Bewegendste, was ich bis 1983 gesehen hatte. Unvergleichbar, aber in seiner Art vielleicht noch stärker ist die Kindergedenkstätte von Moshe Safdie (1987) für die eineinhalb Millionen unter deutscher Herrschaft ums Leben gebrachten Kinder in Yad Vashen, der nationalen Gedenkstätte Israels in Jerusalem. [261] – Kinder im Krieg sind stets die allertraurigsten Opfer, ob sie sterben oder überleben. Denn Sie sind ganz bestimmt nicht schuldig, sei ihr Land Aggressor oder Opfer. Wie in vielen Kriegen vorher, nachher und bis zum heutigen Tag wurde der Tod vieler Kinder auch im Zweiten Weltkrieg "natürlich" von der deutschen NS-Regierung inkauf genommen. Der Mord an eineinhalb Millionen jüdischer Kinder in allen deutschbesetzten Gebieten war, ist und bleibt jedoch etwas völlig anderes als der "normale" Kriegstod. Wie nämlich die Juden als "Untermenschen" so wurden auch jüdische Kinder und Jugendliche einfach deshalb vernichtet, weil sie den herrschenden deutschen Herrenmenschen schlichtweg nicht lebenswert erschienen. Darin zeigt sich nicht nur einmal mehr die völlig Absurdität der nationalsozialistischen Begründungsideologie bezüglich der "Endlösung der Judenfrage" überhaupt, sondern auch die totale Barbarei ihrer Vollstreckung, was unbedingt auch für Sinti- und Romakinder gilt. Man schätzt, dass nicht mehr als 10 Prozent der jüdischen Kinder in Europa die Schoáh überlebten. – Wenn eines Tages viele Einzelheiten dieser schrecklichen 12 Jahre des "Tausendjährigen Großdeutschen Reiches" und der Schoáh sowie der sechs Jahre des Zweiten Weltkriegs noch mehr in Vergessenheit geraten sein werden, dann wird doch diese Schandtat der Schandtaten noch immer und auf ewig im kollektiven Gedächtnis der Menschheit verbleiben.

*

Manfred Berger legt hier nun eine faszinierende Dokumentation über ein ziemlich einmaliges Projekt einer einzigartigen Frau vor: Gertrud Feiertag (1890-1943)[262] und ihr *Jüdisches Landschulheim Caputh* bei

---

[261] https://de.wikipedia.org/wiki/Denkmal_für_die_Kinder_in_Yad_Vashem

[262] https://de.wikipedia.org/wiki/Gertrud_Feiertag; http://www.frauenorte-brandenburg.de/index.php?article_id=82

Potsdam. Diese Reformpädagogin war nach ihrer Kindergärtnerinnen- und Jugendleiterinnen-Ausbildung zunächst in einem jüdischen Kindererholungsheim auf der Insel Norderney tätig. Dann gründete sie das Jüdische Landschulheim Caput, das am 1. Mai 1931 eröffnet wurde und von Manfred Berger gewissermaßen fachkundig von innen gezeigt wird, und zwar von der *äußeren und inneren Entwicklung* (S. 22 ff.) über *Die Anfangsjahre* (S. 24 ff.), *Pädagogische Konzeption und Alltag in Heim und Schule* (S. 28 f.), *Erziehung der Kinder zu ihrem Selbst* (S. 29 ff.), *Musische Förderung und lebenskundlicher Unterricht* (S. 32 ff.), *Gestaltung jüdischer Feste und Feiern* (S. 38 ff.), *Fremdsprachen, Sport und politische Bildung* (S. 43 ff.) bis zu *Jahre der NS-Zeit,* zum gewaltsamen Ende des Landschulheims im Zuge des Novemberpogroms 1938 und zur Deportation von Gertrud Feiertag und ihrer Ermordung in Auschwitz-Birkenau 1943.

"In der Caputher Enklave stand die Lebensgemeinschaft im Zentrum des pädagogischen Geschehens," schreibt Manfred Berger, "in der und durch die der Einzelne zu seiner Persönlichkeit reifen konnte. Unterricht, Arbeit und soziales Leben waren unter einem Dach vereinigt. Ein weiteres wesentliches Merkmal war, dass Lehrer*innen und Erzieher*innen ihren 'Zöglingen' mit Respekt begegneten, diese als eigenständige Individuen anerkannten, annahmen, führten und begleiteten, beschützten und hinsichtlich ihrer jüdischen Herkunft stärkten. Besonders auf schöngeistige Bildung wurde Wert gelegt: Theater, Musik, Malerei, Literatur oder Ausflüge in die nähere Umgebung standen im Zentrum des Schul- und Heimalltags." (S. 13)

"Gertrud Feiertags Lebenswerk lebt trotz Zerstörung durch die Nazis weiter, muss in der deutschen Öffentlichkeit weiterleben", so Manfred Feiertag in seinem Epilog, "denn, wie der spanische Philosoph und Schriftsteller George de Santayanas konstatierte, ist jener, der die Geschichte nicht kennt, dazu verdammt, sie zu wiederholen. (...). Gerade im Jahr 2021, in dem Deutschland auf eine 1700-jährige Geschichte jüdischen Lebens zurückblicken kann, ist es wichtig und notwendig, die Erinnerung an die Schoah und den ungeheuren menschlichen wie kulturellen Verlust zu bewahren, an Gertrud Feiertag und ihrem Kinder- Landschulheim zu erinnern, damit ihre Spuren nicht von der schnelllebigen Zeit verweht werden." (S. 58)

*

Manfred Berger ist für seine Erinnerungsarbeit herzlichen zu danken, seine Intension und Dokumentation passt bestens in unsere Edition Schoáh & Judaica, erweitert und bereichert unsere Kindersektion.

Gertrud Feiertag erinnert an den Pädagogen und Schriftsteller Dr. Janusz Korczak (Henryk Goldszmit), der sich mit seinen Waisenkindern im Sommer 1942 in den ersten Gruppen der Deportierten aus dem Warschauer Ghetto befand, und ein Augenzeuge berichtet: "Ich muss hier noch einmal die banalen Worte wiederholen, dass es keine solche Feder gibt, mit der dieses furchtbare Bild beschrieben werden könnte... 200 Kinder standen zu Tode erschrocken da. Gleich würden sie bis auf das Letzte erschossen werden. Und dann geschah etwas Außergewöhnliches: Diese 200 Kinder schrien nicht, 200 unschuldige Wesen weinten nicht, keines von ihnen lief davon, keines verbarg sich. Sie schmiegten sich nur wie kranke Schwalben an ihren Lehrer und Erzieher, ihren Vater und Bruder, an Janusz Korczak, damit er sie behüte und beschütze. Er stand in der ersten Reihe. Er deckte die Kinder mit seinem schwachen, ausgemergelten Körper. Die Hitlerbestien nahmen keine Rücksicht. Die Pistole in der einen, die Peitsche in der anderen Hand bellten sie: 'Marsch!' – Wehe den Augen, die dieses furchtbare Bild mitansehen mussten. Janusz Korczak, barhäuptig und mit einem Lederriemen um den Mantel, mit hohen Stiefeln, gebeugt, hielt das jüngste Kind an der Hand und ging voraus. Ihm folgten einige Schwestern in weißen Schürzen und dann kamen die 200 frischgekämmten Kinder."[263] – 6. April 2021

24. Gekommen um zu bleiben

Geschichten der Heimkehr als Israel-Lesebuch[*]

"(12) Deshalb tritt als Prophet auf und sage zu ihnen: So spricht Gott, der Herr: Ich öffne eure Gräber und hole euch, mein Volk, aus euren Gräbern herauf. Ich bringe euch zurück ins Land Israel. (13) Wenn ich eure Gräber öffne und euch, mein Volk, aus euren Gräbern heraufhole, dann werdet ihr erkennen, dass ich der Herr bin. (1$) Ich

[263] Bernard Mark, Der Aufstand im Warschauer Ghetto. Berlin (Ost) 19957, S. 110 f.

[*] **Erhard Roy Wiehn (Hg.), Geschichten der Heimkehr – Lebenswege nach und in Israel. Ein Lesebuch der Edition Schoáh & Judaica. Konstanz (Mai) 2021, S. 9-34.**

hauche euch meinen Geist ein, dann werdet ihr lebendig und ich bringe euch wieder in euer Land. Dann werdet ihr erkennen, dass ich der Herr bin. Ich habe gesprochen und ich führe es aus." (Ezechiel, 37, 12-14; 6. Jahrhundert v.u.Z.)[264]

*

Mein allererster Zeitungs- bzw. Zeitschriftenartikel war ein kurzgefasster Reisebericht über meine erste Israelreise im Sommer 1958 unter dem Titel: "Jerusalem zu beiden Seiten des Niemandslandes".[265] Damals spürte ich ganz genau, dass etwas in meine Seele gefahren war, das mich nie mehr loslassen würde. - Unsere erste unikale gemeinsame Israelreise im Sommer 1985 beschrieben Mirjam Wiehn und ich entsprechend in: *Dajénu – Tagebuch einer Israelreise* (Konstanz 1986, 2. Erw. Auflage 1987).

Seit 1984/86 hatte sich dann meine *Edition Schoáh & Judaica* im Hartung-Gorre Verlag (Konstanz) zu entwickeln begonnen,[266] und die ersten Publikationen von *Heimkehren* nach Erez Israel (Palästina)[267] bzw. Israel erschienen bereits 1994, 1995, 1996, die bisher jüngsten 2018, 2019, 2020. Die frühesten hier versammelten *Heimkehrer* ins Land der Väter und Mütter in unserer Edition waren Leo Picard 1924, Schlomo Marcus 1931, Hanna Blitzer und Nathan Höxter 1933, Gretel Baum und Fritz Joseph Heidecker 1934 sowie Schalom Ben-Chorin 1935; ihnen folgten Uri Toeplitz 1936, Tutti Jungmann-Bradt 1937, Alice Schwarz-Gardos und Sami Scharon 1939 sowie Yoel Sher 1940; die jüngsten *Heimkehrer* waren Margit Bartfeld-Feller mit Familie und Emil Wenkert 1990 sowie Herman Konradowitsch Abraham 1999.

Die insgesamt 65 Heimkehrerinnen (23) und Heimkehrer (42) kamen aus 12 Ländern, und zwar 20 aus Deutschland, 13 aus Rumänien, je 8 aus Tschechien und der Slowakei sowie aus Polen, je 4 aus Österreich und Ungarn, je 2 aus Jugoslawien und Litauen, sowie je 1 aus Frankreich, Griechenland, den Niederlanden und der Schweiz. 29 von ihnen kamen schon vor 1948, dem Jahr der Staatsgründung, ins Land, davon 8 Frauen und 21 Männer; 1 Frau und 5 Männer kamen 1948.

---

[264] Einheitsübersetzung der Universität Innsbruck: https://www.uibk.ac.at/theol/leseraum/bibel/ez37.html

[265] Abgedruckt in: Erhard Roy Wiehn, AusLese II. Konstanz 2019, S. 478 f.

[266] Da waren wir im Hinblick auf die Aktualität der Thematik ziemlich up to date.

[267] Else Lasker-Schüler (1869-1945) nannte es in ihrem Reisebericht *Das Hebräerland* (1937).

In unserer Edition Schoáh & Judaica verzeichnen wir im April 2021 insgesamt 342 Titel, darunter etliche Mehrfachveröffentlichungen derselben Autorinnen und Autoren, Überlebensgeschichten, die nicht nach Israel führten sowie Judaica, die nicht direkt mit *Heimkehr* nach Israel zu tun haben. Die hier präsentierten 65 *Geschichten der Heimkehr*[268] umfassen also etwas mehr als ein Fünftel unserer Edition und damit ziemlich vollständig alle von uns publizierten *Heimkehr*-Geschichten.

Die folgenden teils kurzen, teils längeren *Geschichten der Heimkehr* sind naturgemäß recht verschieden, jedoch darin gleich, dass *Heimkehr als Heimkehr* empfunden wurde, also dahin zu gelangen und gelangt zu sein, wo man hingehörte, und zwar um dort zu bleiben (dafür steht symbolisch die Eiche im Kibbuz Kfar Masaryk auf der Umschlag-Rückseite).[269]

Der Untertitel unseres Lesebuchs lautet *Lebenswege nach und in Israel*, weil es eben zunächst und vor allem um *Lebenswege nach Israel* geht; da jedoch im Land nicht alle sofort dort angekommen waren, wohin sie wollten, sondern nach und nach erst noch ihren Ort suchen und finden mussten, deshalb geht es hier auch um *Lebenswege in Israel.*

Das vorliegende Israel-Lesebuch enthält Originaltexte von Autorinnen und Autoren, vor allem und durchweg aber Einführungen des Herausgebers. Diese Texte sind alphabetisch angeordnet, was teils zu krassen Kontrasten führt, die jedoch bewusst in Kauf genommen werden, ebenso verschiedene Wiederholungen. *Synoptisch* betrachtet bekommen diese Beiträge einen zusätzlichen neuen Stellenwert. Als Titel der einzelnen *Heimkehr*-Geschichten wurden die Haupttitel der Bücher der Autorinnen und Autoren gewählt, für die Einführungen des Herausgebers wurden dessen Überschriften beibehalten.

Einige Autoren haben ihren Buchtiteln eine klare *Heimkehr*-Aussage bzw. Konnotation gegeben: 1) David Guttmann: *Schwierige Heim-*

---

[268] Erhard Roy Wiehn: "Holocaust-Opfer als Kibbuz-Pioniere" (S. 312 ff.) enthält mehrere Geschichten der Heimkehr, die jedoch nicht einzeln kommentiert werden.

[269] Bis auf David Murlakow, der nach Deutschland ging und hier eine ziemlich unikale Karriere als Hotelier und Gastronom machte (hier S. 211 ff.). - Darüber hinaus gibt es weitere Heimkehrerinnen und Heimkehrer, die nicht in der altneuen Heimat geblieben sind, die der Herausgeber vor Jahren interviewt und die Interviews inzwischen veröffentlicht hat; sie werden hier in einem Interview-Anhang kurz vorgestellt (S. 318 ff.).

kehr; 2) Franz Joseph Heidecker, *Die Brunnenbauer;* 3) Nathan Höxter, *Jüdische Pionierarbeit*; 4) Schlomo Marcus, *Judentum und Israel;* 5) Gerschon Monar, *Verpflanzt und neu verwurzelt;* 6) Leo Picard, *Vom Bodensee nach Erez Israel;* 7) Erhard Roy *Wiehn, Wer hätte das geglaubt.*

***

Friedrich Dürrenmatt (1921-1990), der erklärte Freund Israels, schrieb in *Zusammenhänge* (Zürich 1985): "was aber das jüdische Volk betrifft, so spielte sich seine Geschichte der Hauptsache nach ohne Staat ab und, noch erstaunlicher, auch ohne sein Land, aus dem es immer wieder vertrieben wurde und in das es immer wieder zurückkehrte." (S. 23) – "Der Plan, den Staat Israel zu gründen, vermochte nur verwirklicht zu werden (…), auch dank einer nie aussetzenden Dialektik, die nie aufhörte, in Israel das Land des Ursprungs zu sehen, die dieses Land nie vergaß, die so, von der Diaspora her, die Voraussetzung schuf, Reste des jüdischen Volkes ins alte Land hinüberzuretten." (S. 41) – "Zweitausendfünfhundertdreißig Jahre, mehr als hundert Generationen danach, wurde Israel gegründet, eines der abenteuerlichsten Unterfangen der Weltgeschichte." (S. 47)

Der Psalmist hat uns diesbezüglich prophetischen Worte hinterlassen: "1 Wenn der Herr die Gefangenen Zions erlösen wird, so werden wir sein wie Träumende. 2 Dann wird unser Mund voll Lachens und unsere Zunge voll Rühmens sein. Dann wird man sagen unter den Völkern: Der Herr hat Großes an ihnen getan! 3 Der Herr hat Großes an uns getan; des sind wir fröhlich." (Psalm 126, Lutherbibel)[270]

Folgende ausgewählte Geschichten aus den *Geschichten der Heimkehr* vermitteln Gedanken und Gefühle der Heimkehrerinnen und Heimkehrer bei der Annäherungen das Land bzw. bei der Ankunft im Land Israel und später: Begeisterung und Ergriffenheit bei der Verwirklichung eines Traums, Sprachlosigkeit, aber auch die unmittelbare und krasse Konfrontation mit dem bevorstehenden bzw. schon herrschenden Unabhängigkeitskrieg sowie Sorgen um die Zukunft und manches andere mehr. Diese Kurzfassungen mögen Interesse wecken an den folgenden Haupttexten, vor allem aber an den Büchern selbst.

Herman Konradowitsch Abraham (Rumänien/Sibirien): "Israel, meine Liebe" (hier S. 42): "Ich bin nicht imstande, die Gefühle zu

[270] https://www.bibleserver.com/LUT/Psalm126; vgl. Pessach Hagada. Basel 1989, S. 40.

schildern, die mich im Verlauf dieser Reisen erfassten. Es gibt keine Worte, die diesen geistigen Zustand beschreiben könnten." (S. 43) "Seither sind fast 11 Jahre unbemerkt vergangen, in deren Verlauf wir viele Ausflüge machten, um unsere alt-neue Heimat kennenzulernen. Jedes Mal geraten wir in Entzückung über das Gesehene – und das bis heute!" (S. 18) "Wir saugen die Schönheiten des Landes in uns auf, und wir bewundern und beneiden die Menschen, denen es allen Feinden zum Trotz gelungen ist, unsere Heimat nach tausendjähriger Verwüstung neu zu schaffen. Mir bleibt nur zu bedauern, dass ich an diesem Aufstieg aus der Asche des israelischen Phönix nicht teilgenommen habe." (S. 18)

Marianne Ahlfeld-Heymann (Deutschland): "(...) endlich die Auswanderung ins damalige Palästina kurz vor der Gründung des Staates Israel, die kurzzeitige Versuchung, nach Deutschland zurückzukehren, endlich der Entschluss, im Lande zu bleiben, die ersten fünfzig Jahre eines Lebens, das man nicht erfinden könnte, wenn es nicht so gelebt worden wäre." (hier S. 48.)

"Von Haifa kamen zur Begrüßung kleine Boote, um uns Orangen zu bringen. (...)" – "Als ich am ersten Morgen wach wurde und das helle Zeitzeichen aus dem Radio hörte, ergriff mich eine unbeschreibliche Freude und Erleichterung: Endlich, endlich 'gelandet', keine Angst mehr, im eigenen Land und bei Freunden!" (S. 24)

Margit Bartfeld-Feller (Rumänien/Czernowitz/Sibirien): "Nach einem fast vierstündigen Flug wurden die märchenhaften Abendlichter von Tel Aviv sichtbar. Uns überfiel allmählich ein Glücksgefühl, welches nach unserem so unendlich schweren 'Hürdenlauf' übermenschlich groß war. " (hier S. 56.) - "Fast zehn Jahre sind verstrichen, seit ich von Sibirien nach Israel einwanderte. Die Freiheit, die auf mich wartete, habe ich intensiv genossen, indem ich meine Zunge löste und über alles erzählte und schrieb, worüber ich in den 50 schweren Jahren der Verbannung schwieg. Es verfolgt mich immer noch eine tiefe Trauer um die schwer betroffenen, vor Hunger und Kälte in Sibirien umgekommenen Czernowitzer Landsleute, die sich nicht mehr retten konnten und in der ewig gefrorenen Erde begraben wurden." (S. 31)

Alexander Barzél (Ungarn): Schóscha Barzél: "Wir haben diesen schrecklichen Krieg überlebt, sind nach Erez Israel gekommen, haben geholfen, unseren Staat aufzubauen, haben einen Kibbuz geschaffen und natürlich eine Familie gegründet. Wir haben unsere Ideale verwirklicht. (...) - An seinem [Alex'] frischen Grab habe ich mich von ihm verabschiedet und ihm gesagt: 'Mein Geliebter, wir haben alles getan, was wir damals als junges Paar geplant hatten. Wir erlebten zusammen ein wunderbares Leben. Zwar ist unser Staat nicht vollkommen, unser Kibbuz ist nicht mehr ganz so ideal, aber unsere Familie ist so musterhaft, wie wir beide es erträumten. - Ich danke Dir, dass Du mir eine so warme, liebende Familie geschenkt hast. Ruhe in Frieden!'" (S. 32)

Gretel Baum-Merόm **(Deutschland):** "Mein Weg lag vor mir, und ich fühlte keinerlei Bedenken oder Zweifel. So machte ich mich im April 1934 auf den Weg ins Gelobte Land und verließ leichten Herzens meine Familie und Freunde sowie die Kultur, mit der ich aufgewachsen war." (S. 37)

"Am 30. April 1934 landeten wir in Jaffa, wo wir von der Schiffsleiter in ein Boot springen mussten, weil es dort überhaupt keine Möglichkeit zum Anlegen gab. Es war alles sehr exotisch und romantisch, und so wurden wir von Arabern in heftig schaukelnden Booten an Land befördert." (S. 40)

"Am späten Nachmittag kamen wir an unserem Bestimmungsort an. Der ganze Méschek war zu unserem Empfang auf den Beinen. Die Tische waren zum Abendessen festlich gedeckt, einfache lange Holztische mit ebensolchen Bänken; es gab sogar Tischtücher." (S. 41)

Grete Beck-Klein **(Österreich):** In ihrem CV schreibt Grete Beck-Klein: "geboren am 28. Oktober 1918 in Wien; im März 1938 von der Universität Wien ausgeschlossen, ging im Februar 1939 als Hausgehilfin nach England. Nach dem Krieg studierte sie am Birkbeck College der Universität von London; 1949 dort B.A. – 1949 Heirat, 1950 Geburt der Tochter Gabriella. – 1950 Auswanderung nach Israel, dort noch zwei Kinder geboren: 1952 Sohn Michael, 1958 Tochter Monica. 1960/62 an der University of California in Los Angeles Studium der Logopädie, dann Leiterin einer Klinik für Logopädie in Haifa; jetzt im Ruhestand, seit 1995 verwitwet; zwei Enkelkinder." (S. 47 f.)

Jehuda Beiles **(Litauen):** "Schließlich hieß es, wir näherten uns Palästina, und wenig später erblickten wir am Horizont Haifa. In derselben Nacht konnten wir die Lichter des Karmel ausmachen und stimmten tief bewegt die 'Hatíkva' an.[271] Als die Hymne in den Himmel stieg, weinten wir vor Freude und Erleichterung, dass wir endlich das Gelobte Land erreicht hatten. Eine weitere Nacht mussten wir auf dem Schiff verbringen, ohne dass jemand vor Aufregung hätte schlafen können. Studenten empfingen uns mit blau-weißen Fahnen am Hafen,

---

[271] Hatíkva (Hatíkvah, haTíkwa) – die Hoffnung; seit 1897 die Hymne der zionistischen Bewegung; seit 1948 Nationalhymne des Staates Israel; das Ende des Textes wurde damals geändert: Statt der Hoffnung, die Juden möchten in das Land ihrer Vorväter zurückkehren, heißt es in der Nationalhymne: "... und zu sein ein freies Volk, in unserem Land Zion und in Jerusalem." https://www.hagalil.com/iwrith/hatikvah.htm

und die von britischen Soldaten begleiteten Busse warteten in Sichtweite. - Es ist mir unmöglich, meine Empfindungen zu beschreiben, als ich erstmals Fuß auf das Gelobte Land setzte. Es war - könnte man sagen - himmlisch." (S. 54 f.)

Schalom Ben-Chorin **(Deutschland)**: "Wer sich zu Israel bekennt, bekennt sich zu einem Volk und zugleich zu einem Gottesbund, der im Bewusstsein dieses Volkes geschlossen wurde. Das dritte Element aber ist das Land. Im Bundesschluss verheißt Gott seinem Volk sein Land. So ist diese Dreiheit eine Einheit. Gott, Volk und Land Israel. Das war für mich nicht nur ein Theologumenon, sondern Leitwort meines Lebens. 1935 entschied ich mich. (…) denn es wurde mir klar, dass meine Destination das Land Israel war. (…) Hier [in Jerusalem[272]] entstand vor allem meine Triologie 'Die Heimkehr' […]" (S. 84)

Lilli Bernhard-Ithai **(Deutschland)**: "Juni 1945 Einwanderung nach Israel (damals Palästina) und seit damals Mitglied im Kibbuz Gat;[273] 1950 Schnellkurs für Lehrer im Kibbuz-Seminar in Tel Aviv; 1951/79 Lehrerin im Rahmen der Jugendalija, der Jewish Agency für Erwachsene, in der Mittelschule des Kibbuz und in Kirjat Gat; dazwischen Vervollständigung des Studiums; 1979/93 Sekretärin des Industrieunternehmens des Kibbuz Gat; 1993/96 Halbtagsarbeit im Kibbuz; seit Juni 1998 verwitwet; ein Sohn und zwei Töchter in den Kibbuzim Gat und Dan, 10 Enkel." (S. 60)

Rachel Bernheim-Friedmann **(Transkarpatien/Tschechoslowakei)**: "Ihr in den Augen der britischen Mandatsmacht illegaler Einwanderungsversuch bringt Rachel statt nach Erez Israel zunächst in ein britisches Internierungslager auf Zypern, dann endlich im September 1947 'ins Land', wo sie ihren Bruder wiedersieht, sofort in den Unabhängigkeitskrieg gerät und ein halbes Jahr nach ihrer Einwanderung den Kibbuz und dort auch den Mann ihres Lebens findet. Der Tod des einzigen Sohnes im Jom-Kippur-Krieg 1973 bleibt ein unvergänglicher Schmerz." (S. 62)

Isiu Bessler **(Rumänien)**: "Nach 15-jähriger Wartezeit [in Rumänien] hatte es Isiu Bessler schließlich dann doch geschafft, und am 27. August 1973 konnte er mit Nella und Sani (Söhnchen Sandford) mit ei-

---

[272] "Die jüdische Bevölkerung Jerusalems, der Verwaltungshauptstadt des Jischuws [der jüdischen Ansiedlung] vermehrte sich ebenfalls schnell. Lebten 1922 erst 33.391 Juden dort, waren es 1931 schon 51.222 und nur vier Jahre später schätzungsweise 70.000, bei einer Gesamteinwohnerzahl von etwa 120.000." Jay Geller, Die Scholems. Berlin 2020, S. 257 f.

[273] https://en.wikipedia.org/wiki/Gat_Israel

nem One-Way-Ticket nach Israel abfliegen: 'Als wir nachts ins Flugzeug stiegen, waren wir erschöpft, wussten jedoch zugleich, dass ein Kapitel unseres bisherigen Lebens nun zu Ende gegangen war.' (S. 116) Und dann: 'Ich kann unsere Freude nicht wiedergeben, als wir am 17. September 1973 unsere zukünftige Wohnung im Merkaz Klita von Kirjat Yam besichtigten.' (10 km nördlich von Haifa) Später gab es dann eine endgültige Wohnung für die Neueinwanderer im Süden der Stadt Haifa." (S. 65)

Hanna Blitzer (Deutschland): "'Ich kann nicht anders schreiben als in meiner Muttersprache', sagte Hanna Blitzer vor einiger Zeit in einem Interview, und das tut sie seit Jahrzehnten, schreibt Gedichte und Zeitungsbeiträge." (S. 69) – "Hanna Blitzer hat sich mit ihrer jahrzehntelangen Arbeit nicht nur um die deutsche Sprache in Israel,[274] sondern auch um die israelisch-deutsche Verständigung verdient gemacht." (S. 70) - "Geb. als Ilse Pagel in Beuthen, Oberschlesien (damals deutsch, dann polnisch); Abitur im Februar 1933 an der Humboldt-Oberschule und *sofortige*[275] Auswanderung nach Palästina, wo die Eltern und Geschwister schon seit 1932 lebten." (S. 71)

Hedwig Brenner (Czernowitz/Rumänien): "1982 Auswanderung der Familie nach Israel und Niederlassung in Haifa. Hier literarisch aktiv durch Veröffentlichung von Lyrik und Feuilletons in deutschsprachigen Zeitungen Israels und des Auslandes (...)." (S. 74 f.) - Hedwig Brenners jahrelange ebenso originelle wie außerordentlich verdienstvolle Pionierarbeit besteht in ihren fünf Bänden *Jüdische Frauen in der bildenden Kunst* und ihrem sechsten Band *Jüdische Frauen in Musik und Tanz,* ein einzigartiges Werk, das sie bei weitem überdauert: Sie hat sich damit hoch verdient gemacht und wurde im Jahre 2012 sowohl mit dem Bundesverdienstkreuz der Bundesrepublik Deutschland als auch mit dem Österreichischen Ehrenkreuz für Wissenschaft und Kunst geehrt.[276]

Mali Chaimowitsch-Hirsch (Bukowina/Rumänien): "In Bukarest heiratete sie im Dezember 1945 den zionistischen Aktivisten Lipa Chaimo-

---

274 Gerschom Scholem in Jerusalem: "Man hört hier jetzt in starkem Maße deutsch auf der Straße sprechen, in Tel Aviv noch viel auffallender freilich als hier (...)." Jay H. Geller, Die Scholems. Berlin 2020, S, 260.

275 "Die Auswanderung wurde nun [für Betty Scholem] zu einem dringlichen Anliegen." Jay H. Geller, Die Scholems – Geschichte einer deutsch-jüdischen Familie. Berlin 2020, S. 224.

276 Erhard Roy Wiehn & Christel Wollmann-Fiedler (Hg.), Hedwig Brenner und ihre Künstlerinnen jüdischer Herkunft – Einer Pionierin zum Gedenken. Konstanz 2021, 135 Seiten, Fotos. Konstanz (Januar) 2021.

witsch, die beiden gelangten bald nach Israel, wurden zwei Monate von der britischen Besatzungsmacht im Internierungslager Atlit [bei Haifa] festgehalten, kamen frei, wurden wieder verhaftet und Lipa sogar nach Kenia deportiert. Mali erwartete ihr erstes Kind, war völlig verzweifelt, doch gleich nach der Gründung des Staates Israel kam Lipa nach Hause, und die beiden begannen zusammen mit ihren beiden Töchtern ein normales Leben, Lipa verstarb 1989." (S. 79)

Sassona Dachlika (Czernowitz/Rumänien): "Gemütlich schlenderten sie zum Zwischendeck, um das langsame Auftauchen der neuen Heimat am Horizont zu genießen. Sie erkannten einen bis in mittlere Höhen bebauten Berg, die vergoldete Kuppel des Bahai-Tempels, die Hafenanlagen, etwas nördlich der Stadt die Erdölraffinerien. 'Was ist das für ein Tempel?' – 'Und die vielen Bäume!' – 'Schau, diese Häuser hier, in der Nähe des Hafens, so habe ich mir Israel vorgestellt, so orientalisch.' – Endlich kam der Moment, das Schiff zu verlassen und die heilige Erde zu betreten. Der feierliche Augenblick wurde durch Zoll und Polizei verdorben." (S. 83)

Edith Ernst-Drori (Slowakei): "Doch die Heimat, in der ich 60 Jahre lebe, ist Israel, das mich am meisten bindet. Ich bin ja eine aus dem Volke, das bis jetzt für mein Lebensrecht kämpfen muss, obwohl es uns 1948 rechtlich zugesagt wurde. Mag sein dank der Asche unserer sechs Millionen. Und wie viel Blut und Tränen tränken und tränken das Land Israel, bis wir es als die Heimat des jüdischen Volkes behalten können?" (S. 87)

Peter Erben (Tschechien): "Endlich auf dem Boden Erez Israels 1949 – Schließlich standen wir auf dem Boden Erez Israels, wo die Juden nach vielen Generationen wieder einen selbständigen Staat besaßen. Ein jüdischer Polizist prüfte unsere Dokumente. Das gab es nirgends, Juden als Polizisten. (...) Wir hielten uns an den Händen, und jeder war in seinen Gedanken versunken. Ich dachte daran, was wir uns hätten ersparen können, wenn wir – nach Mutters Willen - schon im Jahre 1936/37 nach Palästina gekommen wären (...)." (S. 89)

Desider David Fischer (Slowakei): Avri Fischer schreibt in seinem Vorwort zu *Bunkerblätter* u.a.: "Familie Fischer emigrierte im Jahre 1949 nach Israel. Dr. Fischer arbeitete als Kinderarzt auch während seines Ruhestandes; er starb 1977. In seinem ganzen Leben hatte er neben seiner Tätigkeit als Arzt großes Interesse an einer breiten Palette von Themen. Familie Fischer genoss ein reiches gesellschaftliches und kulturelles Leben. Lily Fischer starb 1998. - Ihr Sohn Avri Fischer (also ich) lebt in Israel und ist Mitglied im Kibbuz Kfar Masaryk. Er und seine Frau Yardena haben einen Sohn und eine Tochter sowie sechs Enkelkinder." (S. 97 f.)

Robert Manfred Mosche Fischl (**Österreich**): "In der folgenden Nacht näherten wir uns der Küste von Tel Aviv mit dem festen Entschluss zu landen, komme was da wolle. Der Kapitän und die griechischen Matrosen verließen mit Booten das Schiff und ruderten Richtung Jaffa. Wir steuerten das Schiff unter dem Kommando der Pioniere mit voller Kraft in Richtung Strand, sodass es tief und fest im Sand steckenblieb und nicht mehr von dort weggeschleppt werden konnte. Dies geschah in der Nacht vom 1. auf den 2. September 1939, dem Tag des Beginns des Zweiten Weltkriegs, dem Tag, an dem die Deutschen in Polen einmarschierten." (S. 100)

Chanan Hans Flörsheim (**Deutschland**): "So also komme ich in das Land meiner Vorfahren. Ich will aber gar nicht behaupten, dass hier ein Traum in Erfüllung gegangen ist. (…) Um ganz ehrlich zu sein, definiere ich meine Ankunft in Palästina noch heute als die Folge eines Tritts in den Hintern,[277] den ich von den Nazis bekam. Denn sonst würde ich heute noch in meinem Geburtsland Deutschland leben, ohne jeglichen Gedanken an Auswanderung." (S. 102)

Manfred Mosche Gerson (**Deutschland**): "Das Land selbst hat ihn tief ergriffen: 'Lange noch lag ich wach, horchte in die Stille: der erste Tag, die erste Nacht im Land der Väter!" (S. 148; dazu besonders: "11. Heimkehr nach Israel', S. 258 ff.) Doch in der 1930er Jahren schon: "Bei der Fahrt durch Nablus sahen wir drohende Gesichter; Kinder warfen Steine in Richtung Auto." (S. 155)[278] Dennoch: "Hier waren Lebensaufgaben, die dem Leben Inhalt geben konnten wie nirgendwo auf der Welt!" (S. 104) – "Wir zwingen keinen Juden, zu uns zu kommen; aber wir haben die Pflicht, solche Vorbereitungen zu treffen, dass jeder Jude, der nach Israel kommen will, hier seinen Platz findet. Das bedeutet, dass wir auf lange Sicht in der Lage sein müssen, ein Vielfaches der heutigen Bevölkerung im Lande unterbringen zu können." (S. 105)[279]

Mordechai Henrik Gidron (**Ungarn**): "Im Juli 1944 werden Henrik (KZ-Nr. 79281) und Vater Eduard (Nr. 79280) von Auschwitz nach

---

[277] "Ein bekannter Scherz über die Einwanderer in Palästina lautete: 'Kommen Sie aus Überzeugung oder aus Deutschland?'" Jay H. Geller, Die Scholems. Berlin 2020, S, 264,

[278] Das habe ich im Sommer 1967 in Gaza erlebt, wo ich mit einer kleinen Freiwilligengruppe der Universität Konstanz unterwegs war, um nach dem Sechs-Tage-Krieg bei Aufräumungsarbeiten zu helfen. (ERW, 19.03.2021)

[279] "Zwischen 1933 und 1941 kamen rund sechzigtausend Juden aus Mitteleuropa nach Palästina." Jay H. Geller, Die Scholems. Berlin 2010, S, 262. – 2019 waren in Israel von ca. 9. Mio Einwohnern, 6.7 (74,2%) Juden; https://de.wikipedia.org/wiki/Israel

München-Allach verbracht, wo man die beiden trennt. Henrik kommt in den Arbeitslagerkomplex Mettenheim-Mühldorf am Inn, wo eine riesige unterirdische Flugzeugfabrik aus dem Boden gestampft wird, in der die Messerschmitt Me 262 [das erste in Serie gebaute Düsenflugzeug] gebaut werden soll. – Am 2. Mai [1945]wird Henrik befreit (...), wird zunächst in verschiedenen Krankenhäusern gepflegt, vom Vater wiedergefunden, kehren beide im August 1945 nach Budapest zurück und gelangen im Mai 1949 nach Israel." (S. 107)

Yosef Govrin (**Czernowitz/Rumänien**): "Am 1. Dezember 1946, zwei Tage nach unserer Vertreibung von den Küsten Erez Israels, brachten drei britische Zerstörer die Flüchtlinge der *Knesset Israel* in den zyprischen Hafen Famagusta". (S. 110) – "Yosef, seine Mutter und viele andere Internierte wurden sechs Wochen vor dem 29. November 1947 – an dem die Generalversammlung der Vereinten Nationen die Teilung Palästinas beschloss – "von Zypern in das britische Internierungslager Atlit (*bei Haifa*) gebracht," wo sie noch etwa zwei Monaten bleiben mussten." (S. 111)

"In seinem Epilog (S. 112 ff.) erinnert der Autor, wie er am 11. September 1985, 'vierzig Jahren nach dem Sieg über Nazi-Deutschland', auf dem Weg zum Präsidentenpalast, um dem rumänischen Staatspräsidenten Nicolae Ceauşescu sein Akkreditierungsschreiben als Botschafter des Staates Israel zu überreichen – an den jüdischen Jungen dachte, der er gewesen war, als ihm seinerzeit nicht nur rumänische Soldaten nach dem Leben trachteten. Ceauşescu antwortete auf alle Themen, die der israelische Botschafter in seiner Ansprache erwähnt hatte, ausgenommen den Holocaust in den rumänisch beherrschten Territorien." (S. 112)

Sidi Gross (**Czernowitz/Rumänien**): "Mein Jom Ha'atzmaút[280] – Mein 60. "Mein Jom Ha'atzmaút (israelischer Unabhängigkeitstag) ist mein Tag des Dankes an den Allmächtigen, der uns diesen Tag erleben ließ: Wie alle Jahre wird bei uns einige Tage vor dem Unabhängigkeitstag der Schoáh-Gedenktag begangen und einen Tag vor dem Jom Ha'atzmaút der Gedenktag für die in unseren Kriegen Gefallenen, denen wir Israel mitzuverdanken haben." (S. 11)

David Guttmann (**Ungarn**): "Hier [in *Schwierige Heimkehr*] kann man nun die schwierige Heimkehr von Ungarn über Österreich, Deutschland, Frankreich auf der legendären 'Exodus' bis Haifa miterleben,[281]

[280] In: Israel Nachrichten, 7. Mai 2008.

[281] Vgl. Horst Siebecke, Die Schicksalsfahrt der 'Exodus' 47. Eine historische Dokumentation. (1984) München 1987; dazu von Leon Uris, Exodus (Roman, 1960) u. Film Exodus (1960 von Otto Preminger mit Paul Newman u.a.).

sodann den zwangsweisen Rücktransport von ca. 4.500 Menschen auf drei britischen Kriegsschiffen nach Hamburg, Internierung in Pöppendorf und ausgerechnet in Bergen-Belsen – schließlich die endgültige *Heimkehr* nach Erez Israel." (S. 119)

Fritz Joseph Heidecker **(Deutschland)**: "1934 Einwanderung in Palästina und Eintritt in einen Kibbuz. Später Umorientierung und Ansiedlung als selbständiger Landwirt im Moscháw Owdím, einem kooperativen, nicht kollektiven Dorf. Nach dem Zusammenschluss mit Gleichgesinnten Gründung einer neuen Siedlung, aus Sicherheitsgründen im Stil eines befestigten Lagers ('Turm und Mauer'), das notgedrungen zeitweise eine kollektive Lebensordnung erforderte. Zwischen Kibbuz und Ansiedlung physische Arbeit verschiedenster Art. 1939 Gründung einer weiteren 'Turm- und Mauer'-Siedlung. Zehn Jahre führende Rolle bei der Lebensgestaltung der Gruppe. Daneben Wahrnehmung öffentlicher Pflichten, Mission in die Flüchtlingslager der englischen Mandatsmacht auf Zypern, Leitung des Siedlungswerks, Organisation der Massen und Neueinwanderung in Unter- und Obergaliläa." (S. 128)

Heinz J. Herrmann **(Tschechien)**: "Ich entschloss mich gegen den Willen meiner Familie zur Auswanderung und verließ Troppau [Opava] im Oktober 1948. Über Frankreich erreichte ich im April 1949 Israel. Hier lernte ich bald meine Frau kennen, eine Brünnerin, die sehr viel Verständnis für mich aufbrachte und mir mein Leben lang eine wirkliche Stütze war. Unsere Tochter versuchte ich, so gut es ging, von der Vergangenheit abzuschirmen, hatte dabei aber nicht viel Erfolg. Sie kam immer wieder mit Fragen zu mir und wollte bestätigt haben, was sie irgendwo in der Schule oder von anderen Kindern gehört hatte, was ihr jedoch unmöglich und unglaublich erschien. Heute ist sie glücklich verheiratet und lebt mit ihren drei Kindern in unserer Nähe, sodass wir ihre Gegenwart genießen können. Es bleibt nur zu hoffen, dass da Generationen heranwachsen, denen die Schrecken, die wir erlebt haben, und andere, zu denen Menschen fähig sind, erspart bleiben." (S. 131)

Nathan Höxter **(Deutschland)**: "Nathan Höxter hätte eigentlich gerne Musik studiert, an der er sich noch immer erfreut. Der Kibbuz ist seine Welt geblieben, wenngleich er daran konstruktive Kritik übt. Seine Frau Nechama, die viele Jahre krank war, ist 1998 verstorben; beide haben fünf Kinder großgezogen, Nathan ist längst Großvater und Urgroßvater". – Im Jahre 1973 wurde er anlässlich von Willy Brandts Israelbesuch in die deutsche Botschaft eingeladen, 1974 besucht er erstmals wieder und seither mehrfach Deutschland, wird für seine Verdienste 1989 mit dem Bundesverdienstkreuz am Bande ausgezeichnet, bringt nach längerer Vorarbeit 1990 eine Partnerschaft zwischen dem Gilboa-Kreis und dem Hochtaunus-Kreis zustande, kann schließlich mit Genugtuung auf einen großen deutschen Freundeskreis blicken und auf ein erstaunliches Lebenswerk: Ein Mann der doppelten Pionierarbeit." (S. 134 f.)

Tutti Jungmann-Bradt (Deutschland): "Im März des Jahres 1977 erhielten mein Mann und ich eine Einladung des Regierenden Bürgermeisters von Berlin, die Stadt unserer Geburt und unserer Jugend zu besuchen. Wir hatten seit unserer Emigration im Oktober 1937 nach Palästina deutschen Boden nicht mehr betreten und auch nicht die Absicht, es in Zukunft zu tun. (...) - Die zweite Einladung sechs Jahre später nahmen wir an. Am Mittwoch, dem 22. Juni 1983 versammelte sich unsere Gruppe im Ben-Gurion-Flughafen. Alle Mitglieder hatten ihre Namensschilder angesteckt, auf denen deutlich zu lesen stand 'Golden Age Group'. Daher ging auch niemand verloren. (...) - Vor der Landung in Berlin war ich sehr aufgeregt." (S. 134)

Sidi Kassner (Czernowitz/Rumänien): "Am 23. Mai 1967 kommen Sidi und Willy Kassner schließlich nach Israel (S. 55), und können nach 27 (!) Jahren endlich Sidis Eltern und Schwester wiedersehen (S. 69), die zum Zeitpunkt der Deportation im Juni 1941 in Constanza am Schwarzen Meer lebten und von dort bereits 1950 nach Israel gelangten. Etwa 10 Tage nach Sidi und Willy Kassners Ankunft in Israel beginnt Anfang Juni 1967 der Sechs-Tage-Krieg, der zum Glück von Israel gewonnen wird. Jetzt endlich kann ein neues Leben beginnen." (S. 138)

Herbert Zwi Kessler (Deutschland): "Im Jahre 1948 nahm ich an den schweren Kämpfen zur Erstehung und Unabhängigkeit des Staates Israel teil. Nach dem Waffenstillstand unternahmen wir geglückte Versuche, auf einer niemals bearbeiteten und unbekannten Erde blühende Kibbuzim zu errichten. Ich selbst habe als Kibbuzmitglied sowohl landwirtschaftlich als auch kulturell gearbeitet und eine Familie gegründet. - Am 31. Mai 1955 kam es zu einem Grenzgefecht mit der ägyptischen Armee, die meinen Kibbuz Nirim mit Minenwerfern unter Beschuss nahm, wobei ich lebensgefährlich verwundet wurde. Die Lebensform einer Kollektivsiedlung war für meine physischen Begrenzungen nun nicht mehr geeignet, und daher zog ich mit meiner Familie in einen Vorwort von Tel Aviv." (140 f.)

Zelma Klein (Ungarn): In Ihrem Nachwort schreibt Tochter Ahuva Simon über ihre Mutter u.a.: "Keine Not konnte jemals ihrer tiefen Verbundenheit mit Israel etwa anhaben. Nach ihren nahen Angehörigen lag ihr die sichere Existenz und das Wohlergehen Israels am Herzen. Sie war politisch sehr wach und interessiert an allen Facetten des Lebens. Mit großen Erwartungen verfolgte sie die Entwicklung Israels zu einer Nation, die sich auch auf unterschiedliche Quellen, Traditionen und Kulturen stützte. (…) Und sie hörte niemals auf, deutsch zu lesen und zu schreiben. Sogar die Liste ihrer täglichen Erledigungen schrieb sie auf deutsch. (…) Sie war genau so, wie ihre jüngere Schwester Jupi sie mir gegenüber beschrieb: 'Deine Mutter, die Heldin'." (S. 146)

Jeanne Levy-Rosenberg (Niederlande): "Als der Staat Israel 1948 gegründet wurde, fasste ich den Entschluss, mit meinen Kindern dorthin zu emigrieren. Ich begann, den Zionismus zu verstehen. Für Juden gab es keinen anderen Weg. Dort würden sie im eigenen Land als Juden und freie Menschen aufwachsen. Müssten sie einmal in den Krieg ziehen, wäre es ihr Krieg, und dann könnte es nicht passieren, dass man sie später 'als Dank des Vaterlandes' in Gaskammern vernichten würde, so wie ich es in Auschwitz erlebt hatte. Im Jahre 1949 kamen meine Kinder und ich nach Israel. Trotz aller Schwierigkeiten und Enttäuschungen habe ich es nie bereut und bin dankbar, dass wir Juden endlich wieder unser Land haben." (S. 148)

Leo Lewinson (Litauen): "Gleich nach der Befreiung von der deutschen Herrschaft hat Leo Lewinson mit Leib und Seele versucht zu retten, was noch zu retten war. In Deutschland, und zwar im Lager Feldafing, der Auffangstelle für heimatlose Juden, Überlebende der Schoáh, arbeiteten er und seine Frau als Pädagogen und organisierten gleichzeitig die zunächst illegale, später auch legale Einwanderung nach Israel." (Zwi Smoliakov, S. 151)

Harry Zvi Likwornik (Czernowitz/Rumänien): "Nach einer längeren Ausreisegenehmigungsprozedur [in Rumänien] besteigen Mutter Dora und Zvi am 26. Dezember 1947 im bulgarischen Hafen Burgas am Schwarzen Meer ein jüdisches Emigrantenschiff, das sie ins Gelobte Land bringen soll.

Doch Großbritannien, die damalige Mandatsmacht in Palästina, hält die Einreisequote für Juden selbst kurz nach dem Holocaust sogar gewaltsam niedrig,[282] das Schiff wird wie viele andere Flüchtlingsschiffe (z.B. die berühmte "Exodus"[283]) von der britischen Marine aufgebracht, die Menschen, darunter Überlebende deutscher KZs, werden ab 31. Dezember 1947 auf der damals britischen Insel Zypern unter

[282] "Nur etwa ein Prozent der Juden auf der Welt lebte im britischen Mandatsgebiet Palästina – 1931 waren es offiziell 174.610 Personen –, aber die Zahl stiegt rasch an; innerhalb eines Jahrzehnts hatte sie sich verdoppelt." Jay H. Geller, Die Scholems. Berlin 2020, S. 257.

[283] Dazu: David Guttmann, Schwierige Heimkehr – Jüdische Schicksale in Ungarn, dann auf der 'Exodus' und zurück über Bergen-Belsen nach Tel Aviv. Konstanz 1997.

wenig bequemen Bedingungen interniert. Nachdem die UNO am 29. November 1947 das Ende des britischen Mandats und die Teilung Palästinas in einen arabischen und einen jüdischen Staat beschlossen hatte, proklamiert David Ben-Gurion als Vorsitzender des Jüdischen Nationalrats am 14. Mai 1948 in Tel Aviv den jüdischen Staat Israel.

Erst danach können Dora und Zvi Zypern am 8. Juni 1948 Richtung Israel verlassen. In Israel folgt zunächst wieder ein ärmliches Immigranten-Lagerleben, dann endlich die erste bescheidene Ein-Zimmer-Wohnung in Jaffa und der ziemlich mühsame Aufbau einer Existenzgrundlage für beide. Für Zvi, jetzt 14 Jahre jung, bedeutet dies, dass er keine Schule besuchen kann, sondern sofort arbeiten und Geld verdienen muss, letzteres gilt auch für Mutter Dora. Später nimmt Zvi selbstverständlich an allen Kriegen Israels teil. (S. 154)

In seiner Erinnerungsarbeit in Israel und Deutschland sieht er eine heilige Mission. – Schließlich kommt er zur berührenden Einsicht: "Das Schicksal war gut zu mir." (S. 142) – "Ich bin – ein glücklicher Mensch." (S. 160)

Schlomo Marcus **(Posen)**: "Es gibt eine Meinung, und ich möchte nicht sagen, dass sie falsch ist, die nämlich die ganze Sammlung der Juden jetzt in Israel als den Beginn der Erfüllung der prophetischen Verheißung ansieht, und das kann ja sein, absolut. Die Geschichte des jüdischen Volkes begann mit Abram, ihm wurde von Gott gesagt: "Geh vor dich hin ... in das Land, das ich dich sehen lassen werde... Werde ein Segen... Mit dir werde ich segnen alle Sippen der Erde" (1 Mose 12,1–3). Und: "Ich errichte meinen Bund zwischen mir und dir... Ich gebe dir und deinem Samen nach dir das Land..." (S. 159 f.).

"Ebenso könnte man natürlich sagen, dass nach all dem Leid der jüdischen Geschichte die Juden jetzt wieder zurückkehren aus allen Ländern der Welt, und das Land, das ja wüst und öde war,[284] weil es nur in geringem Maße von Arabern besiedelt war, – es war nicht leer, aber es war nicht gut bearbeitet, und jetzt ist es ein blühendes Land –, das ist eine Offenbarung, dass die Verheißungen an die Propheten sich erfüllen. So kann man es sehen. - Und trotzdem können wir mit uns selbst nicht zufrieden sein, denn es gibt viele Aspekte, es gibt ja nicht nur Schwierigkeiten von außen, in bedrückendem Maße auch von innen her." (S. 160)

---

[284] Dazu: Leo Picard, Vom Bodensee nach Erez Israel – Pionierarbeit für Geologie und Grundwasser seit 1924. Konstanz 1996 (hier S. 232 f.); Nathan Höxter, Jüdische Pionierarbeit – Nach Kindheit und früher Jugend in Berlin ein Leben im Kibbuz Geva und neue Brücken nach Deutschland 1916-2000. Konstanz 2000 (hier S. 155 ff.).

Michael Merón **(Jugoslawien)**: "Nach vier Tagen auf dem Mittelmeer bei sehr schönem Wetter landeten wir in Haifa. Ich wurde mit einigen anderen Junggesellen gleich mobilisiert und in das militärische Auffanglager Betlit transportiert. (...) Nun war ich also wieder Soldat." (S. 167)

"Im Hauptquartier der Israeli Air Force wurde ich als Stabsoffizier verantwortlich für Materialien zur Instandhaltung der Flugzeuge sowie für die technische Aufsicht der Fallschirm-Abteilung. Zur gleichen Zeit arbeitete ich auch im Forschungslaboratorium, wo ich für das damals neue Gebiet der Plastikstoffe und anderer relevanter Materialien sowie für Farben und Dichtungsmittel verantwortlich war. - In der IAF diente ich als mobilisierter Leutnant bis zum Waffenstillstand im Juni 1949. Danach blieb ich weiter als Berufsoffizier bis zum Juni 1956, bereits 1951 zum Captain (Hauptmann) befördert." (S. 168)

"Im Jahre 1957 kam ich als zweiter Ingenieur in das neugegründete Flugzeugreparaturwerk 'BEDEK', das sich bald zur 'Israel Aircraft Industry' (IAI) entwickelte. Hier wirkte ich 23 Jahre bis zu meiner Pensionierung im Dezember 1980. Von den anfangs 600 Arbeitern vergrößerte sich die IAI auf 10.000, davon 1000 Ingenieure." (S. 158)

"Während der ganzen Zeit meines Wirkens hatte ich ein Ziel: Wir müssen es alleine schaffen!" (S. 159)

Heinz Jehuda Meyerstein **(Deutschland)**: "Nicht immer hat Willi sich alleine helfen können, es gab Kameraden aus seinem Kreis, die illegale Organisationen aufbauten, die ihr eigenes Leben aufs Spiel setzten, um vielen vielen anderen zu helfen und deren Flucht zu ermöglichen, bis sie selbst das Opfer ihrer Hilfstätigkeit wurden. Ihr Ideal war es, unsere künftige Heimat Palästina aufzubauen; denn wir sehnten uns nach Erez Israel, wo wir für immer unsere Heimat finden wollten. Denn dort gehören wir hin, nach 2000-jähriger Abwesenheit kehren wir nach Hause zurück." (S. 172)

Baruch Milch **(Polen)**: "(...) im August 1948 erreicht die Familie das Gelobte Land, wo Tochter Shmuela (Ella) 1954 geboren wird. Dr. med. Baruch Milch arbeitet in der Entbindungsstation des großen Haifaer Rambam-Hospitals, aber 'Mit den Jahren konzentrierte er sich mehr und mehr auf seine Privatpraxis und wurde einer der besten und angesehensten Gynäkologen in Haifa.' (S. 192) "Mutter unterstützte Vater als Krankenschwester, und sie hatten 43 Jahre lang ein recht gutes Leben trotz der Last schlechter Erinnerungen, die sie beide gemeinsam trugen bis zu Vaters Tod am 27. April 1989." (S. 177)

Zeev Milo **(Kroatien/Jugoslawien)**: In seinem Epilog schreibt Zeev Milo: "Im Sommer 1949 siedelten meine Eltern und ich nach Israel über. Ich hatte mein Studium nicht beendet und hoffte, es in Israel nachzuholen.

Wir begannen ein neues Leben. Es war nicht leicht. Schwierigkeiten bei der Unterkunftsbeschaffung, eine passende Beschäftigung zu finden und die neue Sprache waren die Hauptprobleme. (...)

Im Jahre 1960 wurde ich mit dem 'Preis für die Sicherheit Israels' belohnt, den mir David Ben Gurion überreichte, damals Ministerpräsident und Sicherheitsminister (d.h. Verteidigungsminister) Israels.

Mit der Zeit avancierte ich zum Oberstleutnant und zum Oberst. Das waren auch meine schönsten Jahre der Arbeit und des Schaffens auf interessantesten Gebieten. (S. 181)

Nach meinem Abschied von der Armee arbeitete ich noch etwa 15 Jahre. Die meiste Zeit leitete ich ein Industrieunternehmen, das von mir gegründet wurde. Dort konnte ich meine Kenntnisse und Erfahrungen anwenden. Auch dies war ein bedeutungsvoller Abschnitt meines Lebens, ist aber nicht vergleichbar mit der wohl schwersten, aber interessantesten Periode in der israelischen Armee. (...) Er ist verheiratet, hat einen Sohn und eine Tochter sowie vier Enkelinnen." (S. 182)

Gerschon Monar (Deutschland): "(...) Ende August 1939 gelingt gerade noch in letzter Minute die Flucht *"Aus Nazideutschland nach Palästina"* (S. 21 ff.), *wo* die Familie Anfang September 1939 eintrifft (...) - Man staunt über das Pionierleben der Gründergeneration Israels, die trotz vieler Kriege und zu vieler Opfer die Hoffnung nicht verliert, um sich mit zäher Ausdauer eine neue Existenz zu schaffen." (!84)

In seinem "'Gemeinschaftsbrief' [zum Jahreswechsel 1994/95] teilt der Autor übrigens seinen Freunden und Bekannten mit, dass er nun in ein Haifaer Seniorenheim umgezogen sei und somit wieder ein neuer Lebensabschnitt beginne. Und was Israel betrifft: "Der Kampf um den Frieden und die gewohnte Unruhe im Land gehen weiter. Aber wir sind optimistisch. Wir kommen langsam vorwärts. ... Schalom!" (S. 186)

Hans Munk (Tschechien): "Sohn Peter (Petr) alias Jehuda war mit 12 Jahren ab Oktober 1939 im damaligen Palästina bei einem Bruder des Vaters in Sicherheit gebracht worden und konnte über die im damaligen 'Protektorat' lebende frühere Haushälterin Thekla und seinen Onkel Prof. Dr. Benno Landsberger in Ankara Briefkontakt mit den Eltern halten." (S. 187) – Jehuda Manór alias Peter Munk: Später biographischer Brief an den Vater: *'Liebster Papa! Diesen Brief habe ich vorbereitet für den Tag, an dem das Internet bis zu Dir erweitert ist. (...) Jetzt weißt Du also, lieber Papa, wie ich Pilot geworden bin, obwohl wir anfangs mit Mama beschlossen hatten, dass ich Koch werde, und wenn Koch, dann musste Peter Munk der beste sein!" (...) - Als Pilot war ich Kampfflieger, sogar auf der berühmten 'Spitfire', aber schon nach kurzer Zeit wurde ich Instructor. - Lieber Papa, Du hast heute sieben Urenkel"* (S. 188 f.).

David Murlakow (Polen): "Völlig überraschend entschied sich David jedoch durch eine 'Herzensentscheidung', mit seiner Rachel in Israel einzuwandern, wo Rachels Schwester schon lebte. Am 6. Juni 1948 kamen David und Rachel in Haifa an, drei Wochen nach der Gründung des Staates Israel am 14. Mai 1948. Da zwischen den arabischen Armeen und Israel bereits Krieg herrschte, musste David sofort zum Militär. – (…) – "Nach Beendigung des Militärdienstes ließ ich mich verpflichten, bei der Kolonisierung des Landes mit Neueinwanderern mitzuwirken; ich wurde Verwalter in Nord-Galiläa für eine neue zu gründende Siedlung von 150 Familien." (S. 194)

"Aber auf einmal fühlte ich mich nicht mehr wohl in meiner hiesigen Welt. Ich sagte meiner Frau, dass ich für einige Zeit nach Europa möchte, um Abstand vom Geschehenen zu finden. Gleichzeitig wollte ich unsere Anrechte auf das Vorkriegsvermögen unserer Familie schneller zum Abschluss bringen." – "Dann flog ich nach Deutschland, folgte wiederum meinem Herzenswunsch." Und "Anfang 1960 kam ich nach Deutschland mit einem Startkapital von eintausend US Dollar." Damals war David Murlakow 37 Jahre jung, startete alsbald eine phantastische Karriere als Gastronom und Hotelier." (S. 194)

Rafael Olewski (Polen): "Um 14.00 Uhr am Nachmittag wurde [in Bergen-Belsen] die Kundgebung offiziell eröffnet. Der Vorsitzende des Zentralkomitees, Josef Rosensaft, hielt eine kurze Ansprache: *'Heute feiern die Juden der Welt das Fest der Proklamation des Staates Israel. Generationen von Juden strebten nach dieser historischen Stunde. Darunter auch die Angehörigen unserer Generation, doch Millionen von ihnen wurden vor dieser großen Stunde ermordet. Mit der Ausrufung des jüdischen Staates sehen wir uns als Bürger des Staates an. Dieser Ehrentitel ist für uns mit Pflichten verbunden. Die jüdische Armee erwartet uns, wir entsenden ihr von hier unsere herzlichsten Grüße und versprechen, uns am Existenzkampf zu beteiligen!'" (S. 201)*

"Dann verlas Norbert Wollheim die Deklaration des Zentralkomitees der Sche'erit HaPletah in der britischen Zone: *'2.000 Jahre der Sehnsucht und der Hoffnung wurden in den letzten Tagen zur Wirklichkeit. Der jüdische Staat wurde am 14. Mai 1948 zur Tatsache. Das Ziel ist Wirklichkeit geworden, das Ziel, von dem viele gute Menschen unseres Volkes jahrhundertelang geträumt und wofür die Mutigsten unter uns gekämpft haben. Das Ziel, das mit dem Blut unserer gefolterten Brüder und Schwestern geheiligt ist: Der Staat Israel existiert und lebt! In der Stunde, in der unsere schmerzenden Herzen von Dank und Stolz erfüllt sind, senden wir unsere* herzlichsten *Grüße an unsere jüdische Regierung, an die Angehörigen der Haganah*[285] *und an alle Einwohner des jüdischen Staates.'" (S. 202)*

Rachela Zelmanowicz Olewski **(Polen):** "Nach der Befreiung ging sie ins nahegelegene Celle, wo sie ihren späteren Ehemann Rafael Olewski kennenlernte, der für das Zentralkomitee der befreiten Juden in der Britischen Zone tätig war. 1949 wanderte sie mit ihrem Mann und ihrer 1947 geborenen Tochter Jochevet (Jochi) nach Israel aus. Dort wurde 1950 ihr Sohn Arie geboren. In Celle und auch später trat sie nicht mehr als Musikerin auf, spielte aber für ihre Kinder auf einer aus Bergen-Belsen mitgebrachten Mandoline. Mitte April 1985 besuchte sie mit ihren beiden Kindern aus Anlass des 40. Jahrestages der Befreiung die KZ-Gedenkstätte Bergen-Belsen und auch das ehemalige KZ Auschwitz-Birkenau. Sie starb am 17. August 1987 in Israel." (S. 205)

Sonja Palty **(Rumänien):** "Im Jahr 1961 wanderte sie mit ihrer Familie [von Rumänien] nach Israel aus, wo sie als Journalistin für *Revista Mea* arbeitete und zusammen mit ihrem Mann eine Reihe von Zeitschriftenbeiträgen schrieb." (S. 209)

Leo Picard **(Deutschland):** "Ich bin 1924 ausgewandert, also bin ich der älteste und erste Auswanderer überhaupt – und nicht durch Zwang, sondern durch eigene Überlegung. Der Zwang kam natürlich leider 10 Jahre später. Bei mir kam er sehr früh durch die ungeheuer vielen antisemitischen Begegnungen, die ich hatte, sowohl auf der Schule wie auf der Universität und zum Schluss sogar noch beim Militär, wo man mich als einjähriger Freiwilliger nicht zum Offizierskasino zugelassen hat. Also es gab eine Fülle, die ich jetzt nicht erzählen will." (S. 210) – "Abgesehen vom Zionismus,[286] darüber könnte ich Ihnen ein langes Lied singen, nicht wahr, als ich zurückkam zum erst Mal aus 'Paläschtina', wie sie das nannten, da sagten sie zu mir mit so etwas Höhnischem, also die jungen Männer und Frauen der jüdischen Gemeinde [Konstanz am Bodensee]: 'Nu, s'isch doch au wieder schä bei uns?!' – Aber mein Entschluss war klar: Aufbau Palästinas, um den Juden ein Land zu geben!" (S. 210)

---

[285] Haganáh – die Verteidigung, war eine paramilitärische zionistische Untergrundorganisation in Palästina während des britischen Mandats 1920-1948; https://www.hagalil.com/iwrith/hatikvah.htm

[286] "Obwohl der Zionismus in Deutschland nie übermäßig viele Anhänger gehabt hatte, war Palästina ein naheliegendes Ziel, aber nicht das einzige. Im Juli 1938 waren von den fast 150.000 aus Deutschland geflohenen Juden ungefähr 44.000 nach Palästina, 27.000 in die USA, 7.600 nach Südafrika, 7.600 nach Brasilien und 1000 nach Australien gegangen (…)." Jay H. Geller, Die Scholems. Berlin 2020, S. 245 f.

Eitan Porat **(Karpaten/Tschechoslowakei):** "Dort [in Pisa] wurden wir am 1. August 1946 mit 800 Menschen auf ein kleines Schiff verfrachtet, auf dem wir uns wie die Sardinen fühlten! (….) Nach einem Monat erreichten wir die libanesische Grenze, aber die Engländer hatten uns bereits von Flugzeugen aus entdeckt, später unser Schiff geentert und die englische Flagge setzen wollen. Wir kämpften und sangen am Ende die 'HaTikwa'! (*Die spätere und heutige israelische Nationalhymne: "Die Hoffnung'!*)

Dann brachten uns die Engländer nach Haifa, wo wir natürlich versuchten, an Land zu kommen. Wieder kam es zum Kampf, die Engländer setzten Tränengas ein, wir hatten drei Tote und viele Verwundete auf unserem Schiff. – Schließlich siegten die Engländer und brachten uns nach Zypern, und zwar als erstes abgefangenes Schiff. – Auf Zypern wurden wir in einem großen Camp interniert. (...) Nach ein paar Monaten erreichten wir endlich Erez Israel (*das Land Israel*). Das war im November 1946." (S. 213)

"Meine Ankunft in Erez Israel war etwas Besonderes. Unser Schiff landete unter englischer Bewachung in Haifa. (.) Von Haifa schaffte man uns in das Konzentrationslager Atlit bei Haifa. [... Hier] wurden wir einige Monate festgehalten. Nachdem wir dann endlich und endgültig befreit waren, begann ich, die Landwirtschaft zu erlernen, und zwar an dem Ort, wo ich heute noch wohne." (S. 213)

"Aber meine wichtigste Botschaft lautet: *Wir dürfen uns auf niemanden verlassen, nur auf uns selbst!* Wir können uns auf niemanden verlassen, wir müssen selbst stark sein, so stark, dass wir uns selbst schützen können! (…[dazu Michael Merón, hier S. 189 ff.]) Wenn ich zu meinen Vorträgen in Militärlager komme, dann sage ich immer zwei Dinge: Ich hatte das Glück, den Holocaust zu überleben – und die Gründung des Staates Israel zu erleben, das größte Glück meines Lebens. Jetzt hoffe ich darauf, vielleicht noch wirklichen Frieden im Nahen Osten zu erleben. Dann hat es sich doch gelohnt, wenn ich an die eineinhalb Millionen toter Kinder denke. Vielleicht bin ich eine Stimme der toten Kinder?" (S. 214 f.)

Erwin Rath **(Österreich):** "Im Jahre 1972 reisten wir als Emigranten nach Israel, hatten also alle Vorteile des Einwanderergesetzes auf unserer Seite. Israel ist nicht Amerika, wo der Einwanderer am Hafen ankommt und sich selbst überlassen bleibt. Wir wurden gut empfangen, ebenso wie alle mit uns angekommenen Einwanderer. Wir bekamen eine Wohnung in Jerusalem zugewiesen." (S. 218)

Nava Ruda **(Polen):** "Anfang des Jahres 1949 gelangt Familie Kohn nach Haifa – Erez Israel, ins Land der Väter und Mütter. Von den Familien Kohn und Halber sind nur wenige übriggeblieben. Erst 1992 weilt die Autorin auf schmerzlicher Spurensuche in Polen und der Ukraine. Mit der Niederschrift ihrer Erinnerungen erfüllt sie die Pflicht, das Andenken an ihren ermordeten Bruder und andere Familienangehörige, Freunde und Leidensgenossen zu verewigen." (S. 222)

Josef N. Rudel (Czernowitz/Rumänien): "1972 verließ er Rumänien als Tourist, um nicht mehr zurückzukehren, sich in Israel niederzulassen und begann bald, für einige in rumänischer Sprache erscheinende Zeitungen und Zeitschriften zu schreiben." (S. 227)

Sami Scharon (Deutschland): "Sami Scharon (Schrenski), geb. 1923 in Danzig, verließ in seinem 15. Lebensjahr seine Heimatstadt für immer und fuhr allein und illegal ins damalige Palästina. Dort verbrachte er 1½ Jahre im Rahmen der Jugend-Alija im Kibbuz Ajélet Haschachár. Nach Ausbruch des Zweiten Weltkriegs meldete er sich freiwillig zur britischen Armee und diente in der Jüdischen Brigade.[287] Nach seiner Entlassung ging er zur *Hagana,* der jüdischen militärischen Untergrundorganisation. Sofort nach der Gründung des Staates Israel setzte er seinen Dienst für weitere 20 Jahre in der neuen israelischen Armee fort. Während dieser Zeit war er sechs Jahre im *Mossad* tätig.[288] Mit 45 Jahren begann er eine neue Karriere als Hoteldirektor, war als solcher in verschiedenen Hotels tätig, und zwar bis zu seiner Pensionierung." (S. 230)

Alice Schwarz-Gardos (Österreich): "Wer hätte damals daran gedacht, dass heute, 50 Jahre später, zum ersten Mal 17 deutsche Offizierskadetten der Bundeswehr im Rahmen eines dreiwöchigen Ausbildungskurses nach Israel kommen würden? Sie beginnen mit einem Besuch in Yad Vashem und werden dann an einer Übung unter extremen Bedingungen im Negev teilnehmen Der Zweck ist die Schaffung von Toleranz und die Bekanntschaft mit anderen Kulturen und Armeen. Theodor Herzl würde sich freuen! Er könnte mit ihnen in ihrer Sprache sprechen - nach allem, was geschah..." (S. 239)

Yoel Sher (Frankreich): "Sechs Wochen später starteten wir mit einem Flugboot (...), und nach fünf Tagen mit Nacht-Stopps auf dem Victoria-See, auf dem Nil in Khartum und in Kairo, landeten wir auf dem Kinneret-See (See Genezareth) bei Tiberias am 15. Januar 1941."

---

[287] Die *Jewish Brigade Group* wurde am 20. September 1944 als eigenständige Einheit innerhalb der britischen Armee aufgestellt und im Juni 1946 aufgelöst; sie bestand aus ca. 5.000 Freiwilligen aus Palästina; seit Anfang August 1942 hatten bereits drei jüdische Bataillone in der britischen Armee in Ägypten und Nordafrika gekämpft; dazu hier: Lili Schuwis Thau S. 290 ff; Sami Scharon (S. 249 ff.), dazu auch http://en.wikipedia.org/wiki/Jewish_Brigade

[288] Dazu: Sami Scharon, Operation 'Babylon' – Warum im Irak keine Atomwaffen gefunden wurde. Eine fiktive Aktion des Mossad. Konstanz 2004.

[2021 vor 80 Jahren!!] (S. 242) - "Mein Vater war am 26. Dezember 1947 gefallen, als er einen zivilen Konvoi von Tel Aviv nach Jerusalem eskortierte, vier Wochen nachdem die Vereinten Nationen den Teilungsplan für Palästina beschlossen hatten. Meine Mutter war damals zu einer Mission nach Nordafrika unterwegs; nach ihrer Rückkehr erlebten wir dann zusammen die Belagerung Jerusalems, heftigen Beschuss, ohne Lebensmittel, ohne Wasser, ohne Elektrizität, ohne Petroleum (*Neft*) für den Kocher, – das ging sogar noch bis Sommer 1948, also bis nach der Gründung des Staates Israel am 14. Mai 1948." (S. 244)

Leah Shinar **(Polen):** "Erst zum Befreiungskrieg 1948 kamen wir nach Israel, die Männer gingen gleich zum Militär, viele Mädchen in Kibbuzim. Auch mein späterer Mann war beim Militär. Wir heirateten nach zweieinhalb Jahren und gingen in den Moschaw Michmóreth, ein Fischerdorf, um die Fischerei für Juden zu erobern und zu entwickeln. Das Leben war sehr schwer; wir wohnten unter primitiven Bedingungen in der Wüste, es gab keinen elektrischen Strom, alles war sehr einfach. Aber wir hatten das Gefühl, ein neues Leben und eine neue Heimat für unsere Kinder aufzubauen." (S. 247)

Paul Siegel **(Deutschland):** "Von Cadiz aus geht schließlich am 25. Oktober 1944 die Reise nach Erez Israel, ins damalige Palästina, am 4. November 1944 kommt Paul nach Haifa, wird für kurze Zeit von den Briten im Internierungslager Atlit festgehalten, beginnt dann seine Lehrzeit in einem Kibbuz, um schließlich nördlich von Tel Aviv als Schaúl (später Familienname *Sagiv*) einen neuen Kibbuz mitzubegründen, wo der Autor bis heute lebt [2001]:Yakum." (S. 250)

Zvi Sohar **(Polen):** "Zvi Sohar hat an allen Kriegen Israels teilgenommen und besitzt alle entsprechenden Ehrenzeichen, hat in seinen verschiedenen Funktionen das heutige Israel mit aufgebaut, gleichzeitig wurde seine Persönlichkeit durch das Land und den Staat Israel gebildet, und er hat in Beruf und Familie schließlich ein erfülltes Leben in Israel gefunden." (S. 256)

Zwi Helmut Steinitz **(Posen):** "Die folgende Lebens- und Leidensgeschichte der Familie Steinitz gehört zweifellos zum Unglaublichsten, Tragischsten, Schrecklichsten, das man in der autobiographischen Holocaust-Literatur überhaupt finden kann. Zwi Helmuts Erinnerungen sind selbst im großen zeitlichen Abstand unglaublich genau, hautnah und berührend, ein wichtiges zeitgeschichtliches Dokument, das die Einmaligkeit, Besonderheit und Monstrosität der NS-Verbrechen und Deutschlands Schuld am Beispiel einer einzigen Familie und des einzig überlebenden Jungen besonders drastisch deutlich macht." (S. 280)

"Ankunft in Haifa[*] - Der erste Anblick einer jüdischen Stadt faszinierte mich. Zwischen grünem Gebüsch und Bäumen leuchteten kleine helle Wohnhäuser hervor. Haifa war damals eine kleine Stadt, in der es viele alleinstehende Häuser auf größeren Grundstücken gab. Vom Meer aus betrachtet machte Haifa den Eindruck einer Gartenstadt. Enthusiastisch und mit lauter Stimme rief ich: "Haifa, Haifa!", und sofort strömten alle aufs Schiffsdeck. Meine Freude und Erregung kannten keine Grenzen, meine Augen füllten sich mit Tränen, und in diesem Augenblick war ich der glücklichste Mensch auf der Welt! Genau darauf hatte ich sehnsüchtig gewartet, auch damals in der Hölle der KZs. Nun war mein Traum in Erfüllung gegangen, wer hätte das gedacht? Das Schicksal hatte mir die große Gunst erwiesen, alle KZs zu überleben. Mutter, Vater und Rudolf würden jedoch niemals von meiner Rettung erfahren." (S. 258)[289]

Noah Stern (Slowakei): "Im Februar 1949 wandern Vater, Mutter und Noah in Israel ein, dort wird Mirjam (Miri) geboren. Vater Stern kann sich wieder als Zahnarzt etablieren, und seinem Sohn Noah gelingt später eine erfolgreiche universitäre Karriere als Professor für Prothetische Zahnmedizin an der Hebräischen Universität zu Jerusalem und am Hadássa Hospital." (S. 266) - "Als CV schreibt Noah Stern: "geboren 1935 in Bratislava, Slowakei, ging 1949 nach Israel und lebt seit 1956 in Jerusalem. Er ist Professor für Prothetische Zahnmedizin an der Hebräischen Universität und am Hadássa Hospital. Mit seiner Frau Micky hat er vier Kinder und vierzehn Enkelkinder. Sie alle sind mit den Geschichten in diesem Buch aufgewachsen und könnten sie uns ebensogut erzählen." (S. 267)

Jacques Stroumsa (Griechenland): "Am 31. Mai 1967 verließen wir Algerien an Bord eines altmodischen Propellerflugzeugs russischer Herkunft, das uns mehr schlecht als recht nach Athen beförderte. (...) Auch in Griechenland wusste man, dass ein Krieg bevorstand. Schiffe fuhren nicht mehr. (...) Mit einem Militärtransport landeten wir gegen 22 Uhr in Tel Aviv. Der Flughafen lag im Dunkeln. Alle Fenster waren mit blauem Papier verklebt. Das roch nach Krieg.- Trotzdem waren wir glücklich, endlich in Israel zu sein. (...) Den Sechstagekrieg erlebten wir in Tel Aviv. (...) Ich sah es als meine Pflicht an, mich freiwillig zu melden, um in einer technischen Abteilung Dienst zu tun, vielleicht in einem Elektrizitätswerk. (...) Am sechsten Tag teilte man

---

[*] **Originaltext in: Zwi Helmut Steinitz, Als Junge durch die Hölle des Holocaust, S. 403 ff.**

[289] Erhard Roy Wiehn & Christel Wollmann-Fiedler (Hg.), Zwi Helmut Steinitz – Vom Holocaust-Opfer zum Blumenexport-Pionier und die heilige Pflicht zu berichten. Eine Hommage. Konstanz (Januar) 2021.

mir mit, dass der Krieg zu Ende sei und dankte mir für meine Hilfsbereitschaft (…) - Dies war die Stunde unserer Entscheidung: Wir blieben in Israel". (S. 269)

Lili Chuwis Thau (Polen): "Wir waren eine Gruppe jüdischer Jugendlicher, Überlebende des Holocaust, und jetzt überstiegen wir schon die Hänge der Alpen. Wir alle waren getrieben von derselben Hoffnung und vom selben Ziel: nach Palästina zu kommen, in einen neuen Ort einzutauchen, dort zu arbeiten, zu vergessen. Wir alle sangen in unseren Herzen, atmeten die frische Luft, kletterten die engen Gebirgspfade hinauf und herunter. Endlich waren wir frei, aber leider nicht lange." (S. 277)

"Endlich kam nach drei Tagen der Ungewissheit ein Jeep mit einem aufgemalten Davidstern an der Seite, und wir erfuhren, dass er zur *Jewish Brigade* gehörte.[290] Zwei Offiziere stiegen aus, am Ärmel ein Schild mit der Aufschrift *Palestine.* Wir waren außer uns vor Freude, jüdische Soldaten zu sehen, die Gewehre trugen und gegen die Deutschen kämpften!" (S. 278)

"(…) am 21. Mai 1946 kommt Lili nach Erez Israel; 1947 Tochter Aviva-Bela (Psychologin, verh., 3 Töchter, 8 Enkelkinder); 1952 Tochter Tamar (Anwältin, verh. 3 Kinder, 2 Enkelkinder); 1969 Tochter Eynat-Schlomit (Sporttrainerin)". (S. 281)

Uri Toeplitz (Deutschland): "Nur Auswandern konnte eine bessere Zukunft bringen." (S. 21): Sein Glück ist, als Flötist mit den ersten Musikern in das 1936 neugegründete 'Palestine Orchestra' aufgenommen worden zu sein, das als Israel Philharmonic Orchestra längst Weltgeltung erlangt hat." (S. 283) – "Als Flötist im Palästina der dreißiger Jahre" schreibt Uri Toeplitz: "Mein erster Tag im neuen Land verbrachte ich im Zentrum von Tel Aviv,[291] wo ich bei Bekannten übernachten konnte. Die Straße, in der sie wohnten, war nahe dem 'Schuk', dem Markt im orientalischen Stil. Damals wurden dort Lebensmittel verkauft, heute gibt es auch Kleiderstücke zweiter Wahl zu billigen Preisen. Der Lärm und die Wohlgerüche des Orients, die über allem lagen, waren neu für mich, es war eine etwas romantisch anmutende, neue Welt." (S. 284)

Inka Wajsbort (Polen): "Im Jahre 1957 kamen wir nach Israel, hier wurde 1958 unsere Tochter geboren. Mein Mann war ein bekannter Neurologe, ich arbeitete als Anästhesistin in einem Krankenhaus. End-

---

[290] Siehe hier S. S. 251, Fußnote 254.

[291] "Tel Aviv vergrößerte sich rasant: 1919 hatte es 2.000, Ende der zwanziger Jahre 40.000 und Ende der dreißiger Jahre 160.000 Einwohner." (Jay H. Geller, Die Scholems. Berlin 2020, S. 257.

lich kam Ruhe in mein Leben. 1991 kam mein Mann bei einem Autounfalls ums Leben. Ich widme ihm dieses Buch." (S. 289)

Emil Wenkert **(Rumänien):** "Heute, nach elf Jahren, die ich nun in Israel lebe, habe ich Verbindung mit meinen ehemaligen Schülern und Kollegen [in Rumänien]; auf manche von ihnen kann ich stolz sein. (…) – In Israel habe ich viele Artikel für deutschsprachige Zeitungen geschrieben, vor allem für *Die Stimme – Mitteilungsblatt für die Bukowiner* und in den *Israel Nachrichten,* die beide in Tel Aviv erscheinen." (S. 291)

Erhard Roy Wiehn: "Vier Monate nach der Befreiung gründete eine Gruppe überlebender ehemaliger Mitglieder der Hachschará[292] den "Kibbuz Buchenwald", später und bis heute "Netzer Seréni" genannt (S. 8).[293] Selbst viele Beteiligte bekannten im Abstand von 40 Jahren anno 1985: "Wer hätte das geglaubt, dass wir das verwirklichen werden!" (S. 7, 15, 17, 29, 59, 61, 73, 77) Diese stolzen Worte einer einmaligen historischen Aufbauleistung wurden als Titel der Erstveröffentlichung gewählt, und wir haben sie gerne auch für diese Neuauflage beibehalten (wenn auch ohne Anführungszeichen)." (S. 292)

"Diese Sammelschrift erscheint gerade heute besonders wichtig, wo man Israel in vielen Teilen der Welt vor allem und für vieles nur verurteilt,[294] wobei weithin vergessen wird, dass dieses Land und dieser Staat mit viel Blut, Schweiß und Tränen[295] auch von überlebenden Schoáh-Opfern aufgebaut wurde als heute noch einzigartige Demokratie im Nahen Osten mit weltweit führender Landwirtschaft, mit Spitzentechnologie, exzellenten Universitäten, einem blühenden Kulturleben, einer funktionierenden Verwaltung und einem beachtlichen Lebensstandard – und das alles trotz eines jahrzehntelang fortbestehenden Kriegszustandes mit den meisten Nachbarn, die den Staat Israel

---

[292] Haschschará – Vorbereitung auf das Leben in Erez Israel; https://de.wikipedia.org/wiki/Hachschara

[293] Der Kibbuz liegt in Zentral-Israel und ist nach dem aus Italien stammenden Widerstandskämpfer Enzo Sereni (1905-1944) benannt, der am 15. Mai 1944 mit dem Fallschirm über Norditalien abgesetzt und vermutlich am 18. November 1944 im KZ Dachau erschossen wurde.

[294] "'Mit Fanatikern sind Kompromisse nicht möglich' – Israel Präsident Schimon Peres über den Iran, den Nahost-Konflikt und die Zukunft des deutsch-israelischen Verhältnisses", in: Frankfurter Allgemeine Zeitung, Nr. 19, 23.01. 2010, S. 6.

[295] Eigentlich "Blut, Mühsal, Tränen und Schweiß" (engl. "Blood, toil, tears, and sweat"), in einer kurzen Ansprache Winston Churchills am 13. Mai 1940 vor dem britischen Unterhaus.

nicht anerkennen und keinen Frieden wollen[296] und vor allem trotz ebenso aktueller wie unsäglicher Androhung seiner Vernichtung."[297] (S. 294)

Schlomo Wollstein **(Schweiz)**: "Von der Schiffsreise Marseille nach Haifa blieben mir nur schöne Erinnerungen. Das Wetter war gut, die Mahlzeiten abwechslungsreich und schmackhaft. (...) Nach vier Tagen kamen die Umrisse von Haifa in Sicht. Mein Herz begann höher zu schlagen. Als wir im Hafen anlegten, erblickte ich meine Schwester Channa mit ihrem Mann Dov auf dem Kai. Es dauerte einige Zeit, bis die Zoll- und Einwanderungsbeamten sich eingerichtet hatten. Da sich viele Einwanderer auf Deck befanden, bildete sich eine lange Warteschlange. Schließlich erhielt ich eine "Teudát Oléh", ein Dokument für Neueinwanderer, das mir vorerst als Ausweis dienen sollte." (S.296f.)

***

In unserer Edition Schoáh & Judaica haben wir bis jetzt sechs Lesebücher über jüdisches Leben und Leiden publiziert (alphabetisch): 1) in Czernowitz und der Bukowina, 2) in Polen, 3) in Rumänien, 4) in Tschechien und der Slowakei, 5) in der Ukraine und 6) in Ungarn; hinzu kommen weitere vier, nämlich über 7) Jüdische Kinder und Jugendliche in der Schoáh, 8) Jüdische Mädchen und Frauen in der Schoáh, 9) Jüdische Schicksal in deutschsprachigen Landen sowie 10) Jüdisches Leben und Überleben in Europa und Israel.

Geschichten der Heimkehr ist für den Herausgeber jedoch das wichtigste (und vielleicht sogar letzte) Lesebuch, weil es eben nicht nur (gekürzte) Überlebensgeschichten enthält, sondern vor allem auch Geschichten vom neuen Leben in Israel, dem gewaltigsten Unterfangen der Weltgeschichte (vgl. Friedrich Dürrenmatt S. 11): Die Neugründung und den Neuaufbau einer Gesellschaft und eines Staates nach 2000 Jahren Galúth (Exil): Nur drei Jahre nach der Holocaust-Schoáh – atemberaubend! – Und wir können und dürfen sagen, dass wir als Zeit-, Augen- und Ohrenzeugen nicht nur dabei waren, sondern auch darüber berichten konnten. Dies betrachte ich als den Glücksfall der Glücksfälle meines Lebens: Wie schön, dass ich dies hier einmal mehr bezeugen kann.

---

[296] Was sich seit Spätsommer 2020 nun zu ändern scheint, jedenfalls sind die Friedensabkommen zwischen Israel, den Vereinigten Arabischen Emiraten und Bahrain sehr hoffnungsvolle Entwicklungen. (16.09.2020)

[297] "Die Angst, dass Israel vielleicht nicht überlebt – Ein Gespräch mit dem israelischen Schriftsteller David Grossmann über sein Buch 'Eine Frau flieht vor einer Nachricht'", in: Frankfurter Allgemeine Sonntagszeitung, Nr. 3, 24.01.2010, S. 11.

Für mich waren die Editionsarbeiten intensive Wiederbegegnungen mit den Autorinnen und Autoren, von denen ich die meisten persönlich kannte bzw. kenne, mit einigen war bzw. bin ich befreundet, von denen jedoch viele schon nicht mehr leben (leider wurde ich nur sehr selten von Angehörigen informiert, wenn sich Autorinnen bzw. Autoren von dieser Welt verabschiedet haben). Jedenfalls war es Glücksache, mit ihnen oder ihren Nachkommen früh- bzw. rechtzeitig in Kontakt gekommen zu sein, um ihre Schicksalswege durch unsere Publikationen vor dem Vergessen bewahren zu helfen.

Diese Editionsarbeiten waren aber auch Wiederbegegnungen mit Orten und Landschaften Israels, das ich zwischen 1958 und 2019, d.h. bis jetzt insgesamt 33 Mal besuchte, in das ich von Anfang an heftig verliebt war und bis heute geblieben bin, also weit mehr als ein halbes Jahrhundert lang. Da es mir persönlich aber nicht bestimmt war, dauerhaft ins Land Israel heimzukehren (mein längster Aufenthalt dauerte 1967 etwa acht Wochen),[298] – es war nicht meine Destination –, habe ich um so mehr jeden Besuch als eine Art *Heimkehr auf Zeit* zu verstehen und zu erleben versucht.

Alles in allem betrachte ich die vorliegenden *Geschichten der Heimkehr* als eine Art *Summa Judaica et Israelia* meiner Edition Schoáh & Judaica, als Hommage an die Autorinnen und Autoren und ihre *Heimkehr* sowie an das *Land ihrer Heimkehr – Israel.*

*

"Die Juden lassen sich nicht unterkriegen sie stehen auf, kehren [selbst nach 2000 Jahren] *zurück und richten sich wieder ein. Das muss man ihnen zugute halten. Ihre Überlebenskraft ist unvergleichlich, das sollte man von ihnen lernen. Stimmen Sie mir zu?"*[299]

12. April 2021[300]

---

[298] Vgl. Erhard Roy Wiehn, MenschWerden – Dem Leben seinen Sinn geben. Erinnerungen 1937-2012. Konstanz 2012, S. 237 ff.

[299] Aharon Appelfeld (1932-2018), Meine Eltern. Berlin 2017, S. 225.

[300] Herzlich gedankt wird Mirjam Wiehn für ihr engagiertes Korrekturlesen dieser Einführung. (10.04.2021)

25. Jüdische Schicksale in und aus Deutschland*

Jüdische Schicksale in und aus Deutschland ist das 10. und umfangreichste Lesebuch[301] meiner Edition Schoáh & Judaica. Die Grundidee für diese Edition bestand und besteht darin, die Opfer mit ihrer eigenen Stimme selbst zu Wort kommen zu lassen, um ihre Schicksale namentlich für immer festzuschreiben.

Hier werden insgesamt 82 Bücher von 23 Autorinnen und 59 Autoren präsentiert sowie 17 Interviews aus den 1980er Jahren, an denen je 10 Frauen und 10 Männer beteiligt waren. Die 82 Bücher stellen etwa ein Viertel meiner Edition von derzeit etwa 350 Titeln dar; etliche weitere mögliche Titel wurden hier nicht berücksichtigt, um den Umfang in Grenzen zu halten.

Es handelt sich um Publikationen aus den Jahren 1982 bis 2021, also aus einem Zeitraum von rund 40 Jahren. Darunter sind einige wenige Originaltexte der Buch-Autorinnen und -Autoren selbst, zumeist jedoch und insgesamt sind es Vor- oder Nachworte des Herausgebers. Die vorliegende Präsentation hat einen Rahmen: Am Anfang (S. 15) steht mein älterer Beitrag *"Zur jüdischen Geschichte der Pfalz",* weil diese Geschichte zumindest partiell auch für andere Regionen und Städte Deutschlands gelten kann und interessante Aspekte enthält, die in den übrigen Beiträgen nicht vorkommen. Gewissermaßen als Pendant dazu stehen am Ende des vorliegenden Lesebuchs meine beiden jüngeren Beiträge *"Zur jüdischen Geschichte in Baden und Konstanz"* (S. 553).

Die hier versammelten jüdischen Autorinnen und Autoren bzw. beschriebenen Personen stammen aus mehr als 50 Städten, Städtchen, Ortschaften Deutschlands (in den Grenzen von 1937) sowie aus einigen weiteren Regionen, etwa 30 gingen (zumindest zeitweise) nach Palästina/Israel, etwa 15 wurden Opfer der Schoáh. 5 Autorinnen und 14 Autoren sind keine Jüdinnen bzw. Juden. Fünf Autorinnen bzw. Autoren sind mit 2 Beiträgen vertreten, ein Autor mit 3, eine Autorin mit 5, ein Autor mit 6, der Herausgeber mit 7 Beiträgen.

---

* **Erhard Roy Wiehn (Hg.), Jüdische Schicksale in und aus Deutschland – Ein Lesebuch der Edition Schoáh & Judaica zum 1700-Jahre-Jubiläum jüdisches Leben in Deutschland. Konstanz (Juni) 2021, S. 9-14.**

[301] Da ich vor meinen neuen Einfällen niemals sicher sein kann, will ich hier keinesfalls voreilig behaupten, dass dies mein letztes Lesebuch sei. (27.04.2021)

In knapp vierzig Jahren wechselten Diktion und Stilistik meiner Einführungen, manche sind länger, dichter, tiefgründiger als andere; die Interviews sind durchweg detailreicher, farbiger, munterer, teils auch etwas weitschweifiger als die anderen Texte. Etliche Wiederholungen werden in Kauf genommen, damit die Einführungen in sich gut lesbar bleiben (um allzu viele Wiederholungen zu vermeiden, gibt es aber auch entsprechende Verweise). Durch die alphabetische Anordnung der Texte entstehen teils harte Schnitte, doch die 40-jährige Text-Synopse führt insgesamt zu einer interessanten Verdichtung der zentralen Thematik.

*

Dazu zitiere ich aus einer (2021) 164 Jahre alten Schrift: "In der französischen Zeit" (1801/02-1814),[302] so Wilhelm Heinrich Riehl, "als die Zivilehe zwischen Christen und Juden gestattet war, ist trotzdem in der heutigen Pfalz keine solche abgeschlossen worden, und wenn der gemeine Mann hier theoretisch auch noch so tolerant gegen die Juden ist, so hält er sich doch – wie überall in Deutschland – im stillen für etwas viel Besseres als den vornehmsten Hebräer."

Die Zeugnisse alter Judenverachtung in Volkssprüchen und gemeinen Redebildern seien noch "im vollen Glanz lebendig", und derselbe Mann, welcher dem toten Juden mit Freuden ein Grab neben seinem eigenen gönne, sage darum noch immer von jeder ungesalzenen Suppe: "sie schmeckt wie ein toter Jude".[303] Ganz ebenso ging es nach Wilhelm Heinrich Riehl mit der Toleranz der christlichen Konfessionen untereinander, – falls man diese Feststellung überhaupt als einen gewissen schwachen Trost empfinden mag (W.H. Riehl 1973, S. 289).

Aber diese Freundschaft habe im Volksbewusstsein ihre Grenzen, gerade wie die Duldung gegen die Juden: "Denn die zumeist noch

---

[302] "Das Département du Mont-Tonnerre (französisch; deutsch *Département Donnersberg*, auch *Donnersberg-Département*) war eine Verwaltungseinheit im Gebiet der heutigen deutschen Bundesländer Rheinland-Pfalz und Saarland, die im Verlauf der französischen Revolutionskriege nach dem Vorbild der französischen Départements gebildet wurde. Im Wesentlichen umfasste das Département du Mont-Tonnerre die heutige Pfalz und Rheinhessen. Vor allem Teile der Südpfalz gehörten allerdings zum Département Bas-Rhin mit Sitz in Straßburg." https://de.wikipedia.org/wiki/Département_du_Mont-Tonnerre

[303] Dazu z.B.: Stefan Glenz, Judenbilder in der deutschen Literatur – Eine Inhaltsanalyse völkisch-national-konservativer und nationalsozialistischer Romane 1890–1945. Konstanz 1999; Andrei Oişteanu, Das Bild des Juden in der rumänischen Volkskultur – Eine Auswahl scheinbar positiver Vorurteile. Aus dem Englischen von Marie-Elisabeth Rehn. Konstanz 2002.

stark reformiert gefärbte Anschauung des protestantischen Pfälzers befreundet sich eher mit zwanzig Judengrabsteinen als mit einem Kruzifix", und bei aller Toleranz ziehe man in der Pfalz konfessionelle Volksschulen den reinen Gemeindeschulen vor (W.H. Riehl 1973, S. 290 ff.).

Doch die kirchlich-religiösen Verhältnisse in der Pfalz sind nun auch wieder nicht in jeder Hinsicht eine Ausnahme, so Wilhelm Heinrich Riehl 1857 (vor 164 Jahren!); denn: "Was wir hier in der Pfalz im kleinen, aber besonders deutlichen Bilde sehen, das wiederholt sich in ganz Deutschland, und nicht bloß bei Christen und Juden, sondern mehr und mehr noch in der örtlichen Ausgleichung der beiden christlichen Hauptbekenntnisse." (W.H. Riehl 1973, S. 286 f.) Kluge Bemerkungen, die es in sich haben: Chapeau!

*

Für dieses Lesebuch habe ich nicht nur frühe Texte neu in den Rechner eingetippt,[304] weil ich auf diese Weise eine besonders intensive und vielleicht auch letzte Zwiesprache mit den Autorinnen und Autoren halten wollte, um mich dabei an vieles zu erinnern, was allenfalls zwischen den Zeilen steht. Vielleicht war dies auch eine Art letzter Abschied von Freundinnen und Freunden, die mir sehr viel bedeutet haben und bedeuten.

Völlig klar ist, dass ich während meiner frühen Arbeiten in den Jahren 1979-1982 über jüdische Geschichte in der Pfalz nicht wissen konnte, dass sich aus dieser Thematik eine umfangreiche Edition entwickeln sollte, die dann schon sehr bald mit *Kaddisch – Totengebet in Polen. Reisegespräche und Zeitzeugnisse gegen Vergessen in Deutschland* (Darmstadt 1984, ²1987) begann und im Mai 2021 bei etwa 350 Titeln angelangt ist (in meiner Kindheit gab es im Elternhaus nur zwei Bücher: das Gebet- und Gesangbuch meiner Mutter und ein kleines Handlexikon mit dem Titel 'Schlag nach'[305]).[306] Verhalten hoffe ich, dass durch dieses Lesebuch das Interesse an den Büchern selbst

---

[304] Im übrigen hat mir Wolfgang Hartung-Gorre durch seine Scann-Beihilfe dankenswerterweise einmal mehr sehr geholfen. (14.05.2021)

[305] Vgl. Erhard Roy Wiehn, Kindheit und Jugend in Kaiserslautern. Konstanz 2014, S. 151.

[306] Hier möchte ich anmerken, dass sich die neun Monate von Anfang August 2020 bis Anfang Mai 2021 als besonders produktiv erwiesen haben: Meine Editionsarbeiten schienen fast wie von selbst zu florieren – ein Wunder der Corona-Zeit?! (02.05.2021)

neu geweckt wird, für welche die hier präsentierten Einführungen im Laufe der Jahre geschrieben wurden.

Die Schriften der Edition Schoáh & Judaica finden sich (in alphabetischer Reihenfolge) in 1/2) den Leo Baeck Instituten Jerusalem und New York, in 3) der Library of Congress, Washington, D.C., in 4) der National Library of Israel, Jerusalem, 5) der Universitätsbibliothek Konstanz, im 6) U.S. Holocaust Memorial Museum, Washington, D.C., in 7) Yad Vashem, Jerusalem, sowie (wenigstens teilweise) in weit mehr als 10 weiteren Bibliotheken im In- und Ausland (falls dort jemand zufällig vorbeikommt, bitte einfach mal reinschauen, um zu sehen, ob meine Hinweise stimmen).

*

Die folgenden (mit "informierter Willkür" ausgewählten) acht Zitate aus dem vorliegenden Sammelband mögen als Anregung dienen, sich in die Lektüre zu stürzen:

Gretel Baum-Merómm (1913-2019): "Noch immer leide ich darunter, dass meine Eltern im Lager umkamen und ich [seit 1934 in Palästina] ihnen nicht helfen konnte. Dies ist für mich ein immer wiederkehrender Alptraum, insbesondere wenn ich daran denken muss, dass meine Mutter sich vor der Deportation nach Auschwitz [im Ghetto Lodz] erhängte." (S. 62)

Helmut Grünfeld (geb. 1928):"Es gab einige Gerechte", so Helmut Grünfeld, "doch allzu viele waren es nicht." (S. 176)

Fritz Joseph Heidecker (1912-ca. 2000): "Jetzt sind wir nur Vortrupp. ... Für viele ist Platz, und wir wissen, dass sie kommen werden." (S. 130) "Und dann kommt der Tag, da wir Juden den Danksegensspruch sagen werden für das köstliche Erbe unserer Väter." (S. 47) "Keiner kommt zu spät." (S. 187)

Joachim Kalter (1923-?): "Ich weiß die Not und Entbehrung zu schätzen, und sie haben ebenfalls meinen Glauben an das Judentum verstärkt. Ich bin heute stolz darauf, ein Jude zu sein, und in diesem Sinne möchte ich auch immer weiterleben." (S. 215)

Schlomo Marcus (1910-2014): "Auf drei Säulen ruht hiernach Ur-Glaube: Anerkennung Gottes, Erwählung des Volkes, Erwählung des Landes. Sie sind untrennbare Einheit." - "Der Staat Israel ist der Staat des Volkes, das wie kaum ein anderes durch Jahrtausende verfolgt, dezimiert wurde, das am Rande des Existenzabgrundes geistige und geistliche Werte schuf wie wenige. (S. 268 f.)

Bernhard Mayer (1866-1946): "Als [1929]wir an der Grenze zwischen Ägypten und Palästina in El Cantara ankamen und von einem Beamten hebräisch angesprochen wurden, war ich bewegt. Und als wir weiterfuhren und die jüdischen Siedler auf den Feldern arbeiten sahen, war ich tief erschüttert." (S. 90, dazu S. 294 ff.)

Leo Picard (1900-1997): "Der Antisemitismus wird nie aussterben, das ist klar, macht mir aber nichts mehr aus! Zu diesem Standpunkt muss man kommen, zu einer klaren Haltung!" (S. 31

Ida Windmüller (1903-1994): "Das deutsche Judentum, wie ich es kenne und meine Vorfahren und meine Neffen und Nichten es kennen, die ausgewandert sind, das liegt auf den Friedhöfen, das ist in Übersee, in Südamerika und in Israel natürlich!" (S. 517)

*

In meinem Beitrag "Zur jüdischen Geschichte der Pfalz" (S. 15 ff.) greife ich auf meine frühen Arbeiten über jüdisches Leben in Deutschland zurück, ohne damit hier einen Kreis schließen zu wollen, soweit es an mir liegt. Jedenfalls empfinde ich eine gewisse Genugtuung darin, feststellen zu können, dass ich rund 40 Jahre (ein halbes Leben?) der Thematik *Schoáh & Judaica* treugeblieben bin.

Anfangs lag zwar die Zukunft noch "in Finsternis" (wie es im *Pfadfinder-Abschiedslied* heißt und "macht(e) das Herz uns schwer"); damals mag immerhin schon eine gewisse Ahnung aufgekommen sein bezüglich meiner *Destination,* also wohin meine Arbeits- und Publikations-Lebensreise gehen könnte, sollte, müsste, würde.

Ungleichheit unter Menschen war schon das Problem und Thema meiner empirischen Magisterarbeit von 1965, sodann meiner Dissertation von 1966/67 wie auch schließlich meiner Konstanzer Antrittsvorlesung von 1972.[307] Zumindest ex post scheint meine Lebensarbeits-

[307] Meine 300-seitige Magisterarbeit (plus Daten-Band) komprimiert in: "Der vorzeitige Abgang aus der 8. und 10. Klasse – Interviewerhebung", in: Der vorzeitige Abgang vom Gymnasium. – Bildung in neuer Sicht – Schriftenreihe des Kultusministeriums Baden-Württemberg zur Bildungsforschung, Bildungsplanung, Bildungspolitik. Reihe A, Nr. 6, herausgegeben von Hansgert Peisert und Ralf Dahrendorf. Stuttgart 1967, S. 59-79; meine Diss. komprimiert in: Theorien sozialer Schichtung – Eine kritische Diskussion. Hrsg. v. Ralf Dahrendorf. (Pieper Verlag) München 1968, ²1974; meine Antrittsvorlesung in: Ungleichheit

thematik *Schoáh & Judaica* also eine durchaus folgerichtige Fortsetzung, Explikation und Realisation meiner frühen persönlichen, historischen, politischen und soziologischen Anfangs- und Ausgangsinteressen.

Wie ich in meiner rund vierzig Jahre langen Forschungs- und Editionstätigkeit all diese barbarischen, schrecklichen, unerträglichen Schicksale aushalten und bearbeiten konnte, weiß ich selbst nicht recht. Denn das ging ja nur mit einer starken Dosis Ausdauer und Besessenheit, Empathie und Distanz, was mir aber anscheinend irgendwie gelang: Vielleicht weil ich schon früh verstanden hatte, dass dies und nichts anderes meine persönliche *Destination* darstellte. Flucht wäre vergeblich gewesen: Oh Jona, Jona!![308] Denn *diese* empirische Erinnerungsarbeit konnte niemand außer mir tun, *ich musste* sie unbedingt tun, sonst wäre sie jedenfalls in der vorliegenden Form für immer ungetan geblieben, - und so wäre vieles für immer vergessen.

Und tatsächlich schien darauf von Anfang an ein Segen zu liegen, denn kein Buchprojekt, das ich wirklich verwirklichen wollte, blieb unverwirklicht, und im Laufe der Jahre konnten wir auch alle Projekte finanzieren, manchmal mit Hilfe der Autorinnen und Autoren selbst, sehr selten durch Sponsoring, zumeist jedoch mit eigenen "Bordmitteln", was alles in allem gewiss keine Kleinigkeit war. Doch niemals wollte ich für meine Buchprojekte betteln gehen (auch nicht in Form von Anträgen, über die dann irgendwelche mehr oder weniger kompetenten Geldquellenverwalter entscheiden würden) und blieb dadurch in meinen Entscheidungen unabhängig.

Eine bemerkenswerte Rolle im Hinblick auf Erinnerungsarbeit spielte in den letzten Jahren das Finanzamt Konstanz, wo ich zwar meine Buchhonorare versteuern muss, das aber die Herstellungskosten nicht anerkennt mit der Begründung: *"Der Verlust kann nicht anerkannt werden, da es sich bei dieser Tätigkeit um Liebhaberei handelt."* (Steuerbescheid für 2018, 22.11.2019, S. 2) *Erinnerungsarbeit* als

---

unter Menschen als soziologisches Problem. Konstanzer Universitätsreden Nr. 61, hrsg. v. Gerhard Hess. Universitätsverlag, Konstanz 1973.

[308] Dazu: Meir Shalev, "Eine Prophezeiung mit Termin - Die Geschichte vom Propheten Jona", in: Der Sündenfall – ein Glücksfall? Alte Geschichten aus der Bibel neu erzählt. Zürich 1999, S. 97 ff.

Liebhaberei – darauf muss man erstmal kommen: wenn das die Erinnerungskultur-Kämpferinnen und -Kämpfer wüssten![309]

Zum Glück hat dafür meine Gesundheit ziemlich gut mitgespielt, und ich habe bis jetzt alle diesbezüglichen Probleme ziemlich gut überstanden – vielleicht nach dem Motto (bis jetzt hat's funktioniert): *Wer lange arbeitet, lebt lange!* – Auch die Universität Konstanz hat nobel mitgewirkt und mir nach meiner Emeritierung ein kleines Arbeitszimmer belassen (mit Blick über den grünen Hockgraben auf den Schweizer Säntis (2.502 m) und Kindergartenlärm von unten), was gewiss nicht selbstverständlich war und ist. – Nicht zuletzt gehört es zu den Glücksfällen meines Lebens, dass ich Mitte der 1980er Jahre an den Hartung-Gorre Verlag in Konstanz gelangt bin, wo wo das Ehepaar Gorre während all dieser Jahre und bis heute meine Publikationen einmalig engagiert betreute und betreut. Für all dies kann ich nur größte Dankbarkeit empfinden und natürlich hoffen, dass mir mein editorisches Arbeitsleben noch ein Weilchen vergönnt bleibt.[310]

Jüdische Schicksale in und aus Deutschland sehe ich nach *Geschichten der Heimkehr – Lebenswege nach und in Israel* (Konstanz 2021) als weitere wichtige *Summa Schoáh & Judaica*, in der zugleich eine große Dosis Herzblut, also ein wesentliches Stück meines Lebens steckt: Es ist meine Soziologie des 20. Jahrhunderts für das 21. Jahrhundert, und das nenne ich: Im flüchtigen Augenblick Bleibendes zu schaffen versuchen – Brückenbau zwischen Vergangenheit und Zukunft! – Trotz aller hier komprimiert präsentierten jüdischen Leidens-, Todes-, aber auch Überlebensgeschichten muss das Fazit für *Jüdische Schicksale in und aus Deutschland* aber zweifellos dennoch lauten: *"Ám Israel chái – Das Volk Israel lebt!"* – Barúch Haschém – Barúch Hamakóm.

14. Mai 2021 – 73 Jahre Staat Israel (die Quersumme 10 hat in der jüdischen Tradition etliche interessante Bedeutungen)

26. Jüdische Schicksale in und aus Frankreich

---

[309] Vielleicht darf ich den Verdienstorden des Landes Baden-Württemberg 2021 als eine Art Kompensation betrachten? (14.05.2021)

[310] Worüber mein Zahnarzt Dr. Rainer Michael Braun, der Kardiologe Dr. Frank Hamann und unser Hausarzt Dr. Kai Michael dankenswerterweise aufmerksam wachen. (30.04.2021)

Erhard Roy Wiehn: Deportiert und ermordet – untergetaucht und überlebt*

Am 1. September 1939 hatte der Zweite Weltkrieg mit dem Überfall der Deutschen Wehrmacht auf Polen begonnen. Am 3. September 1939 erklärte Frankreich dem Deutschen Reich den Krieg und musste am 22. Juni 1940 bei Compiegne (Departement Oise) ein Waffenstillstandsabkommen unterzeichnen. Artikel 19 dieses Abkommens verpflichtete die französische Regierung in Vichy (Auvergne) unter dem damaligen Ministerpräsidenten und baldigen 'Chef de l'Etat Francais', Marschall Henri Philippe Petain (1856-1951), und dem stellvertretenden (späteren) Ministerpräsidenten Pierre Etienne Laval (1883-1945) "alle in Frankreich sowie in den französischen Besitzungen befindlichen Deutschen, die von der Reichsregierung namhaft gemacht werden, auf Verlangen auszuliefern". Genau vier Monate nach diesem deutsch-französischen Waffenstillstandsabkommen mit seinem sich als tödlich erweisenden Artikel 19 erfolgte die Deportation der badischen, pfälzischen und saarländischen Juden in den Zuständigkeitsbereich der französischen Vichy-Regierung.

Am 22./23. Oktober 1940 wurden etwa sechseinhalbtausend Menschen aus Baden, der Pfalz und dem Saarland in das südwestfranzösische Internierungslager Gurs am Fuß der Pyrenäen deportiert, Alte und Kranke, Frauen und Männer, Jugendliche, Kinder und Babys, Deutsche von Deutschen, 'nur' weil sie Juden waren. Sehr wenige blieben von dieser sogenannten 'Abschiebung' verschont, und sogar nichtjüdische Angehörige gerieten damals auf die tödlichen Schienen der Schoáh. Angesichts grausamer Transportbedingungen sowie unsäglicher Lebensverhältnisse in Gurs und benachbarten Lagern starben viele schon in der allerersten Zeit, nicht allzu vielen gelangen Befreiung und Flucht. Es gab hochherzige Hilfsmaßnahmen, insbesondere in der Schweiz. Gleichwohl wurden viele ab August 1942 aus Gurs und anderen Camps in die deutschen Vernichtungslager Polens verbracht und ermordet.

Vor allem um das Schicksal dieser Deportierten geht es im folgenden Lesebuch.

*

---

* **Erhard Roy Wiehn (Hg.), Jüdischen Schicksale und und aus Frankreich – Ein Lesebuch der Edition Schoáh & Judaica. Konstanz (Juni/Juli) 2021, S. 9-14.**

Schon im März 1942 trafen Barbara Vormeier zufolge die mit der "Judenfrage" beauftragten SS- und Gestapo-Vertreter des Reichssicherheitshauptamtes (RSHA) "in enger Zusammenarbeit mit den deutschen Besatzungsbehörden sowie im Einvernehmen mit der Deutschen Botschaft in Paris Vorbereitungen für die Deportierungen nach Auschwitz-Birkenau, Majdanek und Sobibor". Unter der Leitung des SS-Standartenführers und Befehlshabers der Sipo und des SD in Frankreich, des 32-jährigen Dr. Helmut Knochen, kam es im Sommer 1942 zu Razzien in Paris, denen weitere "Judenaktionen" folgten, und zwar auch im unbesetzten Frankreich. In diesem Sinne habe der Chef der Vichy-Polizei den Regionalpräfekten der 'Freien Zone' befohlen, die Deportation der Juden "aus Deutschland, Österreich, der Tschechoslowakei, Polen, Estland, Litauen, Lettland, Danzig, dem Saarland, der Sowjetunion sowie der jüdischen Weißrussen, die nach dem 1. Januar 1936 nach Frankreich gekommen waren", vorzubereiten (B. Vormeier 1980, S. 8; vgl. S. Klarsfeld 1989: *Literatur hier S. 100 ff.*).

Wie von Serge Klarsfeld dokumentiert, wurde am 2. Juli 1942 in einer Besprechung zwischen dem Polizeichef der Vichy-Regierung, René Bousquet, und dem Stellvertreter des Reichsführers-SS in Frankreich, dem Höheren SS- und Polizeiführer Karl Oberg, die Kooperation des 'Etat Français' bei der "Endlösung der Judenfrage" offiziell besiegelt: Der französische Polizeichef stimmte dem deutschen Vorschlag zu, "im gesamten Frankreich in einer einheitlich durchgeführten Aktion Juden ausländischer Staatsangehörigkeit in der von uns gewünschten Höhe festnehmen zu lassen" - "und zwar durch französische Gendarme", hebt Wolfgang Stenke hervor: "Mit dem Segen Vichys konnten sie (die Deutschen, Anm. d. Verf.) die Drecksarbeit an französische Dienststellen delegieren." (W. Stenke 1989; vgl. S. Klarsfeld 1989)

In den südfranzösischen Lagern sei am 5. August 1942 mit der Zusammenstellung der Transportzüge, die aus Viehwagen bestanden, begonnen worden, schreibt Barbara Vormeier: Die Lagerkommandanten hätten Anweisung gehabt, gegenüber den Internierten das vorläufige Reiseziel, das nördlich von Paris gelegene Durchgangslager Drancy, zu verschweigen. Aber viele Internierte hätten die Vorahnung gehabt, dass von einem "Arbeitseinsatz" oder einer "Familienzusammenführung" nicht die Rede sein würde: "Grauen und Entsetzen erfüllte die Menschen, als sie an der Demarkationslinie in Chalon-sur-Saône wahrnahmen, dass die Transporte in den von den Deutschen besetzten

Teil Frankreichs kamen. 'Wir konnten und wollten es nicht glauben', berichtet der Badener Rolf Weinstock, der Auschwitz überlebte, 'dass wir wieder zurück sollten in die Hände der Barbaren, zurück zu Hitler und seinen Banditen. Wenn auch Deutschland unsere Heimat war, so hatten wir uns doch jetzt alle der Hoffnung hingegeben, deutschen Boden nicht eher wieder betreten zu müssen, bis Deutschland frei und Hitler vernichtet sei.'" (B. Vormeier 1980, S. 8)

Nur wenige hatten der Deportation entgehen können, unter den rund 10.000 ausländischen Juden, die zwischen dem 7. August und 5. September 1942 aus der unbesetzten Zone nach Drancy verbracht worden seien, haben sich Barbara Vormeier zufolge über 4.500 Deutsche und 1.100 Österreicher befunden, womit bereits zwei Drittel der in den Jahren 1942/44 aus Frankreich verschleppten Deutschen und Österreicher ausgeliefert worden seien: "Nach der Totalbesetzung Frankreichs im November 1942 hatten die Deutschen angeordnet, alle Grenz- und Küstendepartements Südfrankreichs 'judenfrei' zu machen." Somit sei nun während der Zeit der italienischen Besetzung und bis zur Kapitulation Italiens im September 1943 in Vichy-Frankreich nurmehr eine kleine Zone geblieben, wo Juden dank der italienischen Armee vor der Auslieferung an die Deutschen geschützt gewesen seien: "Die Staatsraison von Vichy kannte keine Menschlichkeit. Ministerpräsident Laval (1945 als Kollaborateur erschossen, Anm. d. Verf.) sah im September 1942 die Deportierungen ausländischer Juden als 'nationales Prophylaktikum' an." (B. Vormeier 1980, S. 8; vgl. S. Klarsfeld 1989)

In "dokumentarischer Kärnerarbeit" habe Serge Klarsfeld in seinem 1989 veröffentlichten Standardwerk die "quantitative Dimension des Massenmordes" deutlich gemacht, den die deutschen Besatzer in Frankreich begingen, schrieb Wolfgang Stenke: "Anhand der Transportlisten der Gestapo recherchierte Klarsfeld das Schicksal der Deportierten, die in 79 Konvois - meist von Drancy aus - nach Osten geschickt wurden. Zwischen dem 27. März 1942 und dem 12. August 1944 transportierten die Nationalsozialisten 75.721 Menschen in die Vernichtungslager - etwa ein Viertel der 330.000 Juden, die 1940 in Frankreich gelebt hatten. Nur 2.560 Deportierte konnten bei Kriegsende von den Alliierten aus den Konzentrationslagern befreit werden. Wie Klarsfeld herausgefunden hat, ist die Bilanz des Schreckens damit noch nicht vollständig: 'Die Zahl der Juden, die vor ihrer Deportation in den Lagern Frankreichs - vor allem in denen der Südzone - starben, liegt bei 3.000. Die Zahl der Juden, die summarisch hingerichtet oder erschlagen wurden, weil sie Juden waren, beläuft sich auf etwa 1.000. Die Gesamtzahl der Opfer der Endlösung in Frankreich muss somit auf 80.000 angesetzt werden.'" Serge Klarsfelds düstere Bilanz des Zusammenwirkens von nationalsozialistischer Barbarei und französischer Kollaborationspolitik akzentuiere das Versagen der Vichy-Regierung (Marschall Pétain wurde als Kollaborateur zum Tode verurteilt, später zu lebenslänglichem Gefängnis begnadigt), "das vor allem die in den dreißiger Jahren eingereisten Flüchtlinge mit dem Leben bezahlen mussten" (W. Stenke 1989; vgl. S. Klarsfeld 1989) - und viele Menschen der Oktoberdeportation 1940.

*

Jedoch geht es hier nicht nur um die Schicksale der Deportierten, sondern auch um junge deutsche Juden, die durch Frankreich über die Pyrenäen nach Spanien flüchteten und überlebten.

Wie **Hans Flörsheim** (S. 33 ff.) aus Rotenburg an der Fulda waren im Verlaufe der 1930er Jahre viele Jüdinnen und Juden in der vermeintlichen Hoffnung auf Freiheit und Sicherheit aus Deutschland in die Niederlande geflüchtet. Mit dem Überfall der deutschen Wehrmacht auf Polen hatte am 1. September 1939 der Zweite Weltkrieg begonnen, am 10. Mai 1940 marschierte die Wehrmacht in den Niederlanden ein, und bald war das ganze Land nicht nur besetzt, sondern nach kurzer Schonfrist auch von sich ständig steigernden judenfeindlichen Maßnahmen und blankem antijüdischen Terror betroffen.

Ab 3. Mai 1942 waren jüdische Menschen in Holland durch den gelben Stern stigmatisiert und zur "Endlösung" freigegeben, bald begannen die Deportationen, und mit insgesamt 99 Bahntransporten wurden ca. 107.000 Menschen deportiert, Männer, Frauen und Kinder, die weitaus meisten direkt in die Vernichtungslager Auschwitz-Birkenau und Sobibor, nur ca. 5.500 überlebten, also nur etwa 5%.[311]

"Wij gaan niet naar Polen – Wir gehen nicht nach Polen!" wurde zum entscheidenden Motto, mit dem vor allem junge Jüdinnen und Juden um ihr Überleben kämpften, zeitweise im Untergrund, dann mit gefälschten Papieren der Kriegs-Hoch- und Tiefbau-Organisation Todt[312]

---

[311] Vgl. Eberhard Jäckel et al. (Hg.), Enzyklopädie des Holocaust. Band II, München 1995, S. 999 u. 1008; dazu auch: Felix Hermann Oestreicher, Ein jüdischer Arzt-Kalender – Durch Westerbork und Bergen-Belsen nach Tröbitz. Konzentrationslager-Tagebuch 1943–1945. Konstanz 2000.

[312] https://de.wikipedia.org/wiki/Organisation_Todt

und der deutschen Wehrmacht, - Hans Flörsheim war einer von ihnen, der als Jugendlicher buchstäblich um sein Leben kämpfte, auf abenteuerlichste Weise von den Niederlanden durch Belgien nach Frankreich entkam, nach drei vergeblichen Versuchen endlich beim vierten Mal im April 1944 über die Pyrenäen in die Freiheit gelangte und im selben Jahr sogar nach Erez Israel, ins damalige Palästina, wo er noch immer im Kibbuz Yakum nördlich von Tel Aviv lebt [2007].

Man kann sich heute kaum noch vorstellen, wie viel Intelligenz, Mut, Glück und Gottvertrauen nötig waren, um unter einer europaweiten, absolut tödlichen Terrorherrschaft zu leben, weshalb es besonders wichtig ist, dass die letzten noch lebenden Zeitzeugen ihre Erlebnisse den kommenden Generationen überliefern.

Heinz Jehuda Meyerstein (S. 53 ff.) wurde 1920 in Göttingen geboren; seine Vorfahren väterlicherseits wie mütterlicherseits waren seit dem 18. Jahrhundert in der Region ansässig. Infolge des wachsenden Antisemitismus musste er in Göttingen die Schule verlassen und bald auch eine Feinmechaniker-Lehre abbrechen, um mit 18 Jahren an eine jüdische Berufsschule nach München zu gehen. Dort erlebte er er am 8./9. November 1938 den Reichspogrom, die sogenannte "Reichskristallnacht", und musste auch die anschießende Deportation und Folter von Dachau erleiden, womit die folgende dramatische Überlebensgeschichte des Protagonisten "Willi" alias Heinz beginnt.

Willi verabschiedet sich von seiner Familie in Göttingen, die er bei dieser Gelegenheit zum letzten Mal sieht, und geht mit Hilfe einer jüdischen Organisation nach Holland, wo er zunächst auf einem Bauernhof arbeitet, später im jüdischen "Werkdorp". Nach dem Einmarsch der deutschen Wehrmacht in Holland am 10. Mai 1940 beginnen auch hier sofort sich ständig verschärfende antijüdische Maßnahmen, weshalb sich Willi zunächst in Amsterdam versteckt. (...)

Nach kurzem Aufenthalt in Amsterdam gelangt Willi illegal über Antwerpen und Brüssel nach Frankreich, um kurze Zeit als Waldarbeiter für die deutsche 'Organisation Todt' zu arbeiten. In Vorbereitung der geplanten Flucht über die Pyrenäen nach Spanien folgen beim Warten auf einen Bergführer und günstiges Wetter abenteuerliche Irrfahrten von Bordeaux nach Toulouse und nach einer ersten misslungenen Pyrenäen-Überquerung militärische Übungen beim Maquis im Massif Central.

Anschließend setzt Willy seine gefährliche Irrfahrt mit gefälschten Papieren und auf Kosten der deutschen Wehrmacht nach Toulouse,

Paris und wieder Toulouse fort, bis ihm zusammen mit einer Gruppe von Kameraden trotz äußerst problematischer Wetterlage vom 28. Februar bis 5. März 1944 bei Eis uns Schnee in unendlicher Mühsal schließlich die Überquerung der Pyrenäen, der rettende Weg nach Spanien in die Freiheit und Ende Oktober 1944 auch die Reise ins damalige Palästina gelingen, die alte neue Heimat Erez Israel. Hier baut Heinz Jehuda alias Willi nun seine neue Existenz ebenso mühsam wie langfristig erfolgreich auf.

Die Eltern wurden ins Warschauer Ghetto[313] deportiert, galten als verschollen und wurden später für tot erklärt. Heinz Jehudas Bruder Herbert Meyerstein wurde im Alter von 20 Jahren am 29. August 1942 in Auschwitz ermordet.

Paul Werner Siegel alias Schaúl Sagiv (S. 68 ff.) wird 1924 in Köln geboren. Väterlicherseits stammt die Familie aus dem hessischen Hergershausen, mütterlicherseits aus der Südpfalz. (…)

Nach der Machtübernahme der Nationalsozialisten im Januar 1933 nimmt der gewalttätige Antisemitismus ständig zu, der erste Boykott jüdischer Geschäfte wird schon am 1. April 1933 organisiert. Bereits im Mai 1933 mietet der Vater eine Wohnung in Osterbeek/Holland, das Kölner Geschäft wird liquidiert, Paul mit seiner Schwester Margot 'schwarz' über die Grenze nach Holland gebracht. (…)

1936 siedelt die Familie nach Arnhem über, wo der Vater schon früher ein Haus gekauft hatte. Dieser denkt bald an Emigration nach Amerika, Paul möchte lieber nach Palästina, beides misslingt zumindest vorerst. Die sogenannte "Reichskristallnacht" am 9./10. November 1938 führt zu einer Massenflucht auch nach Holland, dabei sind die Großeltern mütterlicherseits, die in ihrem Dorf schwer misshandelt worden waren. In Holland verlebt Familie Siegel zunächst noch eine passable Zeit, wenn auch die Sorgen und Spannungen steigen.

Am 10. Mai 1940 marschiert die deutsche Wehrmacht in den Niederlanden ein, und bald ist das ganze Land nicht nur besetzt, sondern nach kurzer Schonfrist auch von sich ständig steigernden judenfeindlichen Maßnahmen und blankem Terror betroffen.

Paul beginnt Ende August 1040 mit 16 Jahren auf einem kleinen holländischen Bauernhof zu arbeiten, trifft sich mit anderen landwirtschaftlich tätigen jüdischen Jugendlichen zu zionistischen Bildungs-

---

[313] Dazu: Erhard Roy Wiehn, Ghetto Warschau – Aufstand und Vernichtung 1943 fünfzig Jahre danach zum Gedenken. Konstanz 1993, 2. Auflage 2020.

veranstaltungen als Vorbereitung auf eine mögliche Auswanderung nach Palästina. Selbst eine erste Liebschaft ist schon nicht mehr ungefährlich. Ab Anfang Mai 1942 sind die Juden in Holland "vogelfrei" und durch den gelben Stern stigmatisiert. Als Paul sich in einem deutschen Arbeitslager melden soll, taucht er Anfang Oktober 1942 bei einigen Kameraden für kurze Zeit in einem Waldversteck unter, sucht vergeblich ein dauerhaft sicheres Versteck, wird schließlich im November 1942 von den Deutschen gefasst und ins Konzentrationslager Westerbork in Nordholland verbracht.

In Westerbork folgt eine schwere Lagerzeit, zweimal pro Woche werden nun ca. 1000 Menschen nach Polen deportiert, ab Januar 1943 immer noch einmal pro Woche. Es sind Reisen ohne Wiederkehr. Paul wird zu den unglaublichsten Arbeiten eingesetzt und ist bald entschlossen, sich keinesfalls nach Polen deportieren zu lassen: "Wij gaan niet naar Polen! – Wir gehen nicht nach Polen!" wird zum entscheidenden Überlebensmotto, mit dem man die Schreckensnächte vor den Deportationen übersteht. Mit insgesamt 99 Transporten werden aus Holland ca. 107.000 jüdische Menschen deportiert, Männer, Frauen und Kinder. Von ihnen überlebten ca. 5.500, also ca. 5%.

Paul versucht, die vielleicht letzte Chance einer Flucht zu nutzen, meldet sich nun bewusst zum Transport, besteigt am 1. Februar 1944 den Deportationszug,[314] - entkommt wie geplant kurz vor der Abfahrt auf der anderen Seite des Zuges, versteckt sich im Lager, wird dann mit einem Fluchtpartner hinausgeschmuggelt, gelangt schließlich nach Amsterdam.

Von Amsterdam wird Paul mit Hilfe des Untergrunds zunächst nach Belgien und Brüssel gebracht, dann nach Paris, von dort nach Toulouse und bis zu den Pyrenäen, die nun zusammen mit einer Gruppe von Flüchtlingen bei Eis und Schnee in einer fast tödlichen Tour zu überqueren gelingt: Die ersten Bäume auf spanischem Boden verkünden, "dass ich leben würde!"

---

[314] Dieser Transport mit 10015 Menschen, 340 Männer, 454 Frauen und 221 Kinder, kam am 10. Februar 1944 in Auschwitz-Birkenau an: 73 Frauen mit den Häftlingsnummern 173509-173650 und 142 Männer mit den Häftlingsnummern 173509-173650 werden zur einstweiligen Arbeit ausgesucht, die übrigen 800 Menschen werden sofort in der Gaskammer getötet (vgl. Danuta Czech, Kalendarium der Ereignisse im Konzentrationslager Auschwitz-Birkenau 1939-1945. Reinbek 1090, S. 149).

Nach einigen spanischen Gefängnissen beginnt für Paul endlich ein neues Leben in Freiheit. Von Cadiz aus geht schließlich am 25. Oktober 1944 die Reise nach Erez Israel, ins damalige Palästina, am 4. November 1944 kommt Paul nach Haifa, wird für kurze Zeit von den Briten im Internierungslager Atlit festgehalten, beginnt dann seine Lehrzeit in einem Kibbuz, um schließlich nördlich von Tel Aviv als Schaúl (später Familienname *Sagiv*) einen neuen Kibbuz mitzubegründen, wo der Autor bis heute lebt [2001]:Yakum. – Seine Eltern und seine Schwester haben versteckt überlebt und kommen nach Israel.

Alles in allem ein starkes Buch des Erinnerns, die erstaunliche Geschichte eines Jungen, der in absolut *ungleichem Kampf* auch dank der christlich-jüdischen Rettungsaktion der Westerweel-Gruppe überlebt, um dann den Traum seines Lebens in Israel zu verwirklichen.

Somit haben wir in unserer Edition Schoáh & Judaica nun eine Triologie sehr ähnlicher Schicksale und gelungener Rettungsaktionen über die Pyrenäen nach Spanien, die in vielen Detail einander ergänzen: Chanan Hans Flörsheim: *Über die Pyrenäen in die Freiheit,* Heinz Jehuda Meyerstein: *Gehetzt, gejagt und entkommen* und Paul Siegel: *In ungleichem Kampf.* – Nicht zuletzt geht es auch um jüdische Schicksale eigner Art in Frankreich wie etwa Peters Künzels Familie Abraham (S. S. 42 ff.), Louis Dreyfuss' Überleben (S. 29 ff.), Martin Ruchs Familie Neu (S. 60 ff.) und August Bohnys unvergessene Geschichten (S. 20 ff.). – Durch die hier erfolgte Zusammenstellung von Texten, die in großem zeitlichen Abstand veröffentlicht wurden, kam es zu etlichen Doppelungen von Textpassagen, die teils herausgenommen, der Vollständigkeit halber aber auch belassen wurden.

Last not least: In Frankreich lebten 1940 ca. 300.000 Jüdinnen und Juden, ca. 76.000 wurden getötet;[315] laut Yad Vashem wurden am 1. Januar 2020 für Frankreich 4.130 "Gerechte unter den Völkern" gezählt (für Deutschland 638).[316]

*

Das alles ist schon mehr als 80 Jahre her. Inzwischen gibt es jedoch die paradoxe Erfahrung: Je weiter die Ereignisse der Schoáh sich zeitlich zu entfernen und in Vergangenheit zu entschwinden scheinen, desto stärker drängen sie in die Gegenwart zurück. Das gilt auch für

---

315 https://www.bpb.de/fsd/centropa/ermordete_juden_nach_land.php (31.05 .2021)

316 https://www.yadvashem.org/de/righteous/statistics.html (31.05.2021)

jüdische Schicksale in und aus Frankreich. Heute leben nur noch sehr wenige der damals jüngsten Deportierten bzw. Flüchtlinge als Augen- und Zeitzeugen, denen der damalige Alptraum jedoch ganz gegenwärtig geblieben ist. – 31. Mai 2021

27. Jüdische Schicksale in und aus Lettland und Litauen

Erhard Roy Wiehn: Zur Schoáh im Baltikum*

"Welch imposantes Volk, das jüdische."
Alfred Döblin (1878-1957; 1926, hier S. 49)

Das vorliegende *Lettland-Litauen-Lesebuch* der Edition Schoáh & Judaica ist nicht sehr umfangreich, hat es aber in sich.

Kaddisch in Estland: Am 3. September 1943 kommt eine neue "Aktion", Benjamin Anolik kann mit viel Glück dem Tod entkommen, durchlebt und durchleidet dann verschiedene Arbeitslager in Estland, trifft im Lager Kloga sogar seinen Vater wieder, der jedoch das Kriegsende nicht erlebt und ebenso wie seine Mutter erschossen wird. Benjamin und sein Bruder Nisja überleben: "Soldaten der Roten Armee gaben uns etwas zu essen und anzuziehen. Wir waren frei. Unsere Befreier gaben uns unsere Menschenwürde zurück. – *Es war der 24. September 1944.* – Unsere Familie und das alte große jüdische Wilna, das 'Jerusalem der Diaspora', wird es jedoch nie wieder geben." (hier S. 52) Einige Porträts von Judenrettern – "Gerechte unter den Völkern" – runden diese bewegenden Überlebens- und Nichtüberlebensgeschichten ab.

Kaddisch in Lettland: Juden lebten seit dem 16. Jahrhundert in Kurland (Süden) und Livland (Norden), Landschaften des späteren und heutigen Lettland. – Anfang des 20. Jahrhunderts waren es ca. 200.000 Menschen, ca. 5% der Gesamtbevölkerung, teilautonom, bis 1941 sollen es noch ca. 100.000 gewesen sein, davon ca. 40.000 in Riga, die anderen vor allem in Dwinsk und Liepaja (Libau) (vgl. in Max Kaufmann S. 33 ff.). Von 1918 bis 1940 war Lettland ein unabhängiger Staat und ist es wieder seit 1991. – Von den ca. 94.000 Juden

---

* **Erhard Roy Wiehn (Hg.), Jüdische Schicksale in und aus Lettland und Litauen – Eine Lesebuch der Edition Schoáh & Judaica. Konstanz (Juli) 2021, S. 7-9.**

im Jahre 1935 in Lettland konnten ca. 15.000 in die Sowjetunion fliehen, von den verbliebenen ca. 79.000 sollen insgesamt nicht mehr als höchstens etwa 3.000 überlebt haben, davon ca. 1.000 die deutsche Besatzung im Lande, ca. 150 die deutschen Lager, einige Dutzend als Partisanen, der Rest irgendwie (hier S. 9).

Kaddisch in Litauen: Jüdisches Leben in Litauen begann in der ersten Hälfte des 14. Jahrhunderts und wurde nach einer wechselhaften, aber alles in allem unvergleichlich kreativen Zeit von rund 600 Jahren innerhalb von nur drei Jahren durch Deutsche fast restlos vernichtet. Mit 94% liegt der Prozentsatz ermordeter Juden im Vergleich zu allen deutschbesetzten Gebieten einschließlich des deutschen Reiches selbst in Litauen bei weitem am höchsten (hier S. 48).[317] – Während der sowjetischen Okkupation 1940/41gab es erste drakonische anti-jüdische Maßnahmen, vor allem die Verbannung von ca. 7.000 litauischen Juden nach Sibirien, was sie allerdings zugleich vor den anrückenden deutschen Sonderkommandos rettete. "Was Stalin nicht zu vernichten vermochte, vollendete Hitler", bemerkt Grigori Smoliakov lakonisch: "Das war ds Ende einer einzigartigen Jüdischen Gemeinde in Litauen – die vollständige Ausrottung. Mit einem Wort, es gab Juden in Litauen, und es gibt sie nicht mehr. Davon zeugen die verwahrlosten und entweihten Friedhöfe, in in Lagerhallen verwandelten Synagogen und Gebetshäuser und die Straßen, die mit jüdischen Grabsteinen gepflastert sind." Bescheidene Zeichen werden bleiben: "Denkmäler, Gedenktafeln, Geschichtsbücher und Literatur." (Grigori Zwi Smoliakovas 1992, hier S. 29)[318]

Kaddisch im Baltikum: Zur Schoáh im Baltikum hier ein Ländervergleich: am 1. Januar 2020 gab es insgesamt 27.712 "Gerechte unter den Völkern", also Menschen, die jüdische Kinder Frauen und Männer gerettet haben, und zwar wohl immer unter größter eigener Lebensgefahr (dazu hier S. 44):

[317] Allerdings wurden ca. 96,5% der jüdischen Bevölkerung Thessalonikis ermordet; vgl. Erhard Roy Wiehn, Juden in Thessaloniki. Konstanz 2001, S. 38.

[318] Wenn Vorworte verschiedener Bücher aus verschiedenen Erscheinungsjahren alphabetisch aneinandergefügt werden, kann dies zu Doppelungen führen, die hier jedoch in Kauf genommen werden, damit diese Beiträge vollständig lesbar bleiben. (01.06.2021, ERW)

In *Estland* lebten 1934 ca. 4.300 Jüdinnen und Juden, davon wurden ca. 1000 ermordet;[319] am 1. Januar 2020 gab es in oder aus Estland 3 "Gerechte unter den Völkern",[320] die jüdische Bevölkerung in Estland wird im Internet 2021 zwischen 1000 und 3.000 Personen angegeben.

In *Lettland* lebten 1939 ca. 93.500 Jüdinnen und Juden; davon wurden ca. 70.000 ermordet; am 1. Januar 2020 gab es in oder aus Lettland 138 "Gerechte unter den Völkern"; die jüdische Bevölkerung in Lettland wird im Internet (2021/2001) auf ca. 7.000 Personen geschätzt.

In *Litauen* lebten 1939 ca. 150.000 Jüdinnen und Juden; davon wurden 145.000 ermordet; am 1. Januar 2020 gab es in oder aus Litauen 916 "Gerechte unter den Völkern";[321] die jüdische Bevölkerung wird im Internet 2021/2018 auf ca. 3.000 Personen geschätzt.

1. Juni 2021

28. Über jüdische Schicksale in der Sowjetunion[*]

In diesem Lesebuch über *Jüdische Schicksale in der Sowjetunion* geht es *nicht* um jüdische Sowjetbürgerinnen und Sowjetbürger, sondern ausschließlich um Jüdinnen und Juden von außerhalb der Sowjetunion, vor allem aus Rumänien, aber auch vereinzelt aus der Tschechoslowakei und aus Polen, die aus unterschiedlichen Gründen in den Machtbereich der Sowjetunion geraten waren oder sogar mit ihr sympathisierten.

Die folgenden Autorinnen und Autoren werden in alphabetischer Reihenfolge teilweise mit eigenen Texten, vor allem aber durch Vorworte des Herausgebers präsentiert, was teilweise zu kontrastreichen Schnitten führt. Diese knappen Porträts sollen neugierig machen auf die folgenden teils ausführlicheren Einführungen, die ihrerseits wiederum Vorworte zu den porträtierten Bücher sind, auf die letztlich vor

---

[319] Diese Zahlen stammen von der Bundeszentrale für politische Bildung; https://www.bpb.de/fsd/centropa/ermordete_juden_nach_land.php (28.05.2021)

[320] Diese Zahlen stammen von Yad Vashem; https://www.yadvashem.org/de/righteous/statistics.html (28.05.2021)

[321] In Deutschland gibt es 2020 laut Yad Vashem 638 "Gerechte unter den Völkern". (28.05.2021)

[*] **Erhard Roy Wiehn (Hg.), Jüdische Schicksale in der Sowjetunion – Ein Lesebuch der Edition Schoáh & Judaica. Konstanz (Juli) 2021, S. 7-26.**

allem das Interesse gelenkt werden soll. Hier also zunächst eine kurze Vorstellung der in diesem Lesebuch präsentierten Autorinnen und Autoren.

*

Herman Konradowitsch Abraham (1924-2012) erfuhr *Unter rotem Nordlicht* (2014) ein tragisches Schicksal, der als junger rumänischer Jude in der Roten Armee gegen Nazi-Deutschland kämpfen wollte, dann der Spionage verdächtigt und zu lebenslangem Arbeitslager im berüchtigten Polarkreis-GULag Workuta[322] verurteilt wurde, wo ihm erst nach Stalins Tod 1953 gewisse Erleichterungen der Lebensbedingungen gewährt wurden. 1949 verliert er durch einen Arbeitsunfall einen Arm; 1998 geht zunächst Sohn Jakow nach Israel, im Spätherbst 1999 folgt ihm Herman Abraham mit dem Rest der Familie, nur Sohn Michael verbleibt in Russland. Herman-German Abraham-Abram stirbt in Israel 2012, nicht ohne erfolgreich gegen die russische Föderation um seine Rente gekämpft zu haben. - Herman Konradowitsch Abraham alias Abram German hat hier nicht nur seine ganz außergewöhnliche persönliche Geschichte und die seiner Familie verewigt, sondern auch die Geschichten zahlreicher Mitgefangener *Unter rotem Nordlicht*, und zwar in einer Diktion, die durchaus an Alexander Solschenizyns *Archipel Gulag*[323] und Warlam Schalamows *Erzählungen aus Kolyma*[324] erinnern, sodass man von Herman Konradowitsch Abraham als einem "jüdischen Iwan Denissowitsch" sprechen kann. (...)[325]
– 12. Januar 2014

---

322 https://de.wikipedia.org/wiki/Arbeitslager_Workuta

323 Warlam Schalamow, Durch den Schnee. Erzählungen aus Kolyma I. Berlin 2011; Willy Beitz, Warlam Schalamow – der Erzähler aus der Hölle von Kolyma. Leipzig 2012; dazu Regina Mönch, "Tiefgefrorene Menschengeschichten – Der unbestechliche Chronist des stalinistischen Lagerterrors: Das Literaturhaus Berlin zeigt eine großartige Ausstellung über den russischen Schriftsteller Warlam Schalamow", in: Frankfurter Allgemeine Zeitung, Nr. 227, 30. September 2013, S. 29; dazu auch: Leben oder Schreiben. Der Erzähler Warlam Schalamow. Literaturhaus Berlin.

324 Herman Konradowitsch Abraham kannte Schriften beider Autoren, siehe S. 250.

325 Herman Konradowitsch Abraham erwähnt das "Nordlicht" S. 75, 78, 120, und der Zug Moskau–Workuta hieß "Nordlicht"; auch von "Polarsonne" und "roter Sonne" ist die Rede; der Autor gab seinen Erinnerungen den Titel "Unter dem Nordlicht"; der Herausgeber hat diesen Titel politisch eingefärbt. Vgl. dazu Ossip Mandelstam: "Das schwarze Kerzenlicht ist eine späte Erinnerung an das

Margit Bartfeld-Feller (1923-2019) stammte aus einer gutbürgerlichen, kultivierten jüdischen Mittelstandsfamilie in dem noch stark deutsch-geprägten rumänischen Czernowitz, wurde am 13. Juni 1941 *(2021 vor 80 Jahren!)* völlig überraschend zusammen mit Tausenden von Leidensgenossinnen und Leidensgenossen aus Rumänien und dem Baltikum als "bourgeoise Elemente" und "Volksfeinde" mit den Eltern und dem kleinen Bruder Otti nach Sibirien (in das Gebiet nördlich von Tomsk) deportiert, wo viele aufgrund der katastrophalen Lebensbedingungen zu Tode kamen, so Margits Vater schon im Herbst 1941. - Andererseits wurden die Jüdinnen und Juden durch ihre Deportation nach Sibirien vor den mörderischen Deutschen gerettet, die in der Bukowina und andernorts schreckliche Blutbäder unter der jüdischen Bevölkerung anrichteten. – Margit heiratete 25-jährig den Deportierten Kurt Feller und lebte seit 1956 in Tomsk: 32 Jahre lang war sie hier als Musikerzieherin in einem Kinderheim tätig. Erst 1991 - 50 Jahre nach ihrer Deportation - konnte sie mit Mama Cilly sowie mit Tochter Anita und deren Familie legal aus des russischen Föderation nach Israel ausreisen. Eine offizielle Entschuldigung oder gar Entschädigung hat es nie gegeben. – In Israel entfaltete Margit Bartfeld-Feller eine rege Publikationstätigkeit in deutscher Sprache, und in ihren Schriften "triumphiert über alle Schilderungen der Rücksichtslosigkeit, der Barbarei, der Not, der Verzweiflung, des Erschöpfungs-, Hunger- und Kältetodes Ungezählter hinaus - die Menschlichkeit ... Unprätentiös, einfach im Vortrag, ist Dokumentationsliteratur dieser Art" *Am östlichen Fenster* (2002) von absolut bleibendem Wert.[326]

Margit Bartfeld-Feller (1923-2019) ist hier alsdann vertreten mit dem Sammelband *Von dort bis heute* (2015): [327] "Ich erlaube mir, mich in nachstehender Angelegenheit an Sie zu wenden", schrieb sie am 8. Februar 1996: "Ich bin in Czernowitz, der Geburts- und Heimat-

---

Motiv der schwarzen Sonne von 1916, im Gedicht auf den Tod seiner Mutter." In: Ralph Dutli, Mandelstam. Zürich 2013, S. 443.

[326] Hans Bergel, "'Von den Schultern der Karpaten...' Deutschschreibende jüdische Autoren aus Südosteuropa in Israel." In: Südostdeutsche Vierteljahresblätter, Nr. 4, München 2000, S. 315-320; vgl. auch Siglinde Bolbecher/Konstantin Kaiser in: Zwischenwelt, Nr. 2, Wien, Juli 2000, S. 3; Josef N. Rudel, Zwischenwelt, Nr. 3, Wien, November 2000, S. 36.

[327] Else Keren, "Czernowitz", in: Petro Rychlo, Die verlorene Harfe. Černivci 2002, S. 472. – *Von dort bis heute* umfasst immerhin einen Zeitraum von etwa 90 Jahren.

stadt Paul Celans geboren, der einmal schrieb, dass in dieser Stadt Menschen mit Büchern lebten.[328] Kurz vor Ausbruch des Zweiten Weltkriegs wurde ich mit meiner Familie von den Russen (*nach Sibirien, ERW*) verschickt.[329] In den dort verbrachten fünf Jahrzehnten kam mir zu Bewusstsein, was ein Mensch in seinem kurzen irdischen Dasein erleben, erleiden und dennoch überleben kann. Vor fünf Jahren gelang es mir schließlich, nach Israel auszuwandern.[330] Hier veröffentlichte ich in der in Tel Aviv erscheinenden Bukowina-Monatsschrift *Die Stimme* eine Reihe von Kurzgeschichten (...) aus meinem Leben in Czernowitz und Sibirien, die bei der Leserschaft guten Anklang fanden. Beiliegend übersende ich Ihnen einige Kopien; sollten Sie nach der Lektüre dieser Beiträge an der Herausgabe eines Sammelbändchens interessiert sein, bitte ich Sie um Mitteilung... Ich warte mit Ungeduld auf Ihre Antwort. Hochachtungsvoll..."

Natürlich war ich sofort interessiert und lud Margit Bartfeld-Feller während meines nächsten Israelbesuchs zusammen mit einigen israelischen Autorinnen und Autoren unserer *Edition Schoáh & Judaica* am 2. April 1996 [2021 vor 25 Jahren!] ins Tel Aviver *Ramada Continental Hotel*. Am Ende dieser geglückten ersten persönlichen Begegnung verabredeten wir uns zu einem Gespräch auf den nächsten Vormittag am gleichen Ort. – Und da saßen wir nun am Morgen des Sederabends[331] 5756/1996 (was ja zu diesem Publikations-*Aufbruch* tatsächlich sehr gut passte und außerdem zu Margits Geburts-*Tag*, was ich aber an jenem Tag noch nicht wusste) in der schon vertrauten Hotel-Lobby mit Blick auf das blau-glänzende Mittelmeer, sahen uns zum zweiten Mal und wollten über ihr Leben und einen möglichen Sammelband sprechen, eigentlich eine Art Wunder an sich; denn wie kommt man nach so extrem verschiedenen Lebenswegen eines Tages

---

[328] "... es war eine Gegend, in der Menschen und Bücher lebten." Paul Celan, Ansprache anlässlich der Entgegennahme des Literaturpreises der Freien Hansestadt Bremen 1958; in: Paul Celan, Ausgewählte Gedichte – Zwei Reden. Frankfurt am Main 1967, S. 127.

[329] Mit den Eltern und dem kleinen Bruder Otti in den Norden des Tomsker Gebietes (Sibirien).

[330] Zusammen mit Mama Cilly und Tochter Anita, ihrem Mann Moni und deren beiden Söhnen Dany und Jani.

[331] Der Sederabend ist der Beginn des achttägigen Pessachfestes, an dem des Auszugs des Volkes Israel aus dem pharaonischen Ägypten gedacht wird; dazu: Erhard Roy Wiehn, "Pessach-Lecture 5774/2014", in: Erhard Roy Wiehn, NachLese. Konstanz 2015. S. 517 ff.

doch zur rechten Zeit so kreativ und produktiv zusammen, und zwar eben in Israel? Margit Bartfeld-Fellers schlichte Antwort: "Es ist ein Wunder!"[332]

Von dort bis heute – Margit Bartfeld-Fellers erstes Sammelbändchen *Dennoch Mensch geblieben* erschien bereits Mitte September 1996, weitere 10 Buch-Publikationen folgten zumeist im Zwei-Jahres-Rhythmus 1998, 2000, 2002, 2005 (sogar zwei neue Titel!), 2007, 2008, 2009, 2011, 2013, wobei die Titel an sich schon eine Art Markenzeichen dieser Serie geworden sind (darunter auch russische oder deutsch-russische Ausgaben): Wer hätte das gedacht? Zurecht wurde darauf hingewiesen, dass sich Margit Bartfeld-Feller seit 1996 als eine der ganz wenigen zeitgenössischen Schriftstellerinnen aus Czernowitz und der Bukowina bereits in die Literaturgeschichte deutsch-schreibender jüdischer Literatinnen und Literaten eingeschrieben hat.[333] Und obwohl die Literatur über Czernowitz fast unüberschaubar geworden ist, erscheinen ihre Geschichten doch ganz unverwechselbar. - 5. März und 13. Juni 2015

Auch **Margit Bartfeld-Fellers** *Mama Cilly* (2019) muss hier gewürdigt werden: Vielleicht kann man Tochter Margit ohne Mama Cilly gar nicht ganz verstehen. Mama Cilly war eine äußerst kultivierte Frau des wohlhabenden jüdischen Czernowitzer Bürgertums, die sich in noch ganz jungen Jahren auch als außergewöhnlich starke Frau und Mutter erwies, als sie mit ihrem Mann Moritz Bartfeld und ihren Kindern Margit (18) und Otti (9!) ganz plötzlich, gänzlich unerwartet und völlig unschuldig am 13. Juni 1941 *(2021 vor 80 Jahren!)* vom sowjetischen NKWD als "Volksfeinde" nach Sibirien *verbannt* wurden, wo Papa Moritz schon bald verstarb, die restliche Familie jedoch rund 50 Jahre verbleiben musste, bis sie 1990 schließlich nach Israel ausreisen durfte. Man kann sich kaum vorstellen, wie viel Kraft es diese Frau gekostet haben mag, unter unbeschreiblich erbärmlichen Lebensbedingungen und eigentlich ohne jede Hoffnung mit ihren Kindern nicht nur zu überleben, sondern diese trotz allem zu Menschen mit Herzensbildung zu erziehen: *Trotz allem Menschen geblieben*, so heißt bezeichnenderweise Margit Bartfeld-Fellers erstes Buch mit *Geschichten*

[332] "Wer nicht an Wunder glaubt", so David Ben-Gurion, "ist kein Realist." – Vgl. auch: Alfred Margul-Sperber, "Wunder", in: Petro Rychlo, Die verlorene Harfe. Černivci 2002, S. 78.

[333] http://de.wikipedia.org/wiki/Margit_Bartfeld-Feller

aus Czernowitz und aus der sibirischen Verbannung (Konstanz 1996). - Zweifellos hat unsere Autorin und Freundin Margit Bartfeld-Feller ihr eigenes ungewöhnliches Format und unverwechselbares Profil entwickelt, in ihr und ihren Schriften erscheint jedoch wie ein edles Wasserzeichen Mama Cilly stets präsent.

Nicht zuletzt muss hier auch **Margit Bartfeld-Fellers** *Mein Bruder Othmar (Otti) Bartfeld* (2017) (1931-2016) gewürdigt werden: Otti bin ich nie persönlich begegnet, und doch war er mir durch seine Schwester nahe, insbesondere aber auch dadurch, dass er sich bald mit seinen eigenen Geschichten an Margit Bartfeld-Fellers Büchern beteiligte. - Mir schien es schier unglaublich, wie ihm seine schöne Czernowitzer deutsche Muttersprache bis zuletzt perfekt erhalten geblieben war, obwohl es im sibirischen Tomsk schon lange niemanden mehr gab, mit dem er hätte Deutsch sprechen können, was eben jahrelang nur noch durch die Telefonate mit Margit in Tel Aviv möglich war.

Othmar (Otti) Bartfeld verstarb am 8. April 2016 kurz vor seinem 85. Geburtstag, und ich hatte das Gefühl, im fernen Tomsk einen nahen Freund verloren zu haben. Nach 75 Jahren war in Sibirien ein Leben zu Ende gegangen, das in Czernowitz ganz gewiss völlig anders verlaufen wäre, wenn es den Zweiten Weltkrieg nicht gegeben hätte. Andererseits hatten die Deportierten, von denen die meisten Jüdinnen und Juden waren, in Sibirien trotz Hunger und Kälte eine höhere Überlebenschance als diejenigen, die in der Bukownia und anderen deutschbesetzten Gebieten den Deutschen in die Hände gefallen waren.

In Erinnerung an Othmar (Otti) Bartfeld und sein eigentümliches Schicksal haben Margit Bartfeld-Feller, ihre Tochter Anita und ich diese Schrift zusammengestellt: Sie enthält I. Ottis neun eigene Geschichten (S. 15 ff. u. S. 105 ff.), II. Otti in 24 Auszügen aus Margit Bartfeld-Fellers Geschichten (S. 33 ff.), die wir aus ihren Schriften zusammengetragen haben, sowie III. eine 52-seitige Fotodokumentation (S. 51 ff.).

Ich bin beglückt, dass wir diese Otti-Bartfeld-Gedenkschrift so rasch verwirklichen konnten, und ich danke allen Beteiligten herzlich für ihr Engagement. (09.06.2021)

Sassona Dachlika (1911-?) schreibt einleitend zu ihrer autobiographischen Erzählung *"Volksfeinde"* (2002): "In den 40er Jahren des 20.

Jahrhunderts gab es, abgesehen vom Zweiten Weltkrieg, zwei Höllen auf dieser Erde. Die eine, bekanntere und schlimmere, fand in den Vernichtungs- und Konzentrationslagern Europas statt. Die andere in Sibirien. Ohne Gaskammern, ohne Verbrennungsöfen, aber auch effektiv. In beiden Höllen wurden unzählige Menschen jüdischer Herkunft vernichtet. Nur wenige konnten diese Höllen überleben und den Nachgeborenen darüber berichten. Aber gerade dieses Berichten-Wollen war oft Antrieb und Hilfe zum Überleben.

Im vorliegenden Buch geht es um das Überleben einer damals 30-jährigen Frau namens *Erika,* die mitten aus einem kulturell aktiven Leben zusammen mit ihrer Familie in die härteste Wildnis Sibiriens geworfen wird. Fast alle ihrer Schicksalsgenossen gehen nach ein bis zwei Jahren elend zugrunde. Erika und ihre Mutter überleben und können Zeugnis ablegen von einem Massenmord, der hinter dem Eisernen Vorhang in Sibirien stattfand. – Jerusalem, im Mai 2002"

"... von meiner Freundin Miri Alfasi erfuhr ich", schrieb Sassona Dachlika gegen Ende April 2001 aus Israel, *"dass sich Ihr Verlag vorwiegend mit der Publikation von Büchern über jüdische Schicksale befasst. Ich selbst habe eine Erzählung über das Leben einer 1911 in Czernowitz geborenen Jüdin geschrieben, die heute in Jerusalem lebt. Ich schildere zunächst die Kindheit und Jugend im österreichischen, anschließend rumänischen Czernowitz, ihr geistiges Leben sowohl in der jiddischen als auch in der deutschen Kultur, 1941 dann den totalen Bruch und den Kampf ums nackte Überleben in Sibirien..."*

Ich war nach der ersten Lektüre von dieser durchaus starken Erzählung beeindruckt, zumal wir bis jetzt bereits vier einschlägige Schriften von Margit Bartfeld-Feller veröffentlicht hatten und obgleich wir eigentlich vor allem an authentischen, dokumentarischen Texten und Titeln interessiert sind. Über Czernowitz und die sibirische Verbannung kann jedoch gar nicht genug geschrieben und veröffentlicht werden, weshalb wir der Autorin unsere Zusage gaben und uns mit ihr und *Erika,* der Hauptperson der Erzählung nun freuen, *Volksfeinde - Von Czernowitz durch Sibirien nach Israel. Eine Erzählung* vorlegen zu können, die *Erikas* Überlebensgeschichte enthält.

1. August 2002 (09.06.2021)

Bronia Davidson-Rosenblatts (1937[*]-?) *Keine Zeit für Abschied* (2000) beginnen wir hier mit: "Kinder, wir müssen flüchten!", so Bro-

---

[*] Mein Jahrgang! (ERW.)

nias Onkel Romek im September 1939 (S. 13). Die Deutsche Wehrmacht hatte am 1. September 1939 Polen überfallen, und "wer wusste, was die meisten Überlebenschancen bot?" (S. 15) Die Familie trifft sich im Geburtsort von Bronias Mutter, dem Dörfchen Jodlowa, ca. 100 km nördlich von Tarnów, wo die Großeltern zu den Notablen gehören (S. 15). Die Eltern fliehen mit der zweijährigen Bronia, der Großmutter und zwei Onkeln Richtung Przemysl: "Keine Zeit für Abschied." (S. 19) Doch "Engel führen uns!", pflegt die Mutter zu sagen (S. 21). Die Familie wird nun von den Sowjets in Viehwaggons Richtung Sibirien deportiert, doch wenigstens nicht von den Deutschen nach Auschwitz (S. 23). In den Wäldern des Ural ist die Reise vorläufig zu Ende (S. 27), der Vater ist den Strapazen der Zwangsarbeit nicht gewachsen (S. 25): Sein Brief an Bruder Bendit vom Februar 1942 spricht Bände (S. 26 ff.).

Erst nach dem Vertragsschluss der polnischen Exilregierung in London mit der Sowjetunion 1940 werden die Männer aus den Arbeitslagern entlassen, die Familien erhalten eine gewisse Reisefreiheit (S. 30). Bronias Familie gelangt alsdann in die usbekische Stadt Samarkand (S. 31). Dort stirbt Bronias Vater, und auch sie selbst entgeht nur knapp dem Tod durch Krankheit (S. 34 ff.). In dieser Zeit wird die Großmutter besonders wichtig: "Sei ein Mensch!", lautet ihr biblisches Motto (S. 39). Man richtet sich ein in Samarkand (S. 42 ff.), mehr schlecht als recht, der Alltag ist schwer, doch die jüdischen Feiertage werden gehalten, so gut eben möglich (S. 49 ff.). Immerzu geht es um die entscheidende Frage: "Wie bleibt man am Leben?" (S. 51) Bronia besucht einen Kindergarten und beginnt dann mit der Volksschule (S. 51 ff.).

Als später die Niederlage Deutschlands bekannt wird, beginnen sofort Vorbereitungen für die Rückreise (S. 55 ff.), die über das Kaspische Meer zunächst nach Baku führt (S. 57 ff.), dann nach Lwow (Lemberg, inzwischen Lwiw) und von dort nach Tarnów. Doch das frühere Haus ist inzwischen anderweitig bewohnt (S. 62 ff.), und man wird nicht einmal hereingelassen: "Juden waren eine lästige Erinnerung geworden." (S. 62) Nach einer unerfreulichen Zwischenstation in Lodz (S. 62 ff.), wo man KZ-nummerierte Überlebende trifft, zieht die Restfamilie nach Holland weiter (S. 75 ff.): "Anders als andere Kinder zu sein, war unangenehm und nett zugleich." (S. 75) Amsterdam wird Endstation (S. 76 ff.), der Alptraum bleibt: "Kinder es gibt Krieg, wir müssen fliehen ..." (S. 82). – 14. Februar 2000 (09.06.2021)

Professor Dr. Mark Aronowitsch Ettinger (1922-2003) beschreibt in seinen *Erinnerungen* (2006) eine Odyssee, die man kaum erfinden könnte, wenn es sie so nicht gegeben hätte. Mark wird 1922 in einer jüdischen Mittelstandsfamilie in Lodz geboren und wächst in Warschau auf. Der Vater hat eine ansehnliche Bildung, beherrscht mehrere Sprachen, darunter auch Deutsch und Russisch. - Schon als Junge erfährt Mark den damaligen aggressiven polnischen Antisemitismus, nimmt an jüdischen Zeltlagern teil, absolviert erfolgreich eine vormilitärische Ausbildung und erlebt den Überfall der deutschen Wehrmacht auf Polen in Warschau am Freitag, dem 1. September 1939, in Form verheerender Bombardements der deutschen Luftwaffe.

Aufgrund erster Repressionen zunächst gegen jüdische Männer beschließt die Familie, dass der Vater und Mark Warschau vorübergehend verlassen sollten, was in der Nacht vom 6. zum 7. September 1939 geschieht, um die weitere Entwicklung abzuwarten. Von Białystok kommt Mark nochmals nach Warschau zurück, weiß noch lange nicht, dass der Abschied von Mutter und Schwester diesmal endgültig sein wird. Vater und Sohn gelingt es, den Deutschen zu entkommen, die bald ganz Polen besetzen.

In der Sowjetunion einerseits vor den Deutschen gerettet, werden die beiden andererseits dann vom NKWD als Zwangsumsiedler in die Sowjetrepublik Komi[334] verbracht, wo Mark zunächst als Holzfäller arbeiten muss, um aber bald eine erstaunliche Karriere als Musiker zu beginnen. - Im Juni 1944 kann Mark die Republik Komi legal verlassen, verbleibt jedoch in der Sowjetunion, um sich nach seiner Heirat in Musik weiter auszubilden, macht dann eine echte Karriere, gründet in Astrachan[335] eine Musikhochschule, wird dort Leiter des Lehrstuhls für Musiktheorie und Musikgeschichte, erhält zahlreiche Auszeich-

---

[334] "Die Republik Komi liegt im äußersten Nordosten Europas, einer dünnbesiedelten Taiga- und Tundra-Region. Die Landschaft ist vorwiegend flach, im Nordwesten liegt der Timanrücken, im Osten grenzt sie an das Uralgebirge. Die wichtigsten Flüsse sind die Petschora sowie die Wytschegda, ein Nebenfluss der Nördlichen Dwina. Die Urwälder von Komi sind das größte zusammenhängende Urwaldgebiet Europas und seit 1995 UNESCO-Weltnaturerbe. Die Manpupunjor-Felsen zählen zu den Sieben Wundern Russlands." https://de.wikipdia.org/wiki/Republik_Komi

[335] "Astrachan (russisch Астрахань; ...) ist eine Stadt an der Wolga in Russland mit 520.339 Einwohnern (Stand 14. Oktober 2010).[1] Als alte Städtenamen sind Etil und İtil bekannt; beide Namen bezeichnen auch die Wolga. In der Stadt befindet sich das Hauptquartier der Kaspischen Flottille der Russischen Marine." https:// de.wikipedia.org /wiki/Astrachan

nungen und Ehrentitel, um dann 1999 nach Deutschland überzusiedeln, wo sein einziger Sohn schon lebt.

Wie Mark Ettinger später erfährt, wurden seine Mutter und seine Schwester, damals 14 Jahre jung, zunächst im Warschauer Ghetto[336] inhaftiert und von dort zusammen mit ca. 320.000 weiteren Opfern im September 1942 unter unbeschreiblichen Umständen nach Treblinka verbracht und ermordet. Andere Verwandte und Bekannte kamen in Warschau ums Leben, wieder andere wurden in Kiew-Babij-Jar[337] erschossen, manche blieben für immer verschollen. – Mark Ettinger berichtet das alles mit großer Präzision ebenso engagiert wie nüchtern – eine anrührende, atemberaubende Odyssee, *Erinnerungen* eines schier unglaublichen Lebens, in dem der Autor selbst aber auch viele positive Momente erlebt – Zeitgeschichte von innen. – 13. Februar 2006 u. 14. März 2006 (09.06.2021)

Professor Dr. Eduard Goldstücker (1913-2000) war ein Zeitzeuge par excellence des 20. Jahrhunderts. Der weltbekannte Prager Literaturwissenschaftler und Kafka-Kenner wurde 1913 als Sohn einer jüdischen Familie im nordslowakischen Dorf Podbiel geboren, besuchte u.a. auch eine jüdische Schule, studierte Germanistik und Romanistik, war seit 1936 Mitglied der Kommunistischen Partei, musste 1939 vor den Deutschen aus seiner Heimat fliehen, verbrachte die Jahre 1939-1945 im Exil in England, war 1943-1944 im Außenministerium der tschechoslowakischen Exil-Regierung in London tätig,[338] 1944-1945 an der Botschaft in Paris und 1945-1947 im Prager Außenministerium. In den Jahren 1947-1949 war er Attaché in London und 1950-1951 Gesandter in Israel.

Im Dezember 1951 wurde er verhaftet, 18 Monate in Isolationshaft gehalten, 1953 wegen "trotzkistisch-zionistischer Verschwörung" zu lebenslanger Kerkerhaft verurteilt und bis 1955 inhaftiert.

Nach Haftentlassung und Rehabilitierung war Dr. Goldstücker 1956 Dozent für Germanistik an der Prager Karls-Universität, 1963-1969

---

[336] Erhard Roy Wiehn, Ghetto Warschau – Aufstand und Vernichtung 1943 fünfzig Jahre danach zum Gedenken. Konstanz 1993, 2. Auflage 2021.

[337] Erhard Roy Wiehn (Hg.), Babij Jar 1941 – Das Massaker deutscher Exekutionskommandos an der jüdischen Bevölkerung von Kiew 60 Jahre danach zum Gedenken. Konstanz 2001.

[338] Die ehemalige amerikanische Außenministerin Madeleine Albright erwähnt Eduard Goldstücker mehrfach in ihren Memoiren *Winter in Prag – Erinnerungen an meine Kindheit im Krieg.* München 2014, S. 345, 351, 481-483.

Ordinarius für deutsche Literatur, 1966-1969 Prorektor der Karls-Universität. 1968-1969 Vorsitzender des tschechoslowakischen Schriftstellerverbandes und Abgeordneter der tschechischen Nationalversammlung. In diesen Jahren hatte er wesentlichen Anteil am "Prager Frühling".

Nach dem Einmarsch der Truppen des Warschauer Paktes am 21. August 1968 entkam Professor Goldstücker mit seiner Frau über Österreich abermals ins Exil nach England, wurde 1969 Gastprofessor an der University of Sussex, 1986 Ehrendoktor der Universität Konstanz, wo er des Öfteren weilte. 1970 war sein Ausschluss aus der kommunistischen Partei erfolgt, 1974 der Entzug der tschechoslowakischen Staatsbürgerschaft.

Seit 1991 lebte Professor Goldstücker wieder in Prag, verzeichnete als international bekannter Kafka-Spezialist zahlreiche Veröffentlichungen und hielt Vorträge in aller Welt. Seine Schrift "Prozesse – Erfahrungen eines Mitteleuropäers" (München u. Hamburg 1969) ist mehr als nur eine Autobiographie.

Sein "Orwell"-Vortrag von 1984 in der Universität Konstanz – *Die russische Revolution – Hoffnung und Enttäuschung* (2001) - ist nicht nur für ihn signifikant geblieben und wird deshalb mit Blick auf den einjährigen Todestag eines großen europäisch-jüdischen Gelehrten, Politikers und Menschen wie auch eines außergewöhnlichen Freundes hiermit als Gedenkschrift veröffentlicht, nicht zuletzt als eine Art *Kaddisch*: Sein Schicksal war zwar gewiss nicht nur, aber sicher auch ein *jüdisches* Schicksal. – im Juli 2001 (09.06.2021)

Sidi Kassner (1920-?): *Sibirische Erinnerungen* (2008) ist die Tochter einer angesehenen jüdischen Familien in Czernowitz (S. 15, 60 u. 61), heiratet mit 20 im Jahre 1940 den ebenfalls aus gutem Hause stammenden Jura-Studenten Willy Kassner (S. 65), als das frühere österreichische und seit 1919 rumänische Czernowitz samt der Nordbukowina infolge des Hitler-Stalin (bzw. Ribbentrop-Molotow-) Paktes vom 23. August 1939 im Juni 1940 von sowjetischen Truppen besetzt wird, womit dort das sogenannte "Russenjahr" beginnt.

Mit nur einer halben Stunde "Vorwarnzeit" werden ein Jahr später – nämlich am 13. Juni 1941 (2021 vor 80 Jahren!)[339] – einige tausend,

[339] Im Zuge des am 22. Juni 1941 stattfindenden Überfalls des Deutschen Reiches und seiner Verbündeten rückte nur wenige Tage später die deutsche Wehrmacht samt SS-Einheiten mit den verbündeten Rumänen in Czernowitz ein, wo-

vor allem jüdische Czernowitzer Männer, Frauen und Kinder als "Volksfeinde" vom sowjetischen NKWD[340] nach Osten deportiert und dabei viele Familien getrennt (S. 15/16 ff.). – Willy Kassner und sein Vater werden nach Nordwestrussland in die "Autonome Sowjetrepublik" (ASSR) Komi[341] verbracht und völlig unschuldig zu fünf Jahren Arbeitslager verurteilt, die sie bis 1946 "abarbeiten" müssen. Vater Kassner stirbt noch im Deportationsjahr 1941.

Sidi und ihre Schwiegermutter werden in das winzige Dörfchen Scherstobitowo in der sibirischen Taiga verschleppt, 800 km von Tomsk entfernt, wo sie unter schrecklichen Lebensbedingungen und ständigem Hunger sowie bei winterlichen Temperaturen von minus 30-40 Grad Celsius und im kurzen Sommer bei unerträglicher Mückenplage härteste Feld- und Waldarbeiten verrichten müssen (S. 19 ff.). Um überhaupt einen Anspruch auf eine minimale Brotration zu haben, muss Sidi sich verpflichten, 15 Jahre lang für die Kolchose von Scherstobitowo zu arbeiten, eine erzwungene Verpflichtung, der sie sich später nur mit viel Glück entledigen kann.

Im Frühjahr 1942 kommt eine gewisse Wende, als Sidi nun als Kolchos-Buchhalterin nurmehr Büroarbeit verrichten muss, was sich natürlich als entscheidend wichtig für ihre Gesundheit und somit für ihr Überleben erweist (S. 24 ff.). Im Anschluss an mehrere missglückte Fluchtversuche gelingt es Sidi mit etwas Glück, im nächst größeren Dorf Pudino eine etwas bessere Arbeit als Buchhalterin zu finden (S. 31 ff.).

Nach Stalins Tod im Jahre 1953, wird nicht nur eine gegen Sidi in Vorbereitung befindliche schwerwiegende Anklage wegen "Sabotage und Fahrlässigkeit" (S. 40) hinfällig, es gibt auch für die Deportierten insgesamt gewisse Erleichterungen, und so kann sie nach 10 (!) Jahren

---

nach sofort die Massaker an der jüdischen Bevölkerung sowie deren Deportation nach Transnistrien begannen.

340 "Narodny Komissariat Wnutrennich Del" - "Volkskommissariat für Innere Angelegenheiten", Geheime Staatspolizei. – Deportationen nach Sibirien waren eine seit Zarenzeiten übliche Methode, sogenannte "unzuverlässige Elemente" zu entfernen, in diesem Fall aus den gerade okkupierten Gebieten, und dies war in Czernowitz vor allem sehr "zweckmäßig", um unverzüglich gute und beste Wohnungen samt Inventar für sowjetische "Parteifunktionäre und Sowjetbeamte, 'Spezialisten der Volkswirtschaft und Rote Offiziere" verfügbar zu haben. Dieses Verfahren wurde auch im Baltikum angewendet.

341 Dazu: Mark Ettinger, Erinnerungen - Von Warschau durch die Sowjetrepublik Komi nach Astrakhan 1922-1999. Konstanz 2005; hier S. 59 ff.

endlich ihren Mann (S. 67) und dieser seine Mutter wiedersehen (S. 35 ff.), nachdem Willy 1951 sich nach Sibirien hatte durchschlagen können.

Unter Partei- und Regierungschef Nikita Chruschtschow gibt es in den 1950er Jahren weitere Verbesserungen der Lage der Deportierten, auf Antrag in Moskau werden die völlig unschuldig Verurteilten ohne weitere Erklärung oder Entschuldigung sogar rehabilitiert, wonach Sidi und Willy nun ein neues Leben in Tomsk versuchen (S. 45 ff.).

Von dort gelingt endlich nach 24 (!) Jahren 1965 die Rückkehr nach Czernowitz (S. 51 f.), die jedoch keine Heimkehr mehr sein kann, denn ihre äußerlich zwar fast unveränderte, durch die Abwesenheit ihrer alten und zugleich dominante Präsenz ihrer neuen Bevölkerung jedoch völlig fremd gewordene Heimatstadt kann keine Heimat mehr sein.

Am 23. Mai 1967 kommen Sidi und Willy Kassner schließlich nach Israel (S. 55), und können nach 27 (!) Jahren endlich Sidis Eltern und Schwester wiedersehen (S. 69), die zum Zeitpunkt der Deportation im Juni 1941 in Constanza am Schwarzen Meer lebten und von dort bereits 1950 nach Israel gelangten. Etwa 10 Tage nach Sidi und Willy Kassners Ankunft in Israel beginnt Anfang Juni 1967 der Sechs-Tage-Krieg, der zum Glück von Israel gewonnen wird.[342] Jetzt endlich kann ein neues Leben beginnen (S. 58). - 4. November 2008 (09.06.2021)

Joseph (1920-1992) und Klara (1922-2006) Mlawski:[*] Joseph wurde in Warschau geboren und ist in einer ebenso religiösen wie wohlhabenden Familie aufgewachsen; sein Vater betrieb einen Großhandel, importierte Lebensmittel, hauptsächlich Reis und Salz.[343] Joseph besuchte die traditionellen religiösen jüdischen Schulen und anschließend die Handelsschule, die er mit 19 Jahren als diplomierter Steuerberater verließ.

Dann begann die Holocaust-Schoáh: Josephs ältere Schwester mit ihrem dreijährigen Kind wurde 1942 in Treblinka ermordet, seine El-

---

[342] https://de.wikipedia.org/wiki/Sechstagekrieg

[*] Erhard Roy Wiehn (Hg.), Der Schmerz ist geblieben – Von Warschau durch die Sowjetunion und Amerika nach Deutschland und zurück. Gespräche mit Joseph und Klara Mlawski sowie mit Tochter Marlene Mlawski. Konstanz (November) 2020.

[343] Zu Josephs Vater Rafal Mlawski siehe in: Erhard Roy Wiehn, Kaddisch – Totengebet in Polen. Reisegespräche und Zeitzeugnisse gegen Vergessen in Deutschland. Darmstadt 1984, 2. Auflage 1987; S. 174 f., 178-181, 359.

tern, seine vier Brüder und eine Schwester im Oktober 1943 in Auschwitz-Birkenau. Von Josephs großer Familie und Verwandtschaft haben außer ihm nur ein Schwager und eine Nichte überlebt.

Josephs Frau Klara, die ebenfalls zahlreiche Angehörige durch die Schoáh verlor, hatte Joseph während des Krieges in der Sowjetunion kennengelernt. Klara kam ebenfalls aus einer sehr religiösen Familie, besuchte jedoch eine katholische Nonnenschule. Bald nach Kriegsbeginn wurde sie mit ihrer Familie nach Sibirien deportiert und hatte dort immerhin eine Überlebenschance, die sie nutzen konnte.

Joseph und Klara Mlawski hatten 1944 geheiratet, lebten nach dem Zweiten Weltkrieg mangels Alternativen – in das kommunistische Nachkriegspolen zu gehen, war keine Option für sie – zunächst in Westdeutschland, gingen dann einige Jahre in die USA, kamen 1967 wieder nach Deutschland. Wie schon immer geplant, gingen sie schließlich im Jahre 1989 in die USA zurück. Joseph Mlawski starb 1993, Klara 2006.

Aus Joseph Mlawskis originalem Gesprächstext[*] möchte ich hier noch zitieren: "Überlebt habe ich in Russland: Über Białystok, Brest-Litowsk, Kozwa; in Białystok und Brest in Gefängnissen, Kozwa war schon ein Lager, Workuta[344] war mein drittes Lager. Nach der Amnestie für polnische Bürger nach Taschkent,[345] Usbekistan, Kiermine,[346] Samarkand[347] und Buchara.[348]

Deshalb bin ich mit meiner Frau, wir hatten in Asien geheiratet, weiter nach Westen, und so waren wir Anfang 1946 ein paar Tage in Wien, nachher bin ich gekommen nach Linz, Wegscheid,[349] aber ich

---

[*] Erhard Roy Wiehn (Hg.), Der Schmerz ist geblieben - Von Warschau durch die Sowjetunion und Amerika nach Deutschland und zurück. Gespräche mit Joseph und Klara Mlawski sowie mit Tochter Marlene Mlawski. Konstanz (November) 2020, S. 25.

[344] Stadt und berüchtigtes Arbeitslager für politische Häftlinge 1938 bis mindestens 1960 in der Republik Komi am Nordende des Uralgebirges nördlich des Polarkreises im europäischen Teil Russlands; dazu Herman Konradowitsch Abraham, hier S. 27 ff.; Mark Ettinger, Erinnerungen – Von Warschau durch die Sowjetrepublik Komi nach Astrakhan 1922–1999. Bearbeitet von Hermann Prell. Konstanz 2006 (hier S. 59 ff.).

[345] Millionenstadt und Hauptstadt Usbekistans.

[346] Ort in Usbekistan, wo die Anders-Armee stationiert war.

[347] Stadt in Usbekistan, Hauptstadt der Provinz Samarkand.

[348] Stadt an der Seidenstraße in Usbekistan.

[349] Kleinstadt im Landkreis Passau.

wollte auch nicht in Österreich bleiben." (S. 25) - 18. Oktober 2020 (09.06.2021)

Aus **Richard Moschkowitz' (1894-1966)** *Ich nenn mich einen "deutschen Dichter"* (2006)* wird hier seine Original-Vita zitiert:

Richard Mochkowitz: 1884 in Bielitz, Österreich geboren. Bielitz wurde 1918 in Bielsko umbenannt und gehörte später zu Polen. Richard Moschkowitz diente während des Ersten Weltkriegs in der österreichischen Armee, wo er für eine eroberte italienische Kanone, die der gegen den italienischen Feind einsetzte, die "goldene Tapferkeitsmedaille" erhielt.

1921 heiratete er Else Feiner; das Paar hatte später zwei Töchter: Vera und Lili.

1940 wurde Familie Moschkowitz nach Sibirien deportiert. Im Sommer 1940 erlaubte die Sowjetunion deportierten Polen eine gewisse Bewegungsfreiheit in den fernöstlichen Republiken, aufgrund derer die Familie nach Buchara/Usbekistan zog.[350] *1946 kehrte sie dann zunächst nach Polen zurück.*

Von dort emigrierte Familie Moschkowitz 1949 nach Melbourne/Australien, wo Richard ein glückliches Leben führen konnte. Er verstarb 1966 an Leukämie.

Richard Moschkowitz hinterließ neben zahlreichen Gedichten und Briefen kleinere und größere Farbstiftzeichnungen aus der Zeit in Buchara. (2005/06) (09.06.2021)

Marcel Pauker (1896-1938) wurde in Bukarest als Sohn des Journalisten Simon Pauker (geb. in Iaşi/Jassy) geboren, trat 1921 der Kommunistischen Partei bei, studierte ab 1915 in Zürich und lernte während seines Ingenieur-Studiums Russisch. Russland hatte von jeher Einfluss auf ihn ausgeübt, wie er schreibt, zumal der Vater die Auffassung vertrat, die Befreiung des rumänischen Volkes käme von Russland und nicht von Europa (S. 31). Er spricht von "revolutionärem Enthusiasmus" und seiner "großen Bewunderung für die russische Revolution", von seinem "Vertrauen in die Richtigkeit der Linie des Kom-

* Richard Moschkowitz, Ich nenn mich einen "deutschen Dichter" – Von Bielitz-Bielsko durch Sibirien nach Buchara. Verse und Zeichnungen. Konstanz 2005, S. 13-14.

[350] Vgl. dazu hier Bronia Davidson-Rosenblatt, S. 55 ff. u. Joseph u. Klara Mlawski S. 79 ff.

intern" sowie von seiner "Liebe zum Volk und [dem] Vertrauen [in] die Kraft der Kommunistischen Partei Rumäniens und als einer ihrer Gründer zugleich, der alles Glück und Unglück unserer Partei mitgemacht und durchgemacht hat. Ich habe ihr nicht nur mein ganzes Lebens geschenkt..." (S. 61). Er glaubte tatsächlich, "nicht nur der Arbeiterschaft, sondern dem ganzen Volk aus dem Herzen gesprochen" zu haben (S. 90). Hier schrieb einer, bewusst oder unbewusst, gegen den Tod und um sein Leben! Doch alle Hoffnung und alle Selbstkritik waren umsonst. Wie viele andere wurde Marcel Pauker ein "Säuberungsopfer" und am 16. August 1938 als "rumänischer Spion" erschossen – 1957 dann von den sowjetischen Behörden als "unschuldiges Opfer" rehabilitiert.[351] – Die Losung, die ihm die Eltern feierlich mitgegeben hatten, als er das Elternhaus verließ, lautete schlicht und einfach: "Sei ein Mensch!" (S. 26) - Einiges, was über Marcel Paukers Frau und Witwe Ana Pauker zu sagen ist, kann man hier nachlesen (S. 101 f.).

*

Soweit die kleine Einführung unserer Überlebensgeschichten in der Sowjetunion. - Zwar hat es in der Sowjetunion im Unterschied zu Hitler-Deutschland keine systematische Ermordung von Jüdinnen und Juden gegeben, *weil* sie Juden waren, die Methoden ihrer Verfolgung waren jedoch teilweise denen des NS-Regimes ähnlich. Eine Aufarbeitung der Verbrechen der Sowjetunion hat es nie gegeben, im Gegenteil, das Sowjetregime wird zunehmend verklärt und zum Beispiel der Hitler-Stalin (bzw. Ribbentrop-Molotow-) -Pakt vom 23. August 1939 als richtig verteidigt, obwohl dieser extrem viel Leid über die Menschen gebracht hatte und bis heute Auswirkungen zeitigt.

Unsere kleine Auswahl jüdischer Schicksale in der Sowjetunion kann natürlich gewiss nicht entfernt die ganze Breite und Tiefe der einschlägigen Geschichten abdecken, aber doch einen Einblick geben in die Leiden von Jüdinnen und Juden, für die es bis heute keine Entschuldigung oder gar Wiedergutmachung gab und gibt.

Allerdings haben fast alle hier Versammelten als Jüdinnen und Juden in der Sowjetunion *überlebt*, was unter deutscher Herrschaft nicht möglich gewesen wäre; manche haben sogar Karriere gemacht. Im übrigen muss man auch hier daran erinnern, dass die *Rote Armee*

---

[351] Vgl. dazu Matthias Messmer, Sowjetischer und postkommunistischer Antisemitismus – Entwicklungen in Russland, der Ukraine und Litauen. Mit einem Vorwort von Walter Laqueur. Konstanz 1997, S. 56 ff.

Auschwitz-Birkenau und andere Todeslager befreit hat und niemand sonst.

Das ändert jedoch nichts an den Verbrechen Stalins und der Trägerinnen und Träger des Sowjetsystems auch in den von der Sowjetunion nach dem Zweiten Weltkrieg beherrschten Ländern Mittel- und Osteuropas. (06./09.06.2021)

29. Zur jüdischen Pionierarbeit in Erez Israel – Palästina*

"'Ich habe es immer gesagt, die Juden sind zu allem fähig. Wenn du sie nur lässt, dann machen sie aus einer Handvoll Dreck ein Riesenkapital. Ein begabtes Volk. Viel zu begabt.'" Aharon Appelfeld, Elternland. (Roman) Berlin 2007, S. 114.

***

Geschichten der Heimkehr – Lebenswege nach und in Israel ist gewissermaßen eine Art Hintergrund-Lesebuch für das hier vorliegende Lesebuch Jüdische Pionierarbeit in Erez Israel – Palästina mit 12 (plus 24 in: Wer hätte das geglaubt, S. 99 ff.) Pionier-Geschichten (in alphabethischer Ordnung). Die folgenden Kurzporträts sind wie die dann folgenden Beiträge teils Originaltexte, teils Vorworte des Herausgebers, sie sind unterschiedlich lang und dicht, aber auch dadurch ziemlich abwechslungsreich, sind als Einführungen in die Pionier-Geschichten der hier versammelten Pionierinnen und Pioniere sowie in ihre Pionierarbeiten (Chaluziút - Pioniertum) gedacht und sollen letzten Endes vor allem neugierig machen auf die originalen Schriften der Autorinnen und Autoren selbst.

*

Alexander (Alex) Barzél (1921-2005) – ein Kibbuz-Pionier – war ein Überlebender aus Ungarn, ein Kibbuzphilosoph und Kibbuzpionier, ein Religionsphilosoph und Religionssoziologe und außerdem ein ebenso leidenschaftlicher wie routinierter Kibbuz-Challebäcker.

Bereits am 3. September 1945 landeten Alex und Schoschána (Schóscha) Barzél mit ihrem Söhnchen von Bari kommend im Hafen von Haifa, das heißt also im damals noch britisch beherrschten Paläs-

---

* **Erhard Roy Wiehn (Hg.), Jüdische Pionierarbeit in Erez Israel – Palästina – Ein Lesebuch der Schoáh & Judaica. Konstanz (Juli) 2021, S. 7-20.**

tina, gehörten sofort zu den Pionieren der sozialistischen Kibbuz-Bewegung und bald zu den Wiederbegründern des Kibbuz Kfar HaHóresch bei Nazareth.

Ende der 1960er Jahre studierte Alexander Barzél an der Universität Frankfurt und promovierte 1971 über den Begriff der 'Arbeit' in der Philosophie der Gegenwart (Frankfurt 1973), um dann viele Jahre an der School of Humanities and Social Sciences des Technion – Israel Institute of Technology in Haifa zu lehren. Bis in seine späteren Jahre arbeitete Alex jedoch stets eine Nacht pro Woche, nämlich Donnerstag nacht auf Freitag morgen, in der großen Kibbuz-Bäckerei, die den ganzen Norden Israels versorgt. Er war nämlich meisterlich auf die Kunstfertigkeit der Handfertigung von Schabbat-Zopfbroten (Challe) spezialisiert, wofür es damals keine Maschinen gab.

"An seinem frischen Grab habe ich mich von ihm verabschiedet", so seine Frau Schóscha, "und ihm gesagt: 'Mein Geliebter, wir haben alles getan, was wir damals als junges Paar geplant hatten. Wir erlebten zusammen ein wunderbares Leben. Zwar ist unser Staat nicht vollkommen, unser Kibbuz ist nicht mehr ganz so ideal, aber unsere Familie ist so musterhaft, wie wir beide es erträumten.'" (Hier – heißt immer in: *Jüdische Pionierarbeit* – S. 21 ff.) (16.06.2021)

Gretel Baum-Merón (1913-2019) – Kibbuz-Pionierin – berichtet: "... im April 1934 verließ ich Frankfurt ohne Bedauern und ohne Zurückschauen für immer. Ich war 20 Jahre alt, ganz sicher, die richtige Entscheidung getroffen zu haben und stolz, diese durchführen zu können. (...) Am 30. April 1934 landeten wir in Jaffa (...) Wann wir endlich wanzenfrei zur Ruhe kamen, weiß ich heute nicht mehr. (...) Dieses Leben stützte sich auf die Maxime, dass wir Juden wieder Handwerker und Landarbeiter werden müssten, um aus der unbearbeiteten Wüste Palästinas das sprichwörtliche Land von "Milch und Honig" zu machen, wie es uns in den Fünf Büchern Moses versprochen war." (Hier S. 27 ff.) (16.06.2021)

Edith "Katka" Ernst-Droris (1920-?) – Partisanin und Landwirtschafts-Pionierin – Geschichte beginnt im Februar 1942 in der Slowakei, wo das Schicksal der Juden dadurch besiegelt war, Juden zu sein: Des Lebensrechts beraubt, schrieb ich im Vorwort zu ihrem ersten Buch und weiter: "Als sie hört, dass die gesamte jüdische Bevölkerung deportiert werden soll, entscheidet sie sich für den Kampf ums

Überleben, der damit beginnt, sich des gelben Sterns zu entledigen. Als "Katka" gelangt sie dann bald zu den Partisanen, womit ab Herbst 1942 ein ca. zweieinhalbjähriges Leben in den Wäldern beginnt: Katka alias Editha Ernestova beweist ihren außergewöhnlichen Mut, als sie nicht zuletzt auch gegen judenfeindliche Vorurteile unter den slowakischen Aufständischen kämpft, kann sogar russischen Offizieren imponieren, wird schließlich von der Roten Armee befreit und mit dem "Orden des Roten Sterns" ausgezeichnet. (17.06.2021)

Edith Droris Odyssee nach Erez Israel, ins Land Israel, endet zunächst für einige Zeit in einem britischen Internierungslager auf Zypern. Ihr neues Leben in Israel beginnt im Sommer 1948 zunächst in einem Kibbuz, sie absolviert eine Ausbildung als Wirtschaftsleiterin und übernimmt dann eine entsprechende Arbeit in einem Krankenhaus. Bald lernt sie Schlomo Drori alias Günther Krebs kennen, der mit seinen Eltern aus Deutschland gekommen war. Edith heiratet ihren lieben "Mokusch", die beiden bauen ihre eigene kleine Landwirtschaft mit Hühnerfarm und Obstplantagen auf, und durch Nilis Adoption wird Edith endlich Mutter (hier S. 3 ff.).

Manfred Mosche Gersons (1906-1982) – Siedlungs-Pionier – Leben im 20. Jahrhundert war ein glückliches Pionierleben, ein jüdisches Pionierleben von erstaunlichem Format. Eigenwillig suchte er sich seinen Weg von Posen (damals Westpreußen) über Berlin durch die sein Leben bestimmende Israelitische Gartenbauschule Ahlem[352] bei Hannover, durch Gartenbaupraxis in Deutschland und Amerika, durch Rückkehr nach Deutschland und einen ersten Besuch in Erez Israel (Land Israel), durch Erfahrungen in Hitler-Deutschland und Lettland, bis er endlich und endgültig mit seiner Pionierarbeit in Israel beginnen kann, um schließlich in der britischen Armee gegen Hitler in Nordafrika und Italien zu kämpfen, die Gründung des Staates Israel zu erleben und sich dem weiteren Siedlungsaufbau zu widmen. Er wurde ein exzellenter Fachmann, doch er hatte stets mehr im Kopf als Fachwissen und selbst in Amerika Goethes Faust in der Tasche. Früh war in ihm das Ziel gereift, jüdische Jugend in die Landwirtschaft zu ziehen und für das Aufbauwerk in Erez Israel vorzubereiten, durchaus ohne Zionist zu sein (hier S. 39 ff.). (17.06.2021)

[352] https://de.wikipedia.org/wiki/Israelitische_Gartenbauschule_Ahlem

Fritz Joseph Heidecker (1912-2004) – Kibbuz- und Moschaw-Pionier – schreibt: "Als ihre wichtigste Aufgabe sahen diese jungen Menschen (Männer und Frauen) die Besiedelung des Landes im ursprünglichen Sinn: Berufliche Umschichtung vor allem zu landwirtschaftlicher Arbeit – als Tagelöhner mit der Hacke in Plantagen, beim Straßenbau und beim Graben von Brunnen. Nicht weniger beseelt von der Idee, gleichzeitig auch eine gerechtere Gesellschaft aufzubauen, traten sie in bestehende 'sozialistisch' geprägte Siedlungen ein: Kibbuzkollektive und Moschawím (kooperative Siedlungen mit straffer Ordnung)." Und weiter: "Sie sind mit der ganzen Begeisterung ihrer Jugend hierher gekommen, ja: man kommt nur ein einziges Mal in das Land der Hoffnung, um sich einem Neuen ganz hinzugeben" (S. 54).

Sie sind allerdings als Pioniere im Land mit dem bedrückenden Wissen um die Verfolgung durch Jahrhunderte, im Mittelalter u.a. der Brunnenvergiftung beschuldigt: "Hierher mussten wir kommen, um der Welt unser Handwerk zu zeigen, dass wir nicht Brunnen vergiften wollen, sondern neue graben..." - "Wir wissen, dass Erez Israel das jüdische Schicksal bedeuten wird. – Allein kraft des Judentums gehört uns dieses Land... Wir sagen diesen anderen: Als ihr das Land erworben habt, wusstet ihr, dass eine Hypothek darauf lastet. Denn jeden Tag haben die Juden diesen untilgbaren Anspruch verkündet in aller Welt." (Hier S. 43 ff.) (17.06.2021)

Nathan Höxter (1916-2011) – Kibbuz-Pionier – in Berlin geboren, der Vater ist Feldrabbiner und amtiert später in der Synagoge 'Beth-Zion'. Der Junge wächst in einem streng religiösen Elternhaus mit drei Geschwistern auf, verlässt mit fünf 16-jährigen Jungen am 12. Oktober 1932 Berlin, um nach einer abenteuerlichen Reise in dem später berühmten Kinderdorf bzw. der sogenannten "Kinderrepublik" Ben Schemen bei Tel Aviv anzukommen.

"Nun war ich mit meinen 18 Jahren ein wahrer Pionier." Ja, und nach dem Kibbuz-Motto: "Jeder gibt alles und verlangt möglichst wenig", beginnt nun ein wahres Pionierleben im Aufbau des Landes: "Avodá iwrít – hebräische Arbeit"!, wobei Nathan nach und nach in allen Bereichen der Landwirtschaft arbeitet, im Kibbuz Geva erstmals eine Schafzucht aufbaut, der britischen Hilfspolizei und der illegalen jüdischen Verteidigungsorganisation Haganá angehört. Nathan nimmt 1948 am Unabhängigkeitskrieg teil und kehrt nach seiner Entlassung 1950 wieder zu seiner Schafherde zurück.

1967 beginnt er "einen seiner schweren Wege", indem er in seinem Kibbuz wiederholt den Vorschlag macht, deutsche Jugendliche "als Volontäre" einzuladen, was im Sommer 1970 erstmals gelingt. – Nathan Höxter wird ein Mann der doppelten Pionierarbeit: Landwirtschaftlicher Aufbau Erez Israels und Brückenbau zur Jugend in Deutschland (hier S. 51 ff.). (17.06. 2021)

Schlomo Marcus (1910-2014) – Israel-Pionier – kam im Dezember 1931 aus Posen und Berlin nach Erez Israel (Palästina), arbeitete zunächst im Kibbuz Ma'ajan und anderen Kibbuzim; dann in der Regierungsversuchsanstalt für Bienenzucht: Einführung neuer Bienenrassen, Bekämpfung von Bienenkrankheiten, wissenschaftliche Forschung; 1954 im Kibbuz Degánia Alef verantwortlicher Leiter der Bienenvölker. - 1960 Hebräische Universität zu Jerusalem: Studium der Physik, Chemie, Biologie, Philosophie. M.A.; Bibliothekar und wissenschaftliche Arbeit; lebte seit 1967 in Ost-Jerusalem, wohnte im arabischen Viertel am Ölberg; ab 1988 in Yeruham am Rande des Negev.

"Es mussten" so Schlomo Marcus, "in wenigen Jahrzehnten aus fast wahrem Nichts die realen Grundlagen für normales Volksleben geschaffen werden: Landwirtschaft, Handwerk, Industrie, die nicht existierten und heute auf manchem Gebiet beispielhaft sind und Weltspitze erreichen. Früher wüstes Land und kahle, leere Berge grünen dank harter Pflanzungs- und Aufforstungsarbeit:[353] Eine organisierte Gesellschaftsstruktur, die manche einzigartige, nirgends sonst in dieser Form und diesem Geist existierende Gesellschaftsformen schuf wie Kibbuz, Moschaw und andere, die fast utopisch scheinende Ideal-Ziele in der realen Welt verwirklichen wollten. (…) Für die von Malaria, Aussatz, Augen- und anderen Krankheiten geschlagene geringe eingeborene Bevölkerung wie für die sich sammelnden, aus aller Welt kommenden Volksteile musste ein Gesundheitswesen geschaffen werden, das heute mit an der Spitze des Weltkampfes gegen Krankheit

---

[353] Immer wieder bin ich von neuem begeistert, wenn ich mit dem Bus von Tel Aviv nach Jerusalem hinauffahre (eine Art *Alija*) und in den Bergen rechts uns links der Straße die herrlichen Nadelbäume sehe – schon fast wie im Schwarzwald! – Für diese Aufforstung sammelt der Jüdische Nationalfonds JNF/KKL in aller Welt, und alle können sich daran beteiligen (Bäume stiften zu Geburtstagen, Ehrungen, Feiertagen, Hochzeiten, Todesfällen, etc.), z.B. über das Büro in München **Jüdischer Nationalfonds e.V., Keren Kayemeth LeIsrael, Tel. (089) 59 44 82, Fax (089) 55 03 881; E-Mail: muenchen@jnf-kkl.de**

und Leid steht [was gerade in Corona-Zeiten einmal mehr bewiesen wurde!]. Dies und unendlich viel anderes musste aus dem wahrhaften Nichts geschaffen werden." - So Schlomo Marcus, der große hebräische Humanist (hier S. 54 ff.). (17.06.2021)

Michael Merón (1915-?) – Air Force-Pionier – stammte aus Zagreb, überlebte in Jugoslawien die deutsche Kriegsgefangenschaft, kam Ende 1948, Anfang 1949 in den nagelneuen Staat Israel: "Im Hauptquartier der Israeli Air Force, wurde ich als Stabsoffizier verantwortlich für Materialien zur Instandhaltung der Flugzeuge sowie für die technische Aufsicht der Fallschirm-Abteilung. Zur gleichen Zeit arbeitete ich auch im Forschungslaboratorium, wo ich für das damals neue Gebiet der Plastikstoffe und anderer relevanter Materialien sowie für Farben und Dichtungsmittel verantwortlich war. In der IAF diente ich als mobilisierter Leutnant bis zum Waffenstillstand im Juni 1949. Danach blieb ich weiter als Berufsoffizier bis zum Juni 1956, bereits 1951 zum Captain (Hauptmann) befördert. Als diensthabender Offizier im H.Q. Lager lernte ich meine zukünftige Frau kennen, die ebenfalls im Hauptquartier in Jaffo stationiert war. Nachdem wir am 16. April 1953 geheiratet hatten, wohnten wir noch bis 1954 im Offiziersquartier.

Im Jahre 1957 kam ich als zweiter Ingenieur in das neugegründete Flugzeugreparaturwerk 'BEDEK', das sich bald zur 'Israel Aircraft Industry' (IAI) entwickelte. Hier wirkte ich 23 Jahre bis zu meiner Pensionierung im Dezember 1980. Von den anfangs 600 Arbeitern vergrößerte sich die IAI auf 10.000, davon 1000 Ingenieure. Meine Abteilung, das 'Material Engineering', hatte ich auf 100 Techniker und Ingenieure ausgebaut und zu einem wichtigen Forschungszentrum entwickelt, das auch im Ausland anerkannt wurde. Die Entwicklung der 'Engineering Division' und damit auch der Material-Abteilung kam mit der Fabrikation und der neuen Jet-Flugzeug-Ära.

Am Tag nach meiner Pensionierung, am 1. Januar 1981, saß ich bereits im Ministerium als Koordinator der Material-Forschung. Hier konnte ich nun die Verbindung von Akademie und Industrie sowie interdisziplinäre Projekte initiieren und fördern. Hier war ich 15 Jahre tätig, und zwar bis zu meinem 80. Geburtstag. Ich bin jedoch weiter und bis heute tätig.

Wenn es den Staat Israel nicht gäbe, wäre die gesamte Judenheit bedroht. Jetzt sind wir allein für unser Überleben verantwortlich. Für uns Juden gibt es eigentlich keine völlig neue Situation. Wir müssen es allein schaffen." (Hier S. 67 ff.)

Gerschon Monar (1924-?) – Tourismus-Pionier – Spätestens in der sogenannten "Reichskristallnacht" am 9./10. November 1938 wird klar, was die Stunde geschlagen hatte, und Ende August 1939 gelingt gerade noch in letzter Minute die Flucht aus Nazideutschland nach Palästina, wo die Familie Anfang September 1939 eintrifft, während der ältere Bruder mit Frau nach Australien emigriert.

Gerschon dient bei der Haganá, den vorstaatlichen Untergrund-Streitkräften der Juden Palästinas, dann bei der Siedlungspolizei, arbeitet als Nachtwächter und als Lkw-Fahrer einer Textilfabrik, wird schon 1951 Mitglied der größten israelischen Bus-Kooperative Egged, schließlich Fremdenführer, der sich besonders auf Pilgergruppen spezialisiert.

Man staunt über das Pionierleben dieser Generation Israels, die trotz der Kriege und zu vieler Opfer die Hoffnung nicht verliert, um sich mit zäher Ausdauer eine neue Existenz zu schaffen.

Gerschon Monar hat sich in den Jahrzehnten seiner Tätigkeit als Reiseleiter deutscher Pilger- und Touristengruppen sowie während seiner zahlreichen Vortragsreisen in Deutschland und Israel selbst gewiss um die deutsch-israelische Verständigung verdient gemacht, und zwar eben schon zu einer Zeit, in der dies noch sehr schwer war.

Zum Jahreswechsel 1994/95 schrieb Gerschon Monar am Schluss: "Der Kampf um den Frieden und die gewohnte Unruhe im Land gehen weiter. Aber wir sind optimistisch. Wir kommen langsam vorwärts. … Schalom!" (Hier S. 72 ff.) (17.06.2021)

Leo Picard (1900-1997) – Geologie- und Grundwasser-Pionier – wurde in Wangen am Hochrhein geboren, lebte mit seinen Eltern und zwei Brüdern in Konstanz am Bodensee, besuchte hier das Gymnasium studierte an der Universität Freiburg Geologie und ging 1924 als junger Dr. rer. nat. nach Erez Israel (Palästina), war 1925 bei der Gründungsfeier der Hebräischen Universität in Jerusalem zugegen, womit eine einmalige, weitsichtige Pionierarbeit für Geologie und Grundwasser bereits begonnen hatte.

Dafür hat Professor Dr. Leo Picard in Israel drei Institute aufgebaut und wurde seit 1945 als Wasserexperte in viele Länder gerufen und zu Vorlesungen eingeladen. Er hat sich nie parteipolitisch engagiert und ist noch heute [1996] von dem geprägt, was er "Kibbuzgeist" nennt, ein vielfach ausgezeichneter und hochgeehrter israelischer Wissenschaftler, ein jüdischer Pionier par excellence.

"Wenn ich auf die 94 Jahre meines Lebens mit Befriedigung zurückschaue, denke ich an die Weisheit unseres großen Rabbi Awraham Kook (1865-1935): "Ein langes und schöpferisches Leben ist das beste Rezept gegen nutzlose Gedanken über den Tod." (Hier S. 77 ff.) (17.06.2021)

Zwi Helmut Steinitz (1927-2019) – Blumenexport-Pionier – stammte aus dem 1918 polnisch gewordenen westpreußischen Posen, kam Ende 1946 nach Erez Israel (Palästina), nachdem er seine Eltern und seinen kleinen Bruder im Vernichtungslager Belzec grausam verloren und selbst einige deutsche KZs überlebt hatte: "Die Ankunft in Israel gehörte zu den Sternstunden meines neuen Lebens als freier Mensch im Land der Zehn Gebote."

"Die üppigen Getreidefelder und sonstigen Anbauflächen des Jezreel-Tals gehörten jüdischen Dörfern und Kibbuzim", so Zwi Helmut Steinitz, "und sie sahen genauso aus, wie sie auf Postern in Antwerpen dargestellt waren. Dies war meine erste bewegende Begegnung mit jüdischen Pionierleistungen in der Landwirtschaft. (…) Für mich war die grüne Natur ein Symbol der Hoffnung und Lebensfreude, und dieses Grün fehlte mir schon damals und heute noch, obwohl bereits große grüne Gebiete das Land von Norden bis Süden schmücken. (…) Der bläulich glitzernde Kinnéret-See, Tiberias und das grüne Jordantal lagen vor uns, ein atemberaubendes Stück Natur und ein Meisterstück menschlicher Kultivierung eines zuvor brachliegenden Landes! (…) Zwanzig Jahre früher war das jetzt blühende Jordantal noch eine öde Wüste, nun aber ein phantastisches Beispiel menschlicher Pionierarbeit. (…)

Erst im Laufe meines Aufenthaltes in Afikím begriff ich, mit welcher Hingabe und mit wie vielen jahrelangen Entbehrungen die ersten jüdischen Pioniere diese unwirtliche Sumpflandschaft mit ihrem menschenfeindlichen Klima in ein fruchtbares Paradies verwandelt hatten (hier S. 82 ff.). (17.06. 2021)

Uri Toeplitz (1913-2006) – Musik-Pionier – stammte aus einer Mathematiker-Familie in Kiel, und als der 10-jährige Uri (damals noch als Erich) in der Synagoge erfolgreich das Schofar, das Widderhorn bläst, - aber vielleicht auch aufgrund eines Flötenkonzertes, das die Eltern in Venedig hörten -, meint der Vater: "Der Junge soll ein Blasinstrument lernen!" Und genau dies sollte bald helfen, nach Palästina auszuwandern und dadurch das Leben zu retten; denn der junge Flötist spielt dann im Orchester des "Jüdischen Kulturbundes" in Frankfurt am Main. Und "Als ich Deutschland verließ, war mir die Lage klar: Ich hatte meine Heimat verloren. Nur Auswandern konnte eine bessere Zukunft bringen." Sein Glück ist, als Flötist mit den ersten Musikern in das 1936 neugegründete *'Palestine Orchestra'* aufgenommen worden zu sein, das als *Israel Philharmonic Orchestra* längst Weltgeltung erlangt hat.

Uri Toeplitz spielt in den folgenden Jahrzehnten nicht nur in Israel unter allen weltberühmten Dirigenten, die von ihrer Vergangenheit her akzeptabel waren, und er kann als langjähriger Erster Flötist, als Musiker und als Mensch schließlich auf ein erfülltes Leben zurückschauen, promovierte in einer zweiten Karriere zum Dr. phil. und ist heute [1998] noch immer aktiv. Doch: "Es ist kein Zufall, dass die tragischen Ereignisse, die unser Schicksal beeinflusst haben, in diesem Bericht immer wieder und selbst am Ende erscheinen. Niemand kann sie vergessen, wir wollen das auch gar nicht, sind sie doch Teil unseres Lebens." (Hier S. 93 ff.) (17.06.2021)

Erhard Roy Wiehn (Hg.): Wer hätte das geglaubt

Wer hätte das geglaubt besteht aus 24 Berichten und zwei Gedichten, die anlässlich eines Treffens der damals noch lebenden Gründergeneration im Kibbuz Netzer Seréni 1985 im Jahre 1988 in hebräischer Sprache erschienen. Alle Beiträge stammen von Überlebenden, die sich als junge Menschen in jüdischen land- und hauswirtschaftlichen Ausbildungsstätten noch vor Beginn des Zweiten Weltkriegs in Deutschland auf die Alija, die Einwanderung nach Erez Israel, ins damalige Palästina, vorbereitet hatten.

In vielen Berichten wird deutlich, welche Bedeutung diese Ausbildungsstätten für die Jungen und Mädchen damals besaßen, und zwar nicht nur für das Überleben in den deutschen Konzentrationslagern, sondern für das weitere Leben überhaupt, insbesondere im damaligen Palästina und seit Mai 1948 im Staat Israel: "Man brauchte eine Hoffnung", so etwa Benno Reifeld, "die ans Absurde grenzte, unbegrenzte seelische und körperliche Kraft, und darüber hinaus war jener Funke reinen Glaubens daran nötig, dass der Feind uns nicht auslöschen könne." Hilde Grünbaum Zimche bemerkt eindrücklich, "dass es fast übermenschlicher Anstrengungen bedurfte, unter unmenschlichen Bedingungen ein Mensch zu bleiben."

Vier Monate nach der Befreiung gründete eine Gruppe überlebender ehemaliger Mitglieder der Hachschará den "Kibbuz Buchenwald", später und bis heute "Netzer Seréni" genannt. Selbst viele Beteiligte bekannten im Abstand von 40 Jahren anno 1985: "Wer hätte das geglaubt, dass wir das verwirklichen werden!" (Hier S. 99 ff.)

*

Alles in allem handelt es sich hier um ca. 30 Kibbuz-Pionierinnen und Pioniere und 8 weitere Pionierinnen und Pioniere, die insgesamt ein ziemlich breites Spektrum das kulturellen, sozialen und wirtschaftlichen Lebens der 1930er und 1940er Jahre in Erez Israel (Palästina) abdecken. Nicht vertreten sind in unserer Sammlung jedoch (alphabetisch) Pionierinnen und Pioniere der Archäologie, der Baubranche, des Handels, der Industrie, des schulischen und Ausbildungs-Bereichs, des Verkehrswesens, der Verwaltung, weiterer Wissenschaften und nicht zuletzt des Militärs sowie der Polizei und des Sicherheitswesens und andere.

Doch allein schon die hier versammelten Pionierinnen und Pioniere machen deutlich, wie viel Blut, Schweiß und Tränen, aber vor allem auch wie viel Begeisterung, Engagement, Enthusiasmus über Jahrzehnte nötig waren, um Israel in jeder Hinsicht zu dem zu machen, als was es heute dasteht:[354]Ein blühendes, faszinierendes, unglaublich junges Land[355] auf beträchtlichem kulturellem, sozialem und wirtschaftlichem Niveau, in nicht wenigen Bereichen sogar Weltspitze. Und das alles trotz der großen und kleinen Kriege, der permanenten Bedrohung, der bis in die Gegenwart wiederholten Androhung seiner Vernichtung und der dadurch seit Jahrzehnten permanent extrem psychisch und wirtschaftlich belasteten Bevölkerung.

Aber Israel ist noch lange nicht fertig mit sich und seiner Entwicklung, es hat enormes Entwicklungspotential, es wird die Welt immer

---

[354] Jochen Stahnke, "Stark in der Krise – Weder Covid noch der Gazakrieg haben Israels Wirtschaft groß geschadet. Trotzdem steht die neue Regierung vor enormen Herausforderungen." In: Frankfurter Allgemeine Zeitung, Nr. 136, 18. Juni 2021, S. 18 (Wirtschaft).

[355] "Im Jahr 2019 waren rund 27,9 Prozent der Bevölkerung Israels zwischen 0 und 14 Jahre alt, rund 59,9 Prozent zwischen 15 und 64 Jahre und rund 12,2 Prozent 65 Jahre und älter." https://de.statista.com/statistik/daten/studie /257286/umfrage/altersstruktur-in-israel/ (18.06.2021)

wieder und weiterhin in Erstaunen versetzen, und zwar um so mehr, je weiter der Friedensprozess mit seinen bisherigen langjährigen Feinden voranschreitet, was er als "win-win"-Prozess mit großer Sicherheit tun wird, wobei es vielleicht zu schön wäre, wenn der verbliebene Hauptantipode Israels ohne Krieg zu Vernunft käme.[356]

Ein Lesebuch zur Jüdischen Pionierarbeit in Erez Israel – Palästina wollte ich schon lange zusammenstellen, das musste ich unbedingt einmal tun, es ist mir neben den Geschichten der Heimkehr besonders wichtig, weil es eben wenigstens ansatzweise zeigt, was die Menschen durch ihre Heimkehr ins Land ihrer Mütter und Väter geschaffen haben, nämlich eine lebens- und liebenswerte Heimat für sich, ihre Kinder und Enkelkinder und nicht zuletzt auch für die palästinensischen Israelis.[357]

Es ist interessant, dass (am 18. Juni 2021) im Internet unter den Suchworten "Pionierarbeit in Palästina" zahlreiche Links zu Fritz Joseph Heideckers Die Brunnenbauer erscheinen und auch zu Nathan Höxters Jüdische Pionierarbeit, darüber hinaus aber allenfalls Artikel, jedoch nur sehr wenige Monographien, was ziemlich überraschend und erstaunlich erscheint. Auch unter dem Suchbegriff "Pioneer works in Palestine" findet sich wenig Literatur.

Für mich war die Zusammenstellung dieses Lesebuchs über Jüdische Pionierarbeit in Palästina zugleich eine letzte Wiederbegegnung und Zwiesprache mit den Autorinnen und Autoren, die ich fast alle viele Jahre lang persönlich kannte, mit den meisten befreundet war und von denen niemand mehr am Leben ist. Um so glücklicher bin ich, sie mit ihren Schriften verewigt zu haben; denn was nicht aufgeschrieben ist, wird so vergessen, als ob es nie geschehen wäre; was aber aufgeschrieben, veröffentlicht und in etlichen Bibliotheken der Welt (Jerusalem, New York, Washington. D.C., etc.) aufgehoben ist, bleibt nachlesbar und wird nicht so schnell vergessen.

22. Juni 2021 – 80 Jahre Überfall der deutschen Wehrmacht auf die Sowjetunion und Beginn der Schoáh in allen deutschbesetzten und deutschbeherrschten Gebieten

---

[356] Dazu der passende Titel unseres Freundes Yoel Sher, *Zum Frieden unterwegs* – Botschaften eines israelischen Botschafters in Österreich, der Slowakei u. Slowenien 1995–1998. Konstanz 1998.

[357] Die in Israel zum Beispiel eine bessere medizinische Versorgung haben als in jedem anderen arabischen Land (außer allenfalls vielleicht in den Emiraten und in Saudi Arabien).

30. Über jüdische Ärztinnen und Ärzte in der Schoáh*

Zu diesem Thema gibt es im Internet zurecht zahlreiche Links: "Ärzte im Dritten Reich"; "Ärzteschaft im Nationalsozialismus"; "Medizin im Nationalsozialismus"; "Der lange Schatten der NS-Medizin"; "Jüdische Ärztinnen und Ärzte im Nationalsozialismus"; "Jüdische Kinderärztinnen und -Ärzte 1933-1945; "Nürnberger Ärzteprozesse 9.12. 1946 – 20.8.1947"; etc., etc.

Mit diesem Lesebuch wird dazu nun keine weitere Forschungsarbeit vorlegt, sondern ganz im Sinne der Edition Schoáh & Judaica sollen hier vor allem Ärztinnen und Ärzte direkt oder indirekt selbst zu Wort kommen, und zwar mit ganz unterschiedlichen Schicksalen, in verschiedenen Ländern und Situationen im deutschbeherrschten Europa 1933-1945 – sowie davor und danach.

Diese Zeitzeugnisse werden eingeleitet von einem mittelalterlichen Zeugnis jüdischer Arztethik in Gestalt von Mosche ben Maimon (Maimonides) und dem Zeugnis des jüdischen Arztes Dr. med. Gustav Bradt in Berlin sozusagen gerade noch in der "guten alten Zeit". Aus der Zeit der deutschen NS-Terrorherrschaft in Europa folgen dann 11 Ärztinnen- und Arztschicksale ganz unterschiedlicher Art sowie eine Beschreibung der ärztlichen Situation in Krakau. Danach folgt ein verdichteter Heilungsversuch aus Ungarn, Krankengeschichten aus Rumänien und ein Kurzporträt aus Rumänien.

Die folgenden Geschichten haben verschiedene Länge und unterschiedlichen Tiefgang, durch ihre alphabetische Anordnung erscheinen die Schnitte zwischen ihnen mitunter besonders kontrastreich. Zwar können diese wenigen Zeitzeugnisse selbstverständlich nicht entfernt das ganze Spektrum jüdischer ärztlicher Schicksale abdecken, aber doch einen relevanten Teil, wo es nämlich um Leben oder Tod geht.[358] Hier nun Namen und Geschichten zur Einführung in Kurzfassung:

---

* **Erhard Roy Wiehn (Hg.), Jüdische Ärztinnen und Ärzte in der Schoáh - Ein Lesebuch der Edition Schoáh & Judaica. Konstanz (Juli/August) 2021, S. 9-18.**

[358] Dazu gehören auch absolut verrückte Geschichten wie die Über die Katja Behling berichtet: "Um Juden vor der Deportation zu bewahren, erfand der Arzt Giovanni Borromeo zur Zeit der NS-Besetzung Roms 1943 eine hoch ansteckende Krankheit – Wie die Krankheit 'Morbus K' Juden rettete. (...) Als die SS-Abordnung im Spital vorstellig wurde, um routinemäßig die Krankenstationen durchzusehen, soll Borromeo gesagt haben, eine Durchsuchung sei natürlich möglich, nur: Die Patienten seien krank. Infektiös. Es gebe ein ernsthaftes An-

***

Mosche ben Maimon (Maimonides, 1138-1204) "musste aus politischen Gründen mit seiner Familie aus Spanien fliehen und lebte ab 1160 zunächst in Fèz (Marokko), musste 1165 abermals fliehen und gelangte nach Ägypten, wo Saladin (1138-1193) und seine Nachfolger den Juden Asyl gewährten. Mosche ben Maimon arbeitete als Arzt in Fostat (Kairo), vollendete dort seinen arabischen Kommentar zur Mischna, stellte verbindliche Glaubenssätze des Judentums auf, die allerdings umstritten blieben." Der Leibarzt des Sultans und Oberhaupt der Juden in Ägypten wurde in Tiberias bestattet (hier S. 19).

Dr. med. Gustav Bradt (1869-1928) in Berlin "hat uns dargetan", schrieb Dr. Leo Baeck im Jahre 1929 in seinem Nachruf, "wie neben und unter allen Fähigkeiten, die dem Beruf gelten, eine echte, tiefe Begabung lebendig wird, wenn einer von uns sein Eigenstes tut mit ganzem Herzen, mit ganzer Seele und mit ganzem Vermögen." (Hier – heißt stets in: *Jüdische Ärztinnen und Ärzte* – S. 22)

*

Dr. med. Janusz Korczak (Henryk Goldszmit, 1878-1042) in Warschau wird zu Beginn der Leidenszeit jüdischer Ärztinnen und Ärzte im deutschbeherrschten Europa gewürdigt, weil er als herausragendes Beispiel für jüdische ärztliche Ethik gesehen wird. Er begleitete die Kinder seines Waisenhauses bei der Deportation durch die deutschen Besatzer ins Vernichtungslager Treblinka, was auch für ihn den Tod bedeutete (hier S. 27).

*

MUDr. (Dr. med.) Desider David Fischer (1894-1977, Bratislava) war seit 1931 Chefarzt der Kinderabteilung des jüdischen Krankenhauses in Bratislava und hatte weit über die Medizin hinausgehende historische, philosophische und politische Interessen. Zusammen mit seiner Familie war er durch seinen ärztlichen Beruf einige Zeit relativ geschützt, musste nach der deutschen Besetzung der Slowakei Ende

---

steckungsrisiko, denn sie litten an 'Morbus K.' Ausführlich schilderte der Arzt Details – Krämpfe, Atemnot, Bewusstseinstrübung und so weiter – dieser schrecklichen Erkrankung. Es sei seine Pflicht als Arzt, auf die Gefahr hinzuweisen. Daraufhin habe der Kommandeur der Abordnung nach kurzer Überlegung alle Einsatzkräfte zurückgerufen. Die Razzia blieb aus. Die Anzahl der so vor der Deportation geretteten ist nicht genau zu beziffern, es sollen mindestens 100 gewesen sein. Doch in Wahrheit litten Borromeos Schützlinge überhaupt nicht an dieser mysteriösen K-Krankheit. Denn es gab sie gar nicht. (...)" In: tachles (Zürich), N. 14. 9. April 2021, S. 18 f.

August 1944 jedoch untertauchen, was in einer Gartenlaube ("Bunker" oder "Bude" genannt) auf dem Grundstück der deutsch-gräflichen Nachbarn gelang. Der neunjährige Sohn Berti Avri wurde mit gefälschten Papieren bei christlichen Familien untergebracht. Alle überlebten und konnten später ein neues Lenen in Israel beginnen (hier S. 29 ff.).

Dr. med. Olga Hempel (1869-1954, Thorn, Persien, Palästina, USA) hatte mit 78 Jahren begonnen, ihre Lebenserinnerungen aufzuschreiben, die wir nun durch Briefe und Fotos ergänzt, hiermit veröffentlichen – als ein Zeitzeugenbericht, der von der vermeintlich "guten alten Zeit" der ersten Jahre des deutschen Kaiserreiches über den Ersten Weltkrieg durch den Zweiten Weltkrieg bis in die Nachkriegsjahre reicht, und zwar mit massiven Erfahrungen von Juden- und Frauenfeindschaft nicht nur an deutschen Universitäten, eine atemberaubende Lebensgeschichte einer außergewöhnlichen Frau, eine ebenso spannende wie tragische Familiengeschichte aus dem assimilierten Judentum in Deutschland damals, detailliert beobachtete, erlebte, beschriebene Zeitgeschichte *von innen* (hier S. 37 ff.).

Dr. med. Zdenko Levental (1914-1999, Jugoslawien) empfand es geradezu als seine späte Pflicht zu berichten, und er hat recht , wenn er meint , die Zahl der publizierten einschlägigen Zeugnisse besonders im Hinblick auf das ehemalige Jugoslawien sei äußerst gering [1994], zumindest in deutscher Sprache. In der vorliegenden Schrift übernimmt er die Rolle eines Sprechers der Betroffenen, die zunächst vielleicht nicht sprechen wollten, inzwischen aber schon nicht mehr sprechen können (hier S. 41 ff).

Dr. med. Else Liefmann (1891-1970, Freiburg) wurde am 22. Oktober 1940 in das südwestfranzösische Internierungslager Gurs an den Fuß der Pyrenäen verschleppt: *"Man schweigt heute gern über die vergangenen Jahre"*, so Dr. Else Liefmann, *"auch wenn die Kinder danach fragen, was damals geschah. Die, die aktiv mitgemacht haben – und es sind ihrer nicht wenige gewesen – sind in Deutschland sogar häufig wieder zu neuen Ämtern und Würden gekommen."* (Hier S. 45 ff.)

Christina Lipp-Peetz über **Dr. med. Hans Wienskowitz (1888 -1945, Dillingen)**, der tragischerweise noch am 20. Januar 1945 von Augsburg in das sogenannte "Privilegierten"-KZ Theresienstadt verschleppt wurde. Er infizierte sich bei seiner ärztlichen Tätigkeit im KZ-Hospital am 10. Mai 1945 mit Typhus und starb – nachdem Theresienstadt bereits am 5. Mai 1945 von der SS dem IKRK übergeben worden und am 8. Mai 1945 die Rote Armee eingetroffen war. Weil der genaue Zeitpunkt seines Todes unbekannt ist, wurde dieser auf den 17. Mai 1945 festgesetzt. – Auch angesichts der fast unüberschaubar gewordenen Holocaust-Literatur ist Christine Lipp-Peetz' *Wohin die Reise geht* zweifellos ein Meisterwerk und für Familie Dr. Hans Wienskowitz ein bleibendes Denkmal (hier S. 56 f.).

MUDr. (Dr. med.) Baruch Milch (1907-1989, Galizien/ Polen) "Ich war zum Überleben verpflichtet, um Zeugnis abzulegen und die Möglichkeit einer Wiederkehr dieses Unheils zu verhindern." (S. 78) "Selbst wenn ich als letzter Jude und letzter Zeuge der Gräueltaten stürbe, würde ich schreiben. Ich hoffe, dass das, was ich mit Blut und Tränen niederschreibe, helfen wird, dass die Welt eines Tages gerechter wird. Ich weiß nicht, wie viel Zeit mir bleibt, denn die Mörder können mein Leben und mein Schreiben in jedem Moment beenden." (Hier S. 57 ff.)

Dr. med. Mirjam Moltrecht über **Dr. med. Łucja Frey (1889-1942, Lwów, Lemberg/Polen – inzwischen Lwiw/Ukraine):** "Die 1889 in Lwów geborene jüdische Ärztin Łucja Frey wurde 1942 in ihrer Heimatstadt von den Nationalsozialisten ermordet. Nur ein noch zu Lebzeiten nach ihr benanntes Krankheitsbild, das 'Frey-Syndrom', bewahrte die Erinnerung an ihre Existenz. (...) Ihrer zu gedenken ist daher nicht nur die Würdigung einer ungewöhnlichen Frau, Ärztin und Wissenschaftlerin, sondern zugleich die Erinnerung an eine im Bewusstsein der Menschen beinahe ausgelöschte Jüdin." (Hier S. 80 ff.)

Dr. med. Felix Hermann Oestreicher (1894-1945, Bergen-Belsen) Der Tochter Maria Goudsblom-Oestreicher (1936-2009) ist es zu verdanken, dass der Arzt-Kalender des Vaters Jahrzehnte später einer interessierten Öffentlichkeit zugänglich gemacht wurde. Es ist ein KZ-Tagebuch, das es in sich hat, vielleicht eine der detailliertesten Aufzeichnungen, die bisher bekannt geworden sind. Hier kann man Tag für Tag verfolgen, wie eine gutsituierte Arzt-Familie mit respektablen Vorfahren und Verwandten durch die deutsche Gewaltherrschaft von Karlsbad bis Amsterdam verfolgt, aus ihrem normalen Leben herausgerissen und einem Prozess der Entwürdigung und Erniedrigung unterworfen wird, und wie diese völlig unschuldigen Opfer eben trotzdem Menschen zu bleiben versuchen, um nicht zuletzt diesen Arzt-Kalender der Nachwelt zu hinterlassen. Der Autor und seine Frau sterben nach der Befreiung, die drei Töchter überleben (hier S. 82 ff.).[359]

Martin Ruch über **Familie Neu (1874-1998, Südbaden):** *Aus der Heimat verjagt* - Ein bitterer Titel, von Familie Neu so gewünscht. Am 12. Oktober 1935: "Wir sind keine deutschen Staatsbürger mehr, nur noch Reichsbürger. In Straßburg wurden wir ausgewiesen wegen unseres Deutschtums, und hier werden wir unschädlich gemacht, weil wir keine Deutschen sein sollen. Arme Judenheit." Anfang 1937: "Alles ist bedrückt, wo man hinkommt, die Jugend ist fort, das Alter ist voll Wehmut und Klage, ob Pfalz oder Baden, das Schicksal ist für uns Juden überall dasselbe." (Hier S. 91 ff.)

Jehuda Stein über ärztliche Entwicklungen in Krakau (1938-1945, wo er am Schluss resümiert: "Von den 190 jüdischen Ärzten, die unmittelbar vor dem Ausbruch des Zweiten Weltkriegs in Krakau frei praktiziert hatten oder als Spitalärzte tätig waren, wurden 142 – darunter 16 Frauen – ermordet oder kamen in den Konzentrationslagern ums Leben. 17 der überlebenden Ärzte kehrten nach Krakau zurück. Die Namensliste der ermordeten jüdischen Ärzte wurde in der 'Kronika okupowanego Krakowa' (poln. 'Chronik des besetzten Krakau') 1974 veröffentlicht." (Hier S. 97 ff.)

Richard Zahlten über **Dr. med. Johanna Geissmar (1877-1942,**– und dazu ein Zeugnis ihres Arzt-Kollegen in Gurs, Dr. med. Ludwig Mann (1874-1946): "*Es war nichts zu machen. Sie wollte die Ihren suchen, sie wollte die ärmsten Kameraden nicht verlassen, sie wollte dort unten in der Halle auch nicht, dass ein anderer zuletzt noch für sie geholt werde. Sie blieb fest. Sie schlief noch eine Zeitlang, auf einem Stuhl sitzend und stieg dann mit den anderen in den Camion. Man hat nie mehr etwas von ihr gehört. Auch von ihren Geschwistern nicht, die sie finden wollte. Ruhig und entschlossen ging sie den Weg, der zu ihren Geschwistern oder in den Tod führen musste.*" (Hier S. 104 ff.)

*

[359] Für das Scannen dieses Textes sei Wolfgang Hartung-Gorre herzlich gedankt (ERW).

Diese Zeitzeugenberichte werden am Ende ergänzt durch den von Zsuzsa Varkonyj romanhaft dargestellten intimen Rehabilitations-Versuch eines ungarisch-jüdischen Arztes sowie durch Berichte der rumänisch-jüdischen Ärzte Dr. med. Mirjam Bercovici und Dr. med. Beno Hoişie über ihre Arbeit mit jüdischen Patienten in der späteren Nachkriegszeit, am Ende von Iulia Deleanu ergänzt durch das kleine Porträt des namhaften rumänischen Mediziners und jüdischen Intellektuellen Professor Dr. Nicolae Cajal. Insgesamt handelt es sich um (mindestens) 18 Namen, wie sie im Laufe der Jahre in den Publikationen der Edition Schoáh & Judaica zwischen 1994 und 2021 (27 Jahre) zufällig (wenn es das gibt) zusammenkamen:

Zsuzsa Varkonyj: *Für wen du lebst:* "'Ich will es nicht noch einmal erleben, sagte sie *(Klara)* in einem immer noch friedlichen Ton, dann brach sie in Tränen aus. Diese Furcht ertrage ich nicht mehr. Ich *will* sie nie mehr ertragen,' – Aldo schaute sie eine Weile hilflos an und begann, ganz leise zu sprechen: 'Dann lass mich dir erzählen, dass ich nach dem Krieg, drei Jahre lang, den *Ewigen*[360] nur deshalb angesprochen habe, um ihm immer wieder wütend vorzuwerfen, weshalb er mich am Leben gelassen hat. (...) Seitdem ich aber dich habe, bedanke ich mich jeden Tag bei *Ihm* und bitte um Verzeihung. *Er* wusste, welche Pläne *Er* mit mir hatte... Nur einsam ist es so schrecklich schwer. Hast du aber jemanden, für den du lebst, wird alles sofort leichter.'" (Hier S. 106 ff.)

*

Dr. med. Mirjam Bercovici und Dr. med. Beno Hoişie: *Die Letzten vielleicht* [1998]: *"Die Letzten vielleicht* haben es in sich. Es handelt sich um insgesamt 22 jüdische Schicksale, 11 Frauenschicksale und 11 Männerschicksale, die ganze Vielfalt jüdischen Lebens und Leidens in diesem Jahrhundert in Südosteuropa. Keine Familie, von der Angehörige nicht erschlagen, erschossen, dem Hungertod preisgegeben oder vergast worden wären, und viele der hier porträtierten Patientinnen und Patienten sind selbst nur knapp dem Tod entkommen, frühe oder späte Zionisten und Kommunisten ebenso wie enttäuschte ehemalige Parteigänger, Doktoren, Professoren, sonstige Intellektuelle wie einfache, fromme und weniger fromme Menschen, erfüllte und weniger erfüllte Leben. Besonders bewegend die Schicksale deutsch-

[360] Jüdischer Ausdruck für Gott, dessen Name nicht ausgesprochen werden darf.

sprachiger Bukowiner Juden, die ihre Sprache bis heute hegen und pflegen." (Hier S. 108 ff.)

Iulia Deleanu: ***Leben für andere*** **[2004]:** "In einem Interview zur Zeit meiner Arbeit an einem Antiherpes-Impfstoff", so Professsor Nicolae Cajal, "habe ich auf die Frage, was ich mir gerade wünsche, geantwortet: Ich möchte einen Impfstoff gegen Dummheit, Lumperei und Antisemitismus erfinden, und diesen Wunsch habe ich heute noch." (Hier S. 115 ff.)

***

Die Ärztinnen- und Arzt-Schicksale aus Deutschland sind stark, die aus Polen sind ergreifend, die aus Jugoslawien, den Niederlanden und der Slowakei sind heldenhaft. – Zsuzsa Varkonyjs verdichtete Heilung der Protagonistin Klara Wiener durch den jüdischen Arzt Dr. Aladar (Aldo) Körner ist berührend. – Dr. med. Mirjam Bercovicis und Dr. med. Beno Hoişies Patientenberichte aus Bukarest und Iaşi/Rumänien aus den 1990er Jahren sind unikal. – Jüdische Ärztinnen und Ärzte in der Edition Schoáh & Judaica mussten endlich einmal gemeinsam gewürdigt und in einem Lesebuch verewigt werden.

Die uralte jüdische Hochachtung der Medizin, der Medizinerinnen und Mediziner ist eine Konsequenz der jüdischen Hochachtung des Leben als höchstem jüdischem Wert überhaupt. – Aus der Fülle der jüdischen Lebens-Literatur hier nur ein einziges Zitat: Der allzu früh verstorbene Rabbiner der Liberalen Jüdischen Gemeinde Zürich Or Chadasch wie auch der Jüdischen Gemeinde Kreuzlingen (Thurgau/Schweiz) (beides 1990 -1995), der Autor unserer Edition Schoáh & Judaica und Freund Professor Dr. Israel Aharon Ben Yosef (1938-1995), schrieb dazu:

"Die Rabbiner betrachten die Förderung des Lebens, die Verbesserung der Lebensbedingungen und die Betreuung anderer Menschen in guten wie in schlechten Tagen als höchste Werte. Ihr Begriff bezüglich der Sorgen um das Menschenleben ist 'Pikúach Nefésch' ('Bewachung der Seele').[361] Dies ist wichtiger als die Einhaltung des Schabbats und anderer Gesetze und Riten, denn die körperliche und geistige Gesundheit sind Voraussetzungen für die Fähigkeit des Einhaltens der Mizwót (Gebote). (…)

[361] In übertragenem Sinn: *Rettung aus Lebensgefahr;* htps://de.wikipe-dia.org/wiki/Pikuach_Nefesch

Wie wichtig die Medizin im Judentum ist, beweist die Tatsache, dass viele Gebote und Verbote der Halachá[362] medizinischer Natur sind. Auf diesem Hintergrund der Hochachtung des Lebens, der Gesundheit und des Wohlbefindens ist es sinnvoll, Antworten der jüdischen medizinischen Ethik auf die Herausforderungen der zeitgenössischen Medizin zu suchen."[363]

Israel Aharon Ben Yosef weist auch darauf hin, dass die Juden zu Rosch Haschaná (Neujahrsfest) und Jom Kippur (Versöhnungsfest) mehrmals das "Sochrénu Lacháij – Gedenke unser zum Leben" beten: "Damit meinen wir, dass der Lebenswille und die Liebe zum Leben nicht nur Gesundheit und Aktivität bedeuten, sondern auch geistige Erfüllung. (…) – "Gedenke unser zu Leben" – zur Verlängerung und zur geistigen Vertiefung des Lebens."[364]

Medizin, Medizinerinnen und Mediziner sind im Judentum deshalb so hoch geachtet, weil das Judentum eine Religion des Lebens ist und auf das Leben in dieser Welt ausgerichtet ist: Chajim (ein Pural!) bedeutet Leben: *LeChajim,* der traditionelle hebräische Trinkspruch heißt: *"Auf das Leben!"* - 7. Juli 2021

31. Jüdische Gedenkschriften der Edition Schoáh & Judaica

Erinnern für die Zukunft aus jüdischer Sicht* (1996/2003)

(1) Erinnern für die Zukunft: Das Erinnern sei gewissermaßen die jüdischste aller Beschäftigungen, fand Ruth Klüger: "Unsere Religion ist in allen Einzelheiten an unser Geschichtsbewusstsein gebunden, und es ist diese kollektive Erinnerung, die uns überhaupt zu Juden macht." (R. Klüger 1995, Literatur hier S. 211 ff.)

---

[362] Auslegung und Kodifizierung der Gesetze des Talmud; https://de. wikipedia.org/wiki/Halacha

[363] Israel A. Ben Yosef, Lebendiges Judentum II – Predigten und Betrachtungen eines Rabbiners 1990–1995. Bearbeitet von Rafael u. Ursula-Hava Rosenzweig. Konstanz 1999, S. 31 f.

[364] Israel Aharon Ben Yosef, a.a.O., S. 32.

* **Erhard Roy Wiehn (Hg.), Jüdische Gedenkschriften – Sechs Memorials. Ein Lesebuch der Edition Schoáh & Judaica. Konstanz (Juli) 2021, S. 7-23.**

Dieses Erinnern tue weh, meinte am 27. Januar 1998 Präsidentin Rita Süssmuth anlässlich des neuen deutschen Gedenktages für die Opfer des Nationalsozialismus im Bundestag zu Bonn: "Es löst Entsetzen aus und lässt zugleich verstummen und aufschreien. Sich den bedrückendsten Wahrheiten unserer Geschichte zu stellen, ist aber unverzichtbar. Dazu verpflichten uns die Opfer, ihre Angehörigen und Nachkommen. Aber es ist auch für uns selbst notwendig, für den unauflöslichen Zusammenhang von Erinnerungs- und Zukunftsfähigkeit", so die deutsche Bundestagspräsidentin, und weiter: "Erinnerung ist anstrengend, aber sie befreit auch. Sie gibt uns Kraft, die Zukunft zu bestehen. Ein Volk das innehält, das sich bewusst seiner Vergangenheit stellt, beugt nationalem Wahn und Selbstüberschätzung vor." (R. Süssmuth 1998) - Aus jüdischer Sicht: "Von Zorn und Trauer erfüllt", schrieb der israelische Staatspräsident Ezer Weizman Anfang des Jahres 1996 ins Gästebuch des ehemaligen Konzentrationslagers Sachsenhausen: "Es wird nichts vergessen. Und wir vergessen nicht." Starke Worte, die wohl einmal mehr so gesagt werden mussten, und der deutsche Bundespräsident Roman Herzog meinte damals, beim Besuch in Sachsenhausen sei deutlich geworden, "wie gegenwärtig die Vergangenheit ist, wie kurz 50 Jahre sind." Noch immer gilt wohl das Wort des Propheten Jesaja: "Tröstet, ja tröstet mein Volk!" (40,1-2)

"Erinnerung als Andacht, als *devotio*: wem ist es inniger und schmerzlicher vertraut als einem Juden, der sich als Erbe eines Unglücks empfindet und, wie Martin Buber sagte, als Mitglied einer Erinnerungsgemeinschaft", schreibt Siegfried Lenz, der mit Manès Sperber darin übereinstimmt dass Schreiben auch ein Handeln gegen das Vergessenwerden sei; denn "Vergessen: ein zweiter Tod." Aber auch das könne Gedächtnis sein: Heimsuchung: "Mein Kollege Amos Oz hat es mir vor Augen geführt. Wenn Du Israel verstehen willst, sagte er, wenn Du die Seele des Landes wirklich erfahren willst, dann geh nachts durch die Straßen. In der sommerlichen Hitze der Nacht schlafen viele Leute auf den Balkonen. Wer still geht, hört sie in ihren Angstträumen seufzen und stöhnen und wimmern, sie träumen in mehreren Sprachen, überwältigt von Vergangenheiten, die nicht aufhören wollen. Das Gedächtnis, das die Delirien der Geschichte bewahrt, macht, dass die Menschen von neuem erleiden, was sie am Tag vielleicht überwunden zu haben glauben. Das Gedächtnis - so kommt es mir vor - besteht darauf, dass sie, und wenn auch nur im Angsttraum, an ihre Zeugenschaft erinnert werden: Es ist geschehen, alles ist wirklich geschehen, in deinem wiederkehrenden Schmerz liegt der Beweis." (S. Lenz 1989, S. 50)

"Was es heißt, mit einem getreuen Gedächtnis fortleben zu müssen: Überlebende von unvergleichbaren Verbrechen, die in deutschem Namen begangen wurden, haben uns bei ihren Zeugenaussagen einen Eindruck davon vermittelt. Ich sehe sie noch in den Gerichtssälen, eingeladen und aufgefordert, sich öffentlich zu erinnern, - unter den Augen des Gerichts, der Zuhörer, ja, auch unter den Augen der Täter. ... Und ich sehe ihre Furcht und ihre Fassungslosigkeit, sehe oft genug Tränen. Durch das Gedächtnis befördert, zeigt sich die Gewalt der Vergangenheit. - Dennoch trotz aller Schwere erhält sich die Bereitschaft, das, was im Gedächtnis bewahrt ist, wiederzubeleben. Der Grund dafür ist nach meiner Ansicht nur allzu verständlich; er liegt in der Erkenntnis, dass ein Schweigen noch weniger annehmbar wäre als der Schmerz des Erinnerns. Dieses Schweigen - sagte Cornelia Edvardson - löscht Millionen Ermordete aus - noch einmal. Und sie sagte weiter: An die wir uns nicht mehr erinnern, die wir in unseren Herzen und Sinnen nicht mehr lebendig erhalten, die haben niemals gelebt. Wir sind Zeugen, woran wir uns nicht mehr erinnern und was wir nicht bezeugen, das ist nie geschehen. - ... - Für mich gibt es einen Zweifel: wenn wir das Gedächtnis preisgeben, wenn wir uns über die Selbstverständlichkeiten hinwegsetzen, zu denen es verpflichtet, geben wir politische Moral ebenso preis wie menschliche Gesittung." (S. Lenz 1989, S. 50)

(2) Erinnern für die Zukunft: Aber wäre Vergessen denn nicht besser? Die sogenannte Volksweisheit hat durchaus entsprechende Sprüche parat: "Was ich nicht weiß, macht mich nicht heiß!" Oder: "Glücklich ist, wer vergisst, was doch nicht zu ändern ist..." Man kann ziemlich sicher sein, dass viele Menschen so denken, und nicht nur in Deutschland. Dort sind freilich Revisionisten bereits eifrig am Werk, eine neue deutsche Vergangenheit zu erfinden, natürlich für eine neue deutsche Gegenwart und vor allem für eine neue deutsche Zukunft. Seit Jahren und bis zum heutigen Tag ist immer wieder zu hören, man solle nun endlich die Vergangenheit auf sich beruhen lassen, und damit ist allemal die dunkle deutsche Vergangenheit gemeint. "Ist der Ausruf 'Weg mit allem Vergangenen!' nicht vielleicht ein okzidentaler Urschrei?", fragte Aleida Assmann: "Zum kulturellen Sonderweg des Westens scheint zu gehören, dass sich zumindest seit der Neuzeit die Epochen über den Traditionsbruch definieren. Das Neue inszeniert

sich mit dem Gebot, das Alte zu vergessen." (A. Assmann 1997) Ja, warum eigentlich nicht? Warum sollen wir uns erinnern? Warum müssen wir uns unbedingt *daran* erinnern? Warum *erinnern für die Zukunft?*

Die Forderung "Sachór - Gedenke!" wird in der hebräischen Bibel oft, d.h. rund 250 mal formuliert, nicht selten bezüglich dessen, was dem jüdischen Volk an Unrecht und Verfolgung widerfuhr, besonders markant in 5 Mose 25, 17-19: "Gedenke, was dir Amalek angetan..., vergiss es nicht!" (Die Amalekiter waren ein Israel feindlich gesinntes Volk; 'Amalek' wurde zum Synonym für die immer neu erstehenden Feinde Israels.) Genau diese Verse werden am Schabbat vor Purim gelesen, am 'Schabbát Sachór' Gedenken und nicht zu vergessen wird also geradezu dekretiert und bezieht sich nicht nur auf das Volk Israel, sondern auch auf den jüdischen G'tt selbst. Das Gegenteil von Gedenken ist Vergessen, die Aufforderung, nicht zu vergessen kommt in der Bibel ca. 100 mal vor, und nicht selten wird das Gebot des Gedenkens mit der Mahnung und Warnung verschärft, keinesfalls zu vergessen.

Beide 'Mitzwot' d.h. Weisungen und Pflichten, waren nun in der Tat für das jüdische Volk von ungeheurer Bedeutung, und es lässt sich sehr wohl behaupten, dass man nicht zuletzt vor allem durch diese Weisungen erst verstehen kann, wie ein Volk unter den denkbar schlechtesten Bedingungen über Jahrhunderte nicht nur überleben, sondern dabei sogar seine Identität bewahren konnte. Dies war freilich kein simpler Selbstzweck, sondern nur Voraussetzung dafür, G'ttes Weisungen zu befolgen und dadurch ein 'Licht für die Völker' zu sein, d.h. die Welt menschlicher zu machen helfen. Rabbiner Lord Jakobovitz sagte einmal: "Wir müssen unbedingt einen Beitrag zur Entwicklung der Welt leisten, wir müssen einen Einfluss auf die Moral der Welt haben; denn für das haben wir die Geschichte schließlich überlebt. -...- Das Ziel des jüdischen Überlebens ist es, einen wertvollen Beitrag in der Welt zu leisten. Dazu muss das jüdische Leben erhöht, vertieft und verstärkt werden." (Y. Nordmann 1996, S. 11) Deshalb war und ist Erinnerung und Gedenken für das jüdische Volk von entscheidender Bedeutung, und immer wieder wird eindringlich an das Geschenk der Freiheit gemahnt: "Gedenke, dass du ein Knecht warst in Ägypten..." Nicht nur an Pessach, sondern an jedem Schabbat wird des Auszugs aus Ägypten gedacht. Die jüdische 'Oster'-Liturgie der Passah-Haggada verpflichtet, der pharaonischen Sklaverei und des befreienden Auszugs aus Ägypten so zu gedenken, als sei man selbst dabei gewesen (2 Mose 13, 8 u. 5 Mose 6,23): "In jedem Geschlecht ist der Mensch verpflichtet, sich vorzustellen, er sei selbst aus Ägypten gezogen: Und erzählen sollst du es deinem Sohn an demselben Tag, deswegen hat G'tt es mir getan, als ich aus Ägypten zog. Nicht nur unser Väter hat G'tt erlöst, sondern auch uns." (Passah-Haggada)

(3) Erinnern für die Zukunft: Das bedeutet ganz allgemein, jeder einzelne Jude in jeder Generation müsse sich selbst so verstehen, als ob er dort gewesen wäre - dort bei den Generationen, den Stätten und den Ereignissen, die lange vor seiner Zeit liegen, so Ezer Weizman Anfang 1996 im Deutschen Bundestag zu Bonn: "Die Erinnerung verkürzt die Distanzen. Zweihundert Generationen sind seit den historischen Anfängen meines Volkes vergangen, und sie erscheinen mir wie einige Tage. ... Erst einhundertfünfzig Generationen sind vergangen von der Feuersäule des Auszugs aus Ägypten bis zu den Rauchsäulen der Schoáh. Und ich, geboren aus den Nachkommen Abrahams ... - war überall mit dabei. - Ich war ein Sklave in Ägypten und empfing die Thora am Berge Sinai, und zusammen mit Josua und Elijah überschritt ich den Jordan. Mit König David zog ich in Jerusalem ein, und mit Zedekiah wurde ich von dort ins Exil geführt. Ich habe Jerusalem an den Wassern zu Babel nicht vergessen, und als der HERR Zion heimführte, war ich unter den Träumenden, die Jerusalems Mauern errichteten. Ich habe gegen die Römer gekämpft und bin aus Spanien vertrieben worden, ich wurde auf den Scheiterhaufen in Magenza (vgl. dazu H. Grünfeld 1996), in Mainz, geschleppt", so Ezer Weizman weiter, "und habe Thora im Jemen studiert. Ich habe meine Familie in Kischinev verloren und bin in Treblinka verbrannt worden. Ich habe im Warschauer Aufstand gekämpft und bin nach Erez Israel gegangen, in mein Land, aus dem ich ins Exil geführt worden war, in dem ich geboren wurde, aus dem ich komme und in das ich zurückkehren werde. ... Und wie ich sie dort und in jenen Tagen begleite, so begleiten mich meine Väter und stehen hier und heute neben mir."

Hier wird offensichtlich, was Salomon Korn zurecht bemerkte: "Die Bereitschaft zum Erinnern und Gedenken ist abhängig vom Verhältnis des Einzelnen zur eigenen Geschichte, zur Geschichte des eigenen Volkes und abhängig vom Grad der Identifizierung mit Volk, Staat oder Nation. Je näher und unverbrüchlicher man zu den Geschicken der eigenen Gemeinschaft steht, desto eher wird man die Erinnerung an deren Geschichte, die dann auch als eigene empfunden wird, zu bewahren suchen." Was natürlich auch umgekehrt gilt: "Diese Wechselwirkung zwischen Erinnerungsbereitschaft und nationalem Selbstverständnis zeigt, dass es unterschiedliche Ausprägungen des Erinnerns und Gedenkens auf der Seite derer gibt, die Nachfahren der Opfer und derer, die Nachfahren der Täter sind." (S. Korn 1996, S. 45) Nie und für niemanden war es leicht, sich dessen zu erinnern, was man lieber vergessen möchte; "...denn gut zu erinnern vermag nur, wer sich mit dem Vergessen genauestens auskennt und umgekehrt", so Aleida Assmann: Spätestens seit Proust und Freud komme das eine nicht ohne das andere aus, das Vergessen sei "abgründig ambivalent": Sind also das Erinnern und das Vergessen zwei Seiten einer Medaille? (A. Assmann 1997)

Deshalb gibt es die Mitzwa, die Pflicht des Erinnerns und Gedenkens. Verschiedentlich ergeht deshalb sogar die Aufforderung, "Denksteine" aufzustellen: "Diese Steine seien zu einem Gedächtnis den Söhnen Jisraels auf Weltzeit!" (Joschua 4, 6-7) So sind denn nicht zuletzt verschiedene wichtige Feste im jüdischen Jahr regelrechte Gedenktage: Purim, Pessach, Tischa b'Av und Chanukka, in der heutigen Zeit auch der Jom ha-Schoáh (Holocaust-Gedenktag), der Jom ha-Sikarón (Gefallenen-Gedenktag) und der Jom ha-Azmaút (Unabhängigkeitstag). Was Erinnern heißt, kann man am Jom ha-Schoáh in Israel erleben (vgl. S. Korn 1996, S. 45). Nach der "Unfähigkeit zu trauern" (A. Mitscherlich 1968) bietet der deutsche Gedenktag am 27. Januar neue Möglichkeiten zu gedenkender Erinnerung in Deutschland, wozu auch aus den Erfahrungen der 'Woche der Brüderlichkeit' gelernt werden könnte.

(4) Erinnern für die Zukunft: 'Jad we-Schem' - 'Hand (Monument, Denk-Mal) und Name', so heißt die Gedenkstätte für die Opfer des Holocaust in Jerusalem. Diese Bezeichnung ist der hebräischen Bibel entnommen, wo es bei Jesaja heißt: ("Den Beschnittenen, die meinen Schabbat halten und erwählen, was mir wohlgefällt und treu zu meinem Bunde stehen) - denen will ich in meinem Hause und in meinen Mauern ein Denk-Mal und einen Namen geben...; einen ewigen Namen gebe ich ihnen, der nicht vergehen wird." (Jesaja 56,5) - Der ebenso bizarre wie schlichte Steingarten der Ermordeten von Treblinka war lange Zeit das bewegendste Memorial, das ich gesehen hatte. Unvergleichbar, aber in seiner Art vielleicht noch stärker, ist das neuere Memorial für die eineinhalb Millionen unter deutscher Herrschaft ums Leben gebrachten jüdischen Kinder in Jad Vashem, der nationalen Gedenkstätte Israels in Jerusalem. Man erkennt es leicht und schon

aus einer gewissen Entfernung an den zwanzig unterschiedlich großen, abgebrochenen weißen Steinsäulen - zerbrochenen Kindheiten und Jugendzeiten gleich - am Berg nahe des zentralen Eingangsbereichs; das Memorial selbst ist darunter in den Berg gebaut. Zwischen hellen Steinmauern wird man im blendenden Jerusalemer Licht zum Eingang geleitet; nach dem Eintritt in das als höhlenartig ahnbare Innere scheint einen sofort fast völlige Dunkelheit zu umfangen, und es ist wie ein reales zeitgemäßes Höhlengleichnis. Man greift unwillkürlich zum Leitgeländer, wartet einen Augenblick, und sobald sich die Augen an die völlig unerwartete Situation gewöhnt haben, findet man sich wie in einem Himmel oder Meer von kleinen Lichtern: eine oder auch mehrere Kerzen vielfach in der Dunkelheit gespiegelt. Dann hört man abwechselnd eine Frauenstimme und eine Männerstimme Namen verlesen. Namen, Namen, Namen. Namen der eineinhalb Millionen Kinder. Das ist es und kaum zu ertragen. Es ist wie ein Gang durch eine Art abstraktes Kindermassengrab. Ein Gang, bei dem einem die Füße schwer werden können. Ein unheimlich ergreifendes Denkmal in Jerusalem. Wie lange dauert es, bis eineinhalb Millionen Namen verlesen sind?

Auch ein Buch ist eine Art 'Jad we-Schém': "Der Zeuge des Schreckens ist nicht nur Zeuge - und nicht allein Opfer. Er nimmt als Chronist auch die Position des Anwalts der Memoria ein, und dabei bedrängt ihn der Gedanke, dass künftige Generationen nicht mehr wissen könnten, wofür Auschwitz - noch - steht. ... Das ist es, wogegen die Tagebücher aus dem Ghetto von Warschau und Riga kämpfen, dass die Stimmen authentischer Erfahrung dem Diskurs der Historie entschwänden. Solange ein Augenzeuge sprechen und schreiben kann, ist, im Prinzip, auch das Opfer nicht vergeblich gewesen", so Martin Meyer: Der italienische Schriftsteller Primo Levi habe dies in die Frage gefasst: "wer der Zeuge der Zeugen sein werde - wer es, auch weiterhin, auf sich nehme, die Tragödie des Genozids für die Zukunft zu vergegenwärtigen. - In der Tat ist die Gefahr des Vergessens eine reale Gefahr." (M. Meyer 1998).

Was aufgeschrieben und veröffentlicht ist, wird nicht ganz so schnell vergessen: "Studiert, was geschehen ist", empfahl Ezer Weizman im Januar 1996 in Sachsenhausen der deutschen Jugend: "Studiert, wie es verhindert werden kann! Gebt jeden Tag euer Bestes! Versucht, in Frieden zu leben!" In Bonn sagte der deutsche Bundespräsident am 19. Januar 1996 im Deutschen Bundestag u.a. ganz zu

Recht: Das Allerwichtigste sei, "den Jungen den Blick dafür zu schärfen, woran man Rassismus und Totalitarismus in den Anfängen erkennt." Es gehe darum, aus Erinnerung lebendige Zukunft werden zu lassen: Das Erinnern gehört also zwar zum Wesen des Menschen, bedarf jedoch ständiger Übung und Pflege. Erinnerung, gerade wo sie schwerfällt, ist eine Tugend der Hoffnung (E. Bloch 1968 u. M. Susman 1965).

Alle Kritik an Daniel Goldhagens 'Hitlers willige Vollstrecker' hat dessen Wirkung weder erklärt noch gemindert, die nämlich ganz schlicht in der einfachen Wahrheit besteht, dass er im Kern seines Buches recht hat: Ohne Hunderttausende, vielleicht sogar Millionen kleiner und großer teils bedenkenloser, teils begeisterter Handlanger und Vollstrecker wie auch ohne so viele feige, gleichgültige, mitleidlose, schadenfrohe Schweiger innerhalb und außerhalb Deutschlands wären das Großdeutsche Reich, der Zweite Weltkrieg und insbesondere die Schoáh niemals möglich gewesen. Überlebende brauchen Goldhagen nicht zu lesen, sie haben alles ohnehin immer im Kopf; denn vieles, worüber er als Nachgeborener ganz unverblümt, vielleicht stilistisch überzogen, vielleicht etwas zu nassforsch, aber erfrischend respektlos gegenüber etablierten Holocaust-Experten schreibt, das haben sie selbst erlebt, und in der Tat war alles bereits allen längst bekannt, die es wissen wollten. Doch dieser couragierte Autor zeigt cum ira et studio einmal mehr, dass darüber kein Gras des Vergessens wachsen kann, und genau das schmerzt vor allem jene, die geglaubt haben mochten, dass man diese Vergangenheit vielleicht doch revidieren, vergessen oder sonstwie vergehen machen könnte. Daher sollte man in 'Hitlers willigen Vollstreckern' eine durchaus positive Provokation zum Lernen aus Geschichte sehen.

(5) Erinnern für die Zukunft: Erinnerungstradition bedarf indessen ihrerseits wieder gewisser Voraussetzungen, die ein Erinnerungsvermögen schaffen. Das zu den jüdischen Grundpflichten gehörende möglichst frühe Erlernen des hebräischen Alefbets sowie die lebenslange Beschäftigung mit den als Offenbarung G'ttes verstandenen Schriften der Bibel haben zu einer besonderen Wertschätzung geistiger Arbeit und intellektuellen Strebens geführt, welche auch kritische Intelligenz miteinschließt. Da nun das traditionelle Judentum vor allem als eine allumfassende Lebensform aufgefasst werden muss, in der und durch die das Religiöse die Heiligung des Profanen in allen seinen Äußerungen verwirklichen will, ist erkenntnissuchende, intellektuelle Ausei-

nandersetzung mit den Heiligen Schriften zugleich Beschäftigung mit dem Leben in der Welt, also mit sozialem Leben überhaupt.

Auch deshalb dient der geschärfte Blick für die Buchstaben, Worte und Sätze der Thorá zugleich immer der besseren Einsicht in die Elemente des Sozialen in Gemeinschaft und Gesellschaft, in Wirtschaft und Staat, die stets als verbesserungsfähige und daher veränderbare erfahren werden, ja eigentlich überhaupt nur da sind, um verbessert zu werden, was wiederum eine ausgeprägte Erinnerung und mithin kritisches Vergleichsvermögen voraussetzt. Dass das strenge jüdische Bilderverbot in diesem Zusammenhang von besonderer Bedeutung ist und die jüdische Religion in überhaupt einmaliger Weise durch Sprache, durch Sprechen, somit durch Hören, Hörensagen und Hörerinnerungen charakterisiert ist, soll hier nur erwähnt, aber nicht weiter vertieft werden.

Der tiefste Grund für das fundamentale Doppelgebot des Gedenkens und des Nichtvergessens ist im jüdischen G'ttes-Verständnis begründet: Denn der jüdische G'tt ist nur insoweit kenntlich, als er sich im Geschehen der Geschichte offenbart, und *genau deshalb* muss Geschichte unbedingt erinnert werden, wenn man das Wirken G'ttes erkennen will. In dem für das jüdische Religionsverständnis entscheidenden Dornbusch-Ereignis offenbart sich G'tt, indem er zu Mose spricht: "Ich bin der G'tt deines Vaters, der G'tt Avrahams, der G'tt Jizchaks, der G'tt Jaákovs... - nun geh, ich schicke dich zu Pharao, führe mein Volk, die Söhne Jisraels, aus Ägypten! ... Und weiter sprach G'tt zu Mosche: So sollst du zu den Söhnen Jisraels sprechen: ER, der G'tt eurer Väter, der G'tt Avrahams, der G'tt Jizchaks, der G'tt Jaákovs schickt mich zu euch. Das ist mein Name in Weltzeit..." (2 Mose 3, 1-17). G'tt erinnert Mosche an die Väter, weil das Volk seinen G'tt als den seiner Väter unverwechselbar kennt, indem es sich seiner Taten erinnert.

Eine der vielleicht eigentümlichsten Ankündigungen des *Wirkens und der dadurch gegebenen Kenntlichkeit 'Adonái's'*, des jüdischen G'ttes, ist übrigens durch Ezekiel (6. Jh. v. u. Z.) überliefert: "Darum weissage und rede zu ihnen: Also spricht der Gebieter und Herr: Wohlan denn, ich öffne eure Gräber und hole euch aus euren Grabstätten heraus, mein Volk! Ich führe euch dem Lande Israel zu. - Alsdann werdet ihr einsehen, dass ich der Herr bin, wenn ich eure Gräber öffne und euch aus euren Gräbern als mein Volk heraushole. - Ich lege meinen Geist in euch, dass ihr zum Leben erwacht, und lasse euch auf eurem Heimatboden siedeln. Dann werdet ihr einsehen, dass ich, der Herr, es bin, der redet und handelt." (Ezekiel 37, 12-14) Zwei Tote, die zum Leben erwacht sind, hat Ezer Weizman einmal erwähnt: die hebräische Sprache und der jüdische Staat. Das Volk Israel kennt *Adonái* durch dessen Taten, die er an seinen Vätern und Müttern getan und durch die Menschen in immerzu weiter geschehender Geschichte weiterhin tut.

Der höchste jüdische Festtag, der Jom Kippur, der Versöhnungstag macht besonders deutlich, dass der Mensch nicht vergessen darf, weil auch G'tt sich erinnert. Dabei wird klar, dass Erinnerung nicht nur mit der Vergangenheit verbindet, sondern in der Gegenwart, in der man sich erinnert, zugleich auch mit der Zukunft. Am Versöhnungstag bitten die Menschen darum, nun als versöhnte Menschen in das 'Buch des Lebens' ('Séfer Chájim') eingeschrieben zu werden, und sie hoffen dabei auf ein Leben ohne Leid und Verfolgung, so wie es jedenfalls für die *Messianische* Zeit vorausgesagt ist, aber sie wissen, dass deren Kommen auch an ihnen selbst liegt. Dabei wird übrigens ganz klar, dass das Judentum keinen Totenkult kennt; denn, so der Psalmist: "Nicht die Toten preisen Ihn." (Psalm 115,17) Vielmehr ist das Judentum eine Religion des Lebens, und man trinkt "le-Chájim - auf das Leben!"*

(6) Erinnern für die Zukunft: Gutheit und Wahrheit in der Welt und somit die Einung und Einheit der Welt sind in einem Handlungsprozess voranzubringen, bestärkt durch jene einzigartige jüdische Philosophie der Hoffnung, einem der Grundwerte des Judentums überhaupt, der Hoffnung und Glaubensgewissheit nämlich, dass die bessere Welt als in sich allseitig geeinte und versöhnte Welt noch vor uns liegt, sich in aller Diesseitigkeit der Geschichte auf dieser Erde verwirklichen wird, und zwar durch nichts anderes als durch die gerechten Taten der Menschen selbst. Das bedeutet die Berufung des Menschen zum Mitschöpfer und Mitvollender der Welt und damit auch zur globalen Verantwortung, nämlich im Bewusstsein der noch zu vollendenden Einung des Ganzen gemäß göttlicher Weisung eine friedlichere, gerechtere mitmenschlichere Welt, eine die Versöhnung auch mit

* Plakativ auf der 80-Cent-Briefmarke der Deutschen Bundespost abgebildet zum Jubiläum "1700 Jahre Jüdisches Leben in Deutschland" 2021; abgebildet auf der Umschlag-Rückseite von: Erhard Roy Wiehn (Hg.), Jüdische Schicksale in und aus Deutschland – Ein Lesebuch der Edition Schoáh & Judaica zum 1700-Jahre-Jubiläum jüdisches Leben in Deutschland. Konstanz (Juni) 2021.

der Natur einschließende Weltordnung herbeiführen zu helfen, die kaum ein Begriff treffender kennzeichnet als 'Schalom'.

Nach jüdischer Auffassung sind Mensch und Welt also ausschließlich dazu da, geheiligt zu werden, und an jedem Erev Schabbat wird gebetet: "Barúch attá Adonái Elohénu, Meléch ha Olám, *aschér kideschánu be mitzwotáv...* - Gelobt seist du Ewiger, unser G'tt, König der Welt, *der du uns geheiligt durch deine Gebote...*", um mit Vilém Flusser zu sprechen: das Judentum ist ein ganz spezifisches Erleben des Heiligen." Das jüdische Leben ist ein kontinuierliches Streben nach Verfeinerung, "ein kontinuierliches Streben nach Perfektion, ein Fest zum Lobe Gottes." (V. Flusser 1995, S. 82 u. 90). Die Schöpfung ist nicht vollendet, die Menschheit mitnichten erlöst, die Welt noch weit von ihrer Vollkommenheit entfernt. Darum sind die Menschen aufgerufen, an der Vollendung dieser Welt entschieden und tatkräftig mitzuwirken. Diese Mitwirkung muss jedoch unweigerlich mit der eigenen Umkehr beginnen, mit der Einung zunächst jedes einzelnen Menschen selbst, der sich alsdann mit seinen Mitmenschen zu einen hat, um in *Messianischer* Zeit schließlich zur einen, geeinten und mit der Natur versöhnten Menschheit zu gelangen, worin sich überhaupt erst die Heiligung der Welt im Sinne ihrer dann verwirklichten gottesebenbildlichen Gestalt vollendet. *Das ist wirkliches Erinnern an und für die Zukunft.*

Darin liegt nun wiederum der tiefe Grund, warum man sich nicht nur des Guten, sondern gerade auch des Bösen in der Geschichte erinnern muss, weil eben die Geschichte eines Tages gut werden soll; man muss sich des Bösen erinnern, um es aus der Welt zu verbannen, damit die Geschichte überhaupt gut werden kann. Insofern ist Erinnerung also zumindest eine Art vorweggenommener Erlösung, d.h. Voraussetzung dafür, dass sich Erlösung überhaupt ereignen kann, eben als Erlösung vom Bösen dadurch, dass die Menschen es unterlassen und somit gut werden (B. Russell 1993). Deshalb verlängert Vergessenwollen das Exil, deshalb heißt das Geheimnis der Erlösung: Erinnerung (R. von Weizsäcker 1965). Der religiöse Mensch befördert die Gutheit in sich und der Welt vor allem dadurch, dass er sich stets der gebotenen Werte und Normen erinnert und sie zu befolgen trachtet. Die Erinnerung ist also nichts weniger als eine fundamentale Voraussetzung dafür, überhaupt Mensch zu werden und Mensch zu bleiben.

Erinnerung ist natürlich auch die Voraussetzung für bewusste Geschichte: Geschichte selbst ist irreversibel, und Vergangenheit vergeht nie. Die Geschichte der Juden in jeder Stadt, in jeder Region, in Deutschland und Europa bleibt für immer ein Teil der Geschichte jeder Stadt, jeder Region, Deutschlands, Europas wie der jüdischen Geschichte überhaupt. Man darf ruhig davon ausgehen, dass gerade auch die Geschichte der Vernichtung des jüdischen Lebens - bewusst oder unbewusst - ganz unvermeidlich stets gegenwärtige Vergangenheit bleibt. Nichts davon wird sich je wieder ungeschehen machen lassen. Es fragt sich also auch hier nur, wie bis jetzt und wie in Zukunft damit umgegangen wird. Genau darin besteht, nebenbei bemerkt, die wichtigste, noch offene 'deutsche Frage'.

(7) Erinnern für die Zukunft heißt: die Vergangenheit erinnern und somit die Gegenwart nutzen für die Zukunft. Immerhin gibt es ja nicht nur die Vergangenheit, sondern auch die Zukunft, und es gibt jene unendlich kurze, aber alles entscheidende Brücke, die Vergangenheit und Zukunft miteinander verbindet, nämlich den Augenblick der Gegenwart. Eingedenk des Vergangenen die Augenblicke dieser Gegenwart als Möglichkeit des neuen Anfangs einer besseren Zukunft zu nutzen, darin liegt die Chance einer konstruktiven, kreativen, produktiven Auseinandersetzung mit der Vergangenheit, des Lernenwollens aus Geschichte, das stets mit vergegenwärtigender Erinnerung beginnt. In diesem Sinne lautet die Lehre der Schoáh: Mit allen guten Kräften eine bessere, mitmenschlichere Welt zu verwirklichen suchen, im kleinen wie im großen an einer gerechteren und friedlicheren Lebensordnung in dieser Stadt, in diesem Land, in Europa und in der Welt mitwirken helfen, aus der Hass, Pogrome und Völkerfeindschaften ein für allemal verbannt sein sollten, und zwar gemäß dem mahnenden Motto des Gedenksteins von Treblinka: 'Nie wieder'! Mehr als ein halbes Jahrhundert danach sowie einundfünfzig Jahre nach dem Ende des NS-Terrors in Deutschland und der deutschen Gewaltherrschaft in Europa, ist dies leider weder hier noch dort noch sonstwo in der Welt schon eine gesicherte Selbstverständlichkeit.

Wer hier und heute gleichgültig wegschaut und schweigt, wo einmal Zivilcourage gefragt ist, der hätte auch damals weggeschaut und geschwiegen. Heute sind unweigerlich wir verantwortlich, in unserer Gemeinde oder Stadt, in diesem unserem Lande, hier in Europa und für die Welt, jeder einzelne für seinen Teil und an seinem Ort, nämlich durch Erinnern und Gedenken, Lernen und Handeln eine gerechtere und friedlichere Lebensordnung herbeiwirken und eine menschlichere Welt verwirklichen zu helfen, in der Deportation, Internierungs- und

Vernichtungslager nie wieder möglich sind: "In Treblinka, Majdanek, Auschwitz fanden die in die Gaskammern getriebenen Opfer, die, wenn die Türen geschlossen wurden, nur noch drei Minuten zu leben hatten, die Zeit und die Kraft, mit den Fingernägeln die Worte 'Vergesst nie!' in die Mauern zu ritzen", schreibt Samuel Pisar als Augenzeuge, wir dürfen ihre Botschaft nicht vergessen (S. Pisar 1983, S. 21).

Wenn man die menschliche Seite der Erlösung als Umkehr versteht, heißt Erinnerung: Vergegenwärtigung des Vergangenen um der gegenwärtig beginnenden Zukunft willen. Dann ist Erinnerung ein bewusster Akt gegen das Vergessen und bisweilen zugleich auch ein Versuch, aus den Geschichten der Geschichte zu lernen: Erlösung durch Erinnerung als Umkehr durch Einsicht. Erinnerung gehört also zwar zum Wesen des Menschen und zeichnet ihn als solchen aus, Erinnerungskultur ist jedoch humane Hochkultur: An jedem Schabbat feiern Juden die Schöpfung der Welt, als ob an jedem Schabbat die Welt von neuem geschaffen würde, so Vilém Flusser: "Mit jeder Beschneidung feiernd Juden das Bündnis zwischen Gott und seinem Volk, als ob mit jeder Beschneidung das Bündnis von neuem geknüpft würde." Das Urjüdische des Erinnern hängt letztlich mit der jüdischen Erfindung und Auffassung der Geschichte zusammen: "Mit einem Schlag zerreißt das Judentum diese Welt und revolutioniert das Leben. Indem es die Ewigkeit der Welt leugnet und ihre Erschaffung ex nihilo postuliert, bekommt die Welt eine Geschichte." (V. Flusser 1995, S. 91 u. 95) Geschichte aber setzt Erinnerung voraus, ohne Erinnerung keine Geschichte, Geschichte ist gewissermaßen gespeicherte Erinnerung.

"Und wie von uns verlangt wird, kraft der Erinnerung an jedem Tag und jedem Ereignis unserer Vergangenheit teilzunehmen, so wird auch von uns verlangt, kraft der Hoffnung uns auf jeden einzelnen Tag unserer Zukunft vorzubereiten", so Ezer Weizman: "Meine Damen und Herren, wir sind ein *Volk der Erinnerung* und des Gebets. Wir sind ein Volk der Worte und der Hoffnung. ... Wir haben Schichten von Ideen aufeinandergelegt, *Häuser der Erinnerungen* errichtet und Türme der Sehnsucht geträumt - möge Jerusalem wiedererbaut werden, möge Frieden schnell zu unseren Zeiten gestiftet und bereitet werden. Amen." (1996/2003)

(8) Erinnern für die Zukunft: Im folgenden sind Einleitungen sechs markanter Gedenkschriften unserer Edition Schoáh & Judaica in zeit-

licher Abfolge der Geschehnisse zusammengestellt (wobei Wiederholungen unvermeidlich sind), und zwar zu: 1) dem Reichspogrom am 9./10. November 1938; 2) zum Beginn des Zweiten Weltkriegs und der Schoáh am 1. September 1939; 3) zur Deportation der südwestdeutschen Jüdinnen und Juden nach Gurs in Südwestfrankreich am 22. Oktober 1940; 4) zum Massaker deutscher Sonderkommandos an der jüdischen Bevölkerung in Kiew Babij Jar am 29./30. September 1941; 5) zum jüdischen Aufstand im Warschauer Ghetto und seiner Vernichtung ab 19. April 1943 und 6) zum jüdischen Leben und Leiden in Konstanz anlässlich des 50-jährigen Bestehens der Israelitischen Kultusgemeine Konstanz 2014. – Unschwer könnte man weitere Bände unserer Edition als Gedenkschriften betrachten, doch soll es in diesem Lesebuch bei den genannten sechs Schriften bleiben, weil sie besondere Brennpunkte des jüdischen Lebens und Leidens thematisieren. Und vielleicht animiert dieses Lesebuch, den einen oder anderen der hier präsentierten Bände selbst in die Hand zunehmen und genauer zu studieren. (13.07.2021)

Ausgewählte Literatur

A. Assmann, "Was heißt schon Erinnerung? Versprechen, Treue, Schuld und Schulden: Harald Weinrich erinnert an das vergessene Vergessen." In: Die Zeit, Nr. 13, 21.3.1997, S. 28

L. Baeck, Das Wesen des Judentums. (1921/1925) Wiesbaden o.J.

I.A: Ben Yosef, Lebendiges Judentum. Konstanz 1995.

E. Bloch, Prinzip Hoffnung. Frankfurt 1968.

Deutscher Bundestag, "Tag des Gedenkens an die Opfer des Nationalsozialismus. Gedenkstunde des Deutschen Bundestages. Bonn, Dienstag, den 27. Januar 1998" (Reden der Präsidentin Dr. Rita Süssmuth u. Prof. Dr. Yehuda Bauer) 13. Wahlperiode - Bonn, Dienstag, 27.1.1998, 19601-19607.

V. Flussér, Jude sein. Mannheim 1995.

A. Funkenstein, Jüdische Geschichte und ihre Deutungen. Frankfurt a.M. 1995

A. Grafton, "Der Mythos der zwei Vergangenheiten. Amos Funkenstein analysiert die Rollen von Gedächtnis und Geschichte in der jüdischen Tradition." In: Frankfurter Allgemeine Zeitung, Nr. 113, 16.5.1995, S. 43

H. Grünfeld, Gerechte gab es nicht viele. - Ein deutsch-jüdisches Überlebensschicksal in Mainz 1928-1945. Konstanz 1996.

R. Herzog, Ansprache von Bundespräsident Herzog. In: Neue Zürcher Zeitung, Nr. 16, 20./31,1,1996, S. 7; Frankfurter Rundschau, Nr. 17, 20.1.1996, S. 4.

H. Jonas, Das Prinzip Verantwortung. Frankfurt a.M. 1979.

R. Klüger, "Kitsch, Kunst und Grauen. Die Hintertüren des Erinnerns: Darf man den Holocaust deuten?" In: Frankfurter Allgemeine Zeitung, Nr. 281, 2.12.1995, Beilage.

S. Korn, "Die Tafeln sind zerbrochen. Über die Darstellung des Unvorstellbaren, das Vergessen und den Streit um das Holocaust-Denkmal in Berlin." In: Frankfurter Allgemeine Zeitung, Nr. 34, 9.2.1996, S. 36.

S. Korn, "Die zweigeteilte und die gemeinsame Erinnerung. Was es in Israel heißt, des Holocaust zu gedenken, und was in Deutschland." In: Frankfurter Allgemeine Zeitung, Nr. 89, 16.4.1996, S. 45.

S. Lenz, "Der unendliche Raum des Gedächtnisses." In: Die Zeit, Nr. 19, 5. Mai 1989, S. 56.

N.P. Levinson, "Gedenken ist unsere Aufgabe." In: Allgemeine jüdische Wochenzeitung, Nr. 4, Bonn, 22.2.1996, S. 14.

M. Meyer, "Kafkas Bote." In: Neue Zürcher Zeitung, Nr. 14, 19.1.1998, S. 23.

A. u. M. Mitscherlich, Die Unfähigkeit zu trauern. München 1968.

K. Naumann, "Wider das Vergessen. Darf es jemals einen Schlußstrich geben?" In: Die Zeit, Nr. 8, 12.2.1998, S. 32.

Y. Nordmann, "Rabbiner Lord Jakobovitz sprach in der ICZ: 'Es geht nicht um Quantität, es geht um die Qualität Israels.'" In: Jüdische Rundschau, Nr. 7, Basel 15.2.1996, S. 11.

S. Pisar, Das Blut der Hoffnung. (1979) Reinbek 1983.

B. Russell, "Was die Juden erlitten haben." In: E.R. Wiehn, Ghetto Warschau - Aufstand und Vernichtung 1943 fünfzig Jahre danach zum Gedenken. Konstanz 1993, S. 11-14.

G. Smith u. A. Margalit (Hg), Amnestie oder Die Politik der Erinnerung in der Demokratie. Frankfurt a.M. 1997.

M. Susman, Vom Geheimnis der Freiheit. Darmstadt 1965.

H. Weinrich, Lethe. Kunst und Kritik des Vergessens. München 1997.

E. Weizman, Rede des israelischen Staatspräsidenten am 16.1.1996 in Bonn, in: Süddeutsche Zeitung, Nr. 13, 17.1.1996, S. 7.

R. v. Weizsäcker, Ansprache in der Gedenkstunde im Plenarsaal des Deutschen Bundestages am 8. Mai 1985, in: Presse- u. Informationsamt der Bundesregierung (Hg.), Erinnerung, Trauer und Versöhnung. Ansprachen und Erklärungen zum vierzigsten Jahrestag des Kriegsendes. Bonn 1985, S. 63-82.

E.R. Wiehn, Schriften zur Schoáh und Judaica. Konstanz 1972.

E.R. Wiehn, Gewarnt - Kolumnen zur Lage 1991-1994. Konstanz 1994.

E.R. Wiehn, Keine Entwarnung. Konstanz 1997.

E. Wiesel, Ethik und Erinnerung. Berlin 1997.

32. Zur Sammlung Judaica und Israelia*

Hebräische Geschichte beginnt ca. 1.900 Jahre v.u.Z. mit "Awraham awínu – unserem Vater Awraham", dem aufgetragen wurde, sein Land zu verlassen und zu gehen, wohin ihm gezeigt werde (vgl. S. 136 unten).[365] Daher sein Name "Awraham Ha'Ibri" – Awraham der Grenzgänger", wovon sich der Name "Hebräer" herleitet.[366] Awraham war also als erster Hebräer in der Tat zugleich auch der erste hebräische Wanderer, der Grenzen überschritt.

Viel später gibt es in der jüdischen Überlieferung eine vielleicht vergleichbare Situation, nämlich nach 430-jährigem ägyptischen Exil samt seinen "Fleischtöpfen" ca. 1280 v.u.Z. wiederum eine Art Emigration, der gewaltige *Exodus – Jeziát Mizrájim –*, der Auszug aus Ägypten, die eigentliche Geburtsstunde der hebräischen Nation, bis zum heutigen Tag an Pessach, dem jüdischen "Osterfest", gefeiert als "chag cherutténu – Fest unserer Freiheit" ("Go down, Moses..."! – hier S. 83 ff.).[367]

Erst danach folgten die Gesetzgebung auf dem Sinai und die Besiedelung des zugesprochenen Landes: Exodus zur Freiheit als hebräisch-jüdische Ur-Erfahrung – auch des jüdischen Gottes: "Er ist unsichtbar, aber hörbar", wie Vilém Flusser prägnant formuliert: "Er ist ewig, doch wirkt er innerhalb der Geschichte."[368]

---

* **Erhard Roy Wiehn (Hg.), Judaica und Israelia – Ein Lesebuch der Edition Schoáh & Judaica. Konstanz 2021, S. 7-10.**

[365] Genauer S. 7/8; vgl. dazu: Amos Oz u. Fania Oz-Salzberger, Juden und Worte. Berlin 2013, S. 163.

[366] Vgl. dazu S. 8, Fußnote 6.

[367] Dazu "Pessach-Seder-Lecture", S. 83 ff.

[368] Vilém Flusser, Jude sein. Mannheim 1995, S. 88.

Jeden Tag und gewiss an jedem Schabbat gedenken traditionelle Jüdinnen und Juden dankbar nicht nur der Erschaffung der Welt, sondern auch des Auszugs aus Ägypten. An Pessach muss dessen so intensiv gedacht werden, als sei man selbst dabei gewesen; denn "Ägypten" ist überall. Entscheidend wichtig ist dabei die Hand des jüdischen Gottes, der diese Geschehnisse bewirkt: "Der Ewige führte uns aus Ägypten mit starker Hand und mit ausgestrecktem Arm..." (5 Mose 26,8).

Der unsichtbare, gleichwohl vernehmbare jüdische Gott ist stets bei seinem Volk und zeigt sich in der Geschichte, wenngleich das Geschehen der Schoáh *HaSchéms* dunkelstes Geheimnis bleibt. Er bewirkte selbst hier, dass auch das Schlimmste sich zum Guten wandte, dass Exil und Sklaverei im Exodus zur Freiheit endeten, wonach dann jüdisches Leben erst beginnen konnte und kann.

Schon die Urform der Vertreibung und Emigration, nämlich die aus dem Paradies, lehrt ja, dass sie ebenso unvermeidlich wie notwendig war, damit die Menschen wirklich Menschen werden konnten, nach *Seinem* Bilde geschaffen. Das heißt hier: "Ein religiöser Jude ist derjenige", so Vilém Flusser, "der immer in Gegenwart des Andern lebt und im anderen Menschen die Gegenwart des Heiligen erkennt."[369]

*

Mein erster in einer Zeitschrift veröffentlichter Text aus Israel, ist ein Reisebericht aus dem Jahre 1958 mit dem Titel: "Jerusalem zu beiden Seiten des Niemandslandes".[370] Dem folgte 38 Jahre später zusammen mit meiner Frau Mirjam ein Israel-Reisebericht in Form eines Buches: *Dajénu – Tagebuch einer Israelreise*[371]. Seit 1983/84 entstand alsdann meine Edition *Schoáh & Judaica,* weil wir schon durch diese beiden Begriffe darauf hinweisen wollten,[372] dass jüdische Geschichte nicht

---

[369] Vilém Flusser, ebd. S. 83; Meir Shalev, Der Sündenfall – ein Glücksfall? Alte Geschichten aus der Bibel neu erzählt. Zürich 1999; Hans Erler, "Ungehorsam als Geist des Judentums", in: ders., Zur Aktualität des Judentums. Würzburg 2011, S. 237 ff.

[370] In: Erhard Roy Wiehn, AusLese II – Jahrestagebucharchiv 2018/19. Konstanz 2019, S. 478 ff.

[371] Erhard Roy Wiehn u. Heide Mirjam Wiehn, Dajénu – Tagebuch einer Israelreise. Konstanz 1986, 2. Auflage 1987.

[372] Das Logo unserer Edition zeigt den Magén Davíd, den Davidstern, aus dem die Schoáh-Flamme lodert.

nur aus der Holocaust-Schoáh besteht, wenngleich unsere Schoáh-Literatur die Judaica-Literatur quantitativ bei weitem übertrifft.

Frühe *Judaica-* und *Israelia* haben wir jedoch schon seit Mitte der 1990er Jahre publiziert, und so lag es nahe, unsere "Geschwister" mit je 10 Beiträgen einmal in einem Lesebuch zusammenzufassen, wobei es sich teils um Texte der Autoren, zumeist aber um meine Einleitungen bzw. Vorworte handelt, die wir unschwer noch hätten erweitern können. Die ersten sieben Judaica sind nach den Jahrgängen der Autoren geordnet, die restlichen drei Judaica folgen ihrem Entstehungsjahr, die zehn Israelia sind alphabetisch geordnet. Da die einzelnen Texte im Abstand von bis zu etwa 25 Jahren entstanden sind, wechseln Stilistik ebenso wie Länge und Dichte; Wiederholungen wurden bewusst in kauf genommen, um die einzelnen Beiträge "am Stück" lesbar zu erhalten. An zwei Beiträge sind Literaturlisten angehängt (S. 77 ff. u. 98 ff.).

Weil einige ältere *Israelia* nicht gespeichert waren, habe ich sie für dieses Lesebuch eigenhändig in den Computer getippt (statt sie scannen zu lassen), um auf diese Weise vielleicht ein letztes Mal bei meinen Autoren zu verweilen, die ich fast alle persönlich kannte bzw. kenne und mit denen sich beste Erinnerungen verbinden. Seit meiner ersten Israelreise im Sommer 1958 war ich bis jetzt (Sommer 2021) 33 Mal in diesem aufregenden Land, in das ich mich gleich zu Anfang verliebte, was bis heute so geblieben ist. Wofür es viele Gründe gibt.

*

"Am Ende der Tage wird es" dem Propheten Jesaja zufolge "geschehen, da wird der Berg mit dem Hause Jahwehs festgegründet dastehen als Haupt der Berge und die Höhen überragen. Und alle Völker werden zu ihm strömen und viele Nationen sich aufmachen und sprechen: Kommt, lasst uns auf den Berg des Herrn gehen, zum Hause des Gottes Jakobs, dass er uns lehre seine Wege, und wir wandeln auf seinen Steigen! Denn von Zion wird das Gesetz [Weisung] ausgehen und des Herrn Wort von Jerusalem, Und er wird richten unter den Heiden und strafen viele Völker. Da werden sie ihre Schwerter zu Pflugscharen und ihre Spieße zu Sicheln machen. Denn es wird kein Volk wider das andre ein Schwert aufheben und werden hinfort nicht mehr kriegen lernen." (Jesaja, 2,2–4 [Luther-Übersetzung]; Micha 4,1–3)

Der Völkerfriede der Endzeit gipfelt nach Jesaja in der Vision *"eine* Welt mit und unter dem *einen* Gott": An jenem Tag wird Israel als dritter im Bund mit Ägypten und Assur ein Segen sein inmitten der Erde. Denn Jahweh wird segnen und sagen: Gesegnet ist Ägypten, mein Volk, und Assur, das Werkzeug meiner Hände, und Israel, mein Erbbesitz." (Jesaja 19, 24)[373] Wie schade, dass wir das sensationelle Finale dieses phantastischen Trios sehr wahrscheinlich nicht werden miterleben können!

"Wenn Jesaja vom 'Ende aller Tage' spricht, denkt er nicht an ein griechisches Elysium, noch weniger an eine christliche Parusie, weder an Armageddon noch das jüngste Gericht", so Amos Oz und Fania Oz-Salzberger (Juden und Worte. Berlin 2013, S. 137): "Jesajas Vision findet auf Erden statt, Politik spielt weiterhin eine wichtige Rolle, und die Menschen leben nach wie vor in Fleisch und Blut." – "Die Leute werden auch weiterhin säen und ernten, sinnliche Freuden genießen und zu ihren Nachbarn freundlich sein. – An anderen Stellen in der Bibel bezeichnet das 'Ende der Tage' eine ferne, doch historische Zukunft, wie etwa in Jakobs richtungsweisender Rede an seine zwölf Söhne. Die Sprache des Alltagslebens geht mühelos in die einer von Gott versprochenen Glückseligkeit über. Das gilt auch für das idyllische Bild, dass jedermann 'unter seinem Weinstock und unter seinem Feigenbaum' sitzt. (…) Also sogar dann wird es Weinstöcke und Feigenbäume geben, unter denen man sitzen kann. Und Privateigentum an diesen Weinstöcken und Feigenbäumen. Wohlgemerkt, jeder wird einen Weinstock und Feigenbäume besitzen. Wir werden essen und trinken und keine Angst mehr haben, (…) Die jüdische Tafel ist selbst im Leben nach dem Tode sowohl mit Büchern als auch mit Leckerbissen gedeckt." (S. 142 f.)

Ebenso tröstlich wie zuversichtlich heißt es vielleicht deshalb beim Propheten Sacharja kurz und bünndig: "So spricht der Herr Zebaoth: Zu der Zeit werden zehn Männer aus allerlei Sprachen der Heiden einen jüdischen Mann beim [Rock]Zipfel ergreifen und sagen: Wir wollen mit euch gehen; denn wir hören, dass Gott mit euch ist." (Sacharja 8, 23 – Luther-Übersetzung)

30. Juli 2021

---

[373] Dazu auch Alfons Deissler, Die Grundbotschaft des Alten Testaments. Freiburg 2006, S. 138.

33. Zum Nachschlagewerk 18 jüdischer Lesebücher*

Das vorliegende *Nachschlagewerk jüdischer Lesebücher* gibt einen Überblick über und einen Einblick in insgesamt 18 Lesebücher der Edition Schoáh & Judaica: Dabei handelt es sich um 5 thematische Lesebücher, nämlich 1. Jüdische Kinder und Jugendliche in der Schoáh (mit Einführungen in 55 Publikationen); 2. Jüdische Mädchen und Frauen in der Schoáh (52 Publikationen); 3. Jüdisches Leben und Leiden in deutschsprachigen Landen (48); 4. Jüdisches Leben und Überleben in Europa und Israel (44); 5. Jüdische Ärztinnen und Ärzte in der Schoáh (16). Diese fünf Lesebücher enthalten Einführungen in insgesamt etwas mehr als 200 Publikationen (Mehrfachnennungen inklusive) der Edition Schoáh & Judaica zu diesen Themen.

Dem folgen 10 länderbezogene Lesebücher, nämlich 6. Jüdische Schicksale in Czernowitz und der Bukowina (mit Einführungen in 23 Publikationen), 7. in und aus Deutschland (100 Publikationen), 8. in und aus Frankreich (22), 9. in und aus Lettland und Litauen (10), 10. in und aus Polen (20), 11. in und aus Rumänien (34), 12. in und aus der Sowjetunion (15), 13. in und aus Tschechien und der Slowakei (28), 14. in und aus der Ukraine (18), 15. in und aus Ungarn (17). Diese 10 Lesebücher enthalten also Einführungen in knapp 290 (inklusive Mehrfachnennungen) länderspezifischen Publikationen unserer Edition und bieten einen ebenso breiten wie vielseitigen Einblick in jüdisches Leben und Leiden in diesen Ländern.

Das folgende Lesebuch 16. Jüdische Gedenkschriften enthält nach einer Meditation über *Erinnern für die Zukunft* Einführungen in fünf wichtige Ereignisse der jüdischen Geschichte während der Schoáh, nämlich 1. den Reichspogrom im November 1938, 2. den Beginn des Zweiten Weltkriegs und der Schoáh am 1. September 1939, 3. die Oktoberdeportation in das südwestfranzösische Camp de Gurs 1940, 4. die Schoáh von Kiew Babij Jar am 28./29. September 1941 (2021 vor 80 Jahren), 5. den Aufstand und die Vernichtung des Warschauer Ghettos vom 19. April bis 16. Mai 1943 sowie 6. über jüdisches Leben in Leiden in Konstanz.

---

* **Erhard Roy Wiehn (Hg.), Nachschlagewerk für 18 jüdische Lesebücher. Konstanz (August) 2021, S. 7/8.**

Dem folgen zwei verwandte Lesebücher, nämlich 17. Geschichten der Heimkehr als Lebenswege nach und in Israel (73 Publikationen) und 18. jüdische Pionierarbeit in Erez Israel – Palästina (13), insgesamt also Einführungen in 86 Publikationen. Beide Lesebücher mit insgesamt knapp 160 Publikationen können als eine Art *Summa der Edition Schoáh & Judaica* betrachtet werden.

An jedes dieser 18 Lesebücher ist das Inhaltsverzeichnis des betreffenden Lesebuchs angehängt, sodass man sofort einen Überblick hat, welche Bücher bzw. Texte mit welchem Seitenumfang darin vorkommen. Wenn man die einzelnen Monographien als die Basisebene 1 betrachtet, dann bilden die 18 Lesebücher mit ihren Einführungen eine 2. Ebene komprimierterer Texte und das *vorliegende Nachschlagewerk 18 jüdischer Lesebücher* wäre dann die 3. und komprimierteste Ebene, die einen differenzierten Einblick in und Überblick über (fast) die gesamte Edition bietet – mit der Einschränkung, dass in den 18 Lesebüchern nicht alle Titel unserer Edition erfasst sind.

Das vorliegende *Nachschlagewerk 18 jüdischer Lesebücher* enthält Einführungen in rund 660 Publikationen (inklusive Mehrfachnennungen) über einen Zeitraum von 37 Jahren (Wiederholungen werden in kauf genommen) und ist sowohl für Gruppenarbeit als auch für vergleichendes Arbeiten in verschiedenen Dimensionen gedacht: Einerseits kann man auf der Ebene der 18 Lesebücher des vorliegenden Nachschlagewerks arbeiten, andererseits kann man gewissermaßen eine Ebene tiefer mit den einzelnen Monographien arbeiten. Diese Arbeitsmöglichkeiten können unsere Edition Schoáh & Judaica pädagogisch-didaktisch neu erschließen und je nach Interessen und eigenen Schwerpunkten ebenso leicht wie voll ausschöpfbar machen.

Diese schon vorhandenen 5+10+1+2 = 18 jüdischen Lesebücher des vorliegenden Nachschlagewerks sollen ergänzt werden durch Lesebücher unserer ortsbezogenen und regionalen jüdische *Geschichtsmonographien* sowie durch ein Lesebuch der *Judaica* und *Israelia* unserer Edition. Darüber hinaus wären weitere Lesebücher denkbar, sodass nach und nach auf die gesamte Edition ebenso differenziert wie systematisch zugegriffen werden kann.

30. Juli 2021

34. Titus Milechs Und so wurde es möglich*

Nachwort mit Textauszügen als Einführung

In unserer Edition Schoáh & Judaica haben wir seit 1984 vor allem Schriften zur Schoáh veröffentlich: Überlebens- und Nichtüberlebensberichte, weil wir den Opfern ihre Stimme zurückgeben wollten.[374] Damit versuchten und versuchen wir, so gut wie möglich dem gerecht zu werden, was Dr. med. Titus Milech in seiner ersten Schrift in unserer Edition *Tatort Deutschland*[375] fordert: *"Das Mindeste, wozu wir bereit sein sollten, ist, sehr aufmerksam zuzuhören, was diejenigen zu sagen haben, denen auf Grund des deutschen Wahns die schrecklichsten Leiden widerfahren sind."*

*

Dr. Titus Milechs *Tatort Familie* ist die zweite Publikation des französischen Psychiaters deutscher Herkunft, der lange in Marseille praktizierte und seit einigen Jahren in Griechenland lebt. Und *Tatort Familie* sollte vielleicht sogar vor *Tatort Deutschland* gelesen werden, weil *Familie* ein gewisser dunkler, un-heimlicher Unter-Grund für *Deutschland* darstellt, obgleich *Deutschland* im Sinne von Staat, Wirtschaft und Gesellschaft auch *Familie* prägt.

In *Tatort Familie* liefert der Autor als erfahrener Psychiater eine Art empirische Analyse von Tagebüchern und Briefen für das, was er "deutsche Wahnkrankheit" nennt, und er kommt zu dem beklemmenden Schluss: *"Solche geistigen Mängel und seelische Spannungen können es auch heute wieder möglich machen."* (S. 260)

Wie *Tatort Deutschland* ist auch *Tatort Familie* eine der aufrichtigsten, persönlichsten, schärfsten, schonungslosesten Selbst- und zugleich deutschen Gesellschafts-Analysen, die aus dem Leiden an Deutschland, der deutschen Geschichte und Gesellschaft entstand.

"Auch die hier vorliegende Veröffentlichung ist im Wesentlichen als ein Beitrag zur Erarbeitung der Fragen 'wie war der Judenmord möglich und was war danach?' zu verstehen. Unvermeidlich führt jede

---

*** In: Titus Milech, Tatort Familie – Eine Analyse schriftlicher Dokumente zur Frage wie der Holocaust und andere deutsche Gräueltaten möglich waren. Konstanz 2021, S. 297 f.**

[374] Erhard Roy Wiehn (Hg.), Nachschlagewerk für 18 jüdische Lesebücher der Edition Schoáh & Judaica. Konstanz 2021.

[375] Titus Milech, Tatort Deutschland – Meine unheimliche Heimat. Konstanz 2017, S. 11.

Selbstanalyse in die Geschichte der eigenen Familie, in meinem Fall, eine ziemlich unscheinbare 'normale' Familie, die jedoch (zumindest für mich) in ihrem Untergrund tragische und auch gefahrvolle Züge aufweist." (S. 11)

"Der erste Teil [von *Tatort Familie*] *besteht aus dem was vor meiner Geburt und bis zu meinem siebzehnten Lebensjahr (1932-1964) bereits 'geschrieben stand'. Der zweite* [Teil] *enthält eine ebenfalls sehr gekürzte Auswahl dessen, was mir - oder von mir geschrieben wurde, vor allem Briefe und persönliche Aufzeichnungen aus der Zeitspanne von 1954 bis 2007.*

Im letzten Abschnitt, den 'Schlussfolgerungen', versuche ich darzustellen, wie anscheinend belanglose 'Schwächen' Einzelner, völlig eingebürgerte Selbstverständlichkeiten einer Volksgemeinschaft und eine in der 'deutschen Kultur' tief verankerte, seelische Unselbständigkeit, auch solche Menschen zu Mitschuldigen werden lassen, die niemals Böses erdacht, geschweige denn getan haben. Mitschuldige von Verbrechen eines Ausmaßes, das sich gänzlich ihrer bewussten Einbildungskraft entzog." (S. 12)

Besonders stark erscheint folgende Selbstanalyse: *"Wen oder was verkörpert nun der 'Erbprinz' Titus IV.? Das spätere Bekenntnis der unbewussten Reue, Scham und Schuldigkeit seiner Mutter und deren Eltern? Den verlassenen 'Stammhalter' seines Vaters? Auf alle Fälle ist er 'aus Versehen' erzeugt.*

Wäre Titus IV., der als kleines Kind gewaltsam aus den Armen seiner Mutter gerissen werden muss, 25 Jahre früher geboren und wären ihm sein verletztes und gekränktes Innenleben verschlossen geblieben, hätte er sehr wahrscheinlich seine enttäuschte Kinderliebe mit Leidenschaft auf sein Vaterland übertragen. Er hätte überdies alle 'gute Gründe' gefunden, der SS beizutreten, um sich begeistert an der Befreiung seiner Heimat von allen 'gefährlichen Fremden' willig zu beteiligen. Von der Genugtuung, sich endlich an Schwächeren rächen zu können, gar nicht zu sprechen ... So hätte auch ich es möglich machen können." (S. 264)

*

Auch wenn man vielleicht nicht alle Überlegungen des Autors völlig teilen mag, kommt Dr. Titus Milechs *Tatort Familie* doch unbedingt zur richtigen – zur rechten (!) – Zeit, wenn man bedenkt, wie sehr "rechte" Ideologien samt antisemitischer Verschwörungsphantasien, Juden- und Israel-Feindschaft, aber immer wieder auch Holocaust-

Relativierungsversuche[376] 76 Jahre nach dem Ende des Zweiten Weltkriegs und der Schoáh in Deutschland, Europa und der Welt wieder wirksam sind. – 20. August /2. September 2021

35. Jüdische Schicksale als Vermächtnis*

Dieses Lesebuch enthält Tonband-Aufzeichnungen meiner Gespräche mit Jüdinnen und Juden, die in der Stadt Konstanz unter uns lebten, alsdann meine Vorworte in Büchern von oder über Konstanzer Jüdinnen und Juden sowie eigene Autorentexte.

Am Anfang steht der Beitrag des damaligen Konstanzer Rabbiners Dr. Hermann Chaim Chone (1874-1946) über "50 Jahre Israelitische Gemeinde Konstanz 1863-1913" (S. 9 ff.). Dem folgen in alphabetischer Reihenfolge vor allem von mir geführte Tonband-Gespräche sowohl mit in Konstanz geborenen Jüdinnen und Juden als auch mit denen, die seit 1945 in diese Stadt kamen und bald die neue Nachkriegsgemeinde bildeten. Dabei geht es sowohl um Emigrationswege aus Konstanz als auch vor allem um Migrationswege in diese Stadt am Bodensee.

Alle Gespräche wurden von mir in den 1980er Jahren geführt, und weil die daraus entstandenen Texte nun schon mehr als 30 Jahre zurückliegen, dürfte ihr historischer Wert um so höher einzuschätzen sein, denn inzwischen kann längst niemand mehr von ihnen befragt werden: Stimmen aus dem Jenseits? Neben vielen anderen Aspekten erscheint interessant, dass fast alle damaligen Einschätzungen über die Zukunft des Jüdischen Lebens in Deutschland skeptisch bis pessimistisch waren: Niemand konnte sich vor gut einer Generation vorstellen, was sich bis heute an neuem jüdischen Leben entwickelt hat. Um so interessanter erscheint es, wer diese Jüdinnen und Juden waren, mit denen bald nach Ende des Zweiten Weltkriegs das neue jüdische Leben in Konstanz und somit auch in Deutschland begann.

Das vorliegende Lesebuch wird abgerundet durch meinen Bericht über "50 Jahre Israelitische Kultusgemeinde Konstanz 1964-2014" (S.

---

[376] Lasse Heerten, "Biafra zum Beispiel – Die vergessene Vorgeschichte des jüngsten Historikerstreits", in: Frankfurter Allgemeine Zeitung, Nr. 190, 18. August 2021, S. N 3.

* **In: Erhard Roy Wiehn, Jüdische Schicksale von Konstanz – Eine Lesebuch der Edition Schoah & Judaica. Konstanz 2021, S. 7.**

629 ff.) und ist mit seinen insgesamt 46 Beiträgen (etwa ein halbes Dutzend Interviews wurden aus verschiedenen Gründen hier ausgelassen) als Lesebuch für Schulen wie auch zur Privatlektüre gedacht, nicht unbedingt von vorne nach hinten, sondern auch umgekehrt oder ganz selektiv zu lesen. Dabei kann man viel über jüdisches Leben und Leiden erfahren, aber auch über den enormen jüdischen Überlebenswillen und über das Judentum als "festlicher 'way of life'".[377]

Die vorliegende Sammlung *Jüdische Schicksale von Konstanz* ist ein Vermächtnis nicht nur für die Stadtgeschichte.

13. September 2021

36. Verdienstorden und Schlüsselsprungversuch

Zum Verdienstorden des Landes Baden-Württemberg

Sehr geehrter Herr Ministerpräsident, lieber Herr Kretschmann,[*]

Brückenbau zur Zukunft: "Der Zufall ist ein Pseudonym, das der liebe Gott wählt, wenn er anonym bleiben will", soll Albert Schweitzer einmal gesagt haben. Man kann die ganze Welt für einen Zufall halten sowie jeden Augenblick und auch diese Stunde – oder auch nicht. – Ich neige zu letzterem, und wenn ich Sie auch nicht mit meiner Lebensgeschichte[378] unterhalten möchte, so will ich eingangs doch auf folgendes hinweisen:

Als das Deutsche Reich am 1. September 1939 den Zweiten Weltkrieg entfesselte, war ich zwei Jahre und einen Monat jung, und ich erinnere mich heute noch genau, was kindlich erlebte Todesangst 1940 bis 1945 hieß, da war ich zwischen drei und sieben Jahre alt.[379] Wohl früh schon habe ich deshalb gefühlt, dass die Welt nicht so bleiben kann, wie sie war oder ist, sondern unbedingt ein wenig menschlicher werden muss.

---

[377] Vilém Flusser, Jude sein. Mannheim 1995, S. 89 f.

[*] Diesen Brief habe ich nach der Ordensverleihung im Stuttgarter Schloss am 23. Juli 2021 dem Ministerpräsidenten überreichen lassen.

[378] https://de.wikipedia.org/wiki/Erhard_Roy_Wiehn

[379] Erhard Roy Wiehn, MenschWerden – Dem Leben seinen Sinn geben. Erinnerungen 1937–2012. Konstanz 2012.

Das hat mich nach wichtigen Grunderfahrungen im Nachkriegs-Pfadfindertum[380] und nach einigen frühen Jahren praktischer Arbeit und Erfahrung in der Metall-Industrie schließlich zur Soziologie, Geschichte, Philosophie und Psychologie gebracht, wo ich mich insbesondere mit dem uralten Problem der Ungleichheit unter Menschen befasste,[381] weil ich besser verstehen wollte, warum die Welt so war, wie ich sie erfahren und erlitten hatte und was zu ihrer Verbesserung getan werden könnte, vielleicht sogar ein kleines bisschen durch mich selbst – nach dem Motto: Besser ein kleines Licht anzünden als über die große Dunkelheit zu klagen!

....Vielleicht war es Zufall, vielleicht auch nicht, dass ich nach vier Semestern Ludwig-Maximilians-Universität München im Herbst 1963 an die Eberhard-Karls-Universität (macte virtute!) nach Tübingen wechselte, wo ich unbedingt den jungen Professor Ralf Dahrendorf (1929-2009) hören wollte sowie andere, teils ältere Gelehrte, die damals Tübingen leuchten ließen und wovon ich fasziniert dort verblieb (seit damals, lebe ich in Baden-Württemberg, seit 58 Jahren also). Mit einer empirischen Magisterarbeit über den vorzeitigen Abgang vom Gymnasium (eine Auftragsarbeit aus Stuttgart) samt aller Prüfungen, die dazugehörten, erwarb ich in meinem 8. Semester Ende Juli 1965 den Titel *Magister Artium* und wurde (anderntags) am 1. August 1965 Assistent bei Prof. Dahrendorf, was ich vier Jahre lang blieb.

Zufall oder nicht: Damals gab es bereits die künftige Reformuniversität Konstanz auf dem Reißbrett und in vielen Protokollen. Ich war stets ziemlich gut informiert, weil mein Chef eine Art federführendes Mitglied des Gründungsausschusses war. Bald wurde ich von Prof. Dahrendorf eingeladen, Anfang 1966 mit ihm nach Konstanz zu kommen, um am Aufbau der neuen Universität mitzuarbeiten, was ich natürlich mit einer Riesenbegeisterung tat. Denn stellen Sie sich einmal vor, wie selten Universitäten gegründet werden und dann im richtigen Alter aktiv dabei sein zu dürfen – ist das Zufall?[382] Ich fasste es als

[380] Erhard Roy Wiehn, Grunderfahrungen im Pfadfindertum 1947–1957–1961. Eine Hommage. Konstanz 2014.

[381] Erhard Roy Wiehn, Theorien sozialer Schichtung – Eine kritische Diskussion. Hrsg. v. Ralf Dahrendorf. München 1968, 2. Auflage 1974; ders. Ungleichheit unter Menschen als soziologisches Problem. (Konstanzer Universitätsreden Nr. 61) Konstanz 1973.

382 "Sofern eine Begebenheit nicht unter eine besondere Regel ihrer Ursache fällt, so ist's Zufall." Immanuel Kant (1724–1804)

meine *Destination* auf, wurde nach meiner Habilitation und einem Jahr im Netherlands Institute for Advanced Study (NIAS) in Wassenaar 1971/72 und einer honorablen Lehrstuhlvertretung an der Universität Bielefeld 1974 Professor an der Universität Konstanz und blieb dies 28 Jahre lang bis 2002.[383]

Ich war begeisterter Universitätslehrer, führte nicht wenige Studierende zum erfolgreichen Studienabschluss, hatte im Laufe der Jahre verschiedene Ämter inne, was mir jedoch nicht genug zu sein schien: Daher war ich eine Weile in der Konstanzer Kommunalpolitik wie auch in der Landespolitik aktiv, versuchte dann, der "Außenpolitik" meiner Universität zu dienen, konnte 1987 eine Universitätspartnerschaft mit der Tel Aviv University[384] auf den Weg bringen helfen (nachdem ich bereits 20 Jahre zuvor vier Wochen nach Ende des Sechstagekriegs im Sommer 1967 mit einer Freiwilligengruppe meiner Universität zu Hilfsarbeiten in Israel unterwegs war). – Ende der 1980er Jahre erlebten wir dann *Glasnost* und *Perestroika,* und noch vor dem Ende der Sowjetunion hielt ich Zeit und Chance zum Brückenbau nach Osten für gekommen, konnte zwei Universitätspartnerschaften in Kiew[385] begründen helfen und war an der Entstehung unserer Partnerschaften in Iaşi (Rumänien), Prag und Moskau beteiligt. Aufgrund dieser Partnerschaften konnten zahlreiche Studierende zu uns nach Konstanz kommen, und etliche machten hier sogar ihren Abschluss.

Übrigens herrschte am Ende der Sowjetunion auch in der Ukraine große materielle Not, es musste geholfen werden: Mit Hilfe des Kon-

---

[383] Erhard Roy Wiehn, InnenAnsichten der Universität Konstanz – Erinnerungen, Beobachtungen, Einschätzungen und Mitteilungen 1966–2016. (Mit Würdigungen jüdischer Gastprofessoren und der Partnerschaft mit der Tel Aviv University) Konstanz 2016.

[384] Erhard Roy Wiehn, Eine denkwürdige Dienstreise nach Israel – Zum Auftakt der Kooperation der Universitäten Konstanz und Tel Aviv 1987. Ein Beitrag zur 50-jährigen Geschichte der Universität Konstanz. Konstanz 2015.

[385] Erhard Roy Wiehn, Deutsch-ukrainische Aktivitäten – Universitärer, humanitärer, publizistischer und menschlicher Brückenbau von Europa nach Europa 1989–2009. Konstanz 2009; Erhard Roy Wiehn, Von Europa nach Europa • З Європи в Європу – 25 Jahre Zusammenarbeit der Universität Konstanz und der Nationalen Taras Schewtschenko Universität Kyiv. Erinnerungen • 25 років партнерства між Університетом Констанц та Київським націо-нальним університетом імені Тараса Шевченка 1992–2017. Vorworte von Helmut Hengstler, Peter Kroth, Erhard Roy Wiehn (darin auch Schoáh & Judaica). Konstanz 2017.

stanzer Oberbürgermeisters Dr. Horst Eickmeyer und des Kreisverbandes Konstanz des Roten Kreuzes konnte ich einige große humanitäre Konvois organisieren und durch unsere ukrainischen Freunde kamen alle Spenden in die richtigen Hände.

Wir hatten aber auch die nähere und fernere Umwelt im Blick und nach Mitte der 1980 Jahre gelang es mir, zusammen mit der damaligen Landesbausparkasse Baden (mit damaligem Sitz in Karlsruhe) die *Stiftung Umwelt und Wohnen an der Universität Konstanz* zu gründen, die zahlreiche Grüne Projekte finanzierte und in deren Vorstand ich bis zum Ende meiner Dienstzeit viele Jahre mitwirken durfte.[386]

Vielleicht noch wichtiger als Partnerschaften und Stiftungen war mir jedoch der Brückenbau von der Vergangenheit durch die Gegenwart in die Zukunft, und schon 1984 gelang mir eine erste größere Buchpublikation über den jüdischen Aufstand im Warschauer Ghetto im April 1943, woraus sich die *Edition Schoáh & Judaica* entwickelte, die in knapp vierzig Jahren im Mai 2021 bei etwa 350 Buchtiteln angelangt ist (von einem israelischen Freund "Wiehnothek" genannt); in unserer Festschrift zur neuen Synagoge in Konstanz hatte Ministerpräsident Kretschmann 2019 ein nobles Vorwort geschrieben).[387] Die Grundidee für diese Edition bestand und besteht darin, die Opfer mit ihrer eigenen Stimme selbst zu Wort kommen zu lassen, um ihre Schicksale namentlich und für immer festzuschreiben.

Wie ich in meiner jahrzehntelangen Forschungs- und Editionstätigkeit all diese barbarischen, schrecklichen, unerträglichen Schicksale aushalten und bearbeiten konnte, weiß ich selbst nicht genau. Jedenfalls ging das nur mit einer ziemlich starken Dosis Ausdauer und Besessenheit, Empathie und Distanz, was mir aber anscheinend irgendwie gelang: Vielleicht weil ich schon früh verstanden hatte, dass dies und nichts anderes meine wichtigste persönliche *Destination* darstellte. Flucht wäre vergeblich gewesen;[388] denn diese empirische Erinne-

---

386 Z.B.: Herbert Beeck, Dieter Sauberzweig, Horst Sund u. Erhard Roy Wiehn (Hg.), Umwelt und urbanes Wohnen. Konstanz 1988; Avital Gasith & Roy Wiehn (Eds.), On the Future of Water – A joint Konstanz University – Tel Aviv University Workshop on Water as a Limited Resource. Tel Aviv March 24 – 28, 1996. Hartung-Gorre Verlag, Konstanz 1997.

387 www.uni-konstanz.de/soziologie/judaica.

388 Dazu: Meir Shalev, "Eine Prophezeiung mit Termin - Die Geschichte vom Propheten Jona", in: Der Sündenfall – ein Glücksfall? Alte Geschichten aus der Bibel neu erzählt. Zürich 1999, S. 97 ff.

rungsarbeit – so war und bin ich überzeugt – konnte niemand außer mir tun, *ich musste sie unbedingt tun,* sonst wäre sie jedenfalls in der vorliegenden Form für immer ungetan geblieben, und so wäre vieles für immer völlig vergessen worden. Das betrachte ich in aller Bescheidenheit gewissermaßen als meine Soziologie des 20. für das 21. Jahrhundert.

Zur zwiespältigen Erheiterung oder nicht, spielte übrigens das Finanzamt Konstanz in den letzten Jahren dabei seine eigene kuriose Rolle: Dort versteuere ich selbstverständlich meine überschaubaren Buchhonorare, aber die aus der Familienkasse bezahlten Herstellungskosten meiner Bücher werden von diesem Finanzamt nicht anerkannt, und zwar mit der Begründung: *"Der Verlust kann nicht anerkannt werden, da es sich bei dieser Tätigkeit um Liebhaberei handelt."* (Steuerbescheid für 2018, 22.11.2019, S. 2) Erinnerungsarbeit als Liebhaberei? Darauf muss man erst einmal kommen. – Nein, keine Liebhaberei und auch kein Zufall,[389] sondern *Destination!*

Unter diesen Begriffen möchte ich zum Schluss noch etwas erwähnen, was mir, nebst anderem, auch nicht an der Wiege gesungen worden war, dass ich nämlich einige Jahre im Vorstand der Jüdischen Gemeinde Kreuzlingen (Thurgau) mitarbeiten und dann als Co-Präsident dienen durfte.

Das nenne ich alles in allem ein interessantes Leben, und das war und ist nur möglich, weil mir meine Frau Mirjam Wiehn seit Jahr und Tag den Rücken freihält. Als wohl einziger, der bei der Gründungsfeier der Universität Konstanz am 21. Juni 1966 zugegen war und heute noch täglich sein volles Pensum dort arbeitet (am Wochenende nur die Hälfte; so arbeite ich also gewissermaßen permanent für meine Rente),[390] nehme ich den Verdienstorden des Landes Baden-Württemberg stellvertretend für alle an unseren Universitätspartnerschaften Beteiligten, vor allem aber für die Holocaust-Opfer herzlich dankend an,

---

[389] In meinem Leben habe ich derart erstaunliche Zufälle erlebt, dass ich inzwischen eigentlich nicht mehr so recht "an Zufälle glaube", weil es "soviel Zufall auf einmal" eigentlich gar nicht geben kann. Vielleicht ist ein "Zufall" einfach nur ein Ereignis, bei dem uns etwas "zu–fällt", das wir uns nicht vernünftig erklären können, weil seine Kausalketten zu kompliziert sind? Sind Zufälle das Gegenteil des kausal Erklärbaren? Wenn Zufälle keine Zufälle sein sollten, was sind sie dann? Eine List? Wessen List? Die ganze Welt als listiger Zufall? Aber, so Albert Einstein: "Gott würfelt nicht." Was nun?

[390] Nach dem Motto: *Wer lange arbeitet, lebt lange!* – Bis jetzt hat es funktioniert!

gegen deren Vergessen ich auch weiterhin mit aller Kraft arbeiten möchte: Vielleicht nicht vollenden, aber immer wieder beginnen. – Möge Ihnen, Herr Ministerpräsident, diese Ehrung zum Segen sein! (19./25.05.2021)

*

Ein Schlüsselsprungversuch

Ansonsten war es mir einfach unmöglich, *nicht* an den *SchlussPunkten* weiterzuarbeiten; daher habe ich schon *vor* der Wiederaufnahme meiner Arbeit in der Universität Konstanz nach der Corona-Zwangspause (Mitte März bis Anfang August 2020) zu Hause Pläne auszubrüten versucht, wie ich mit dem *Jahrestagebucharchiv 1920/21* vorankommen könnte und habe nach der Fertigstellung anderer Buchprojekte bald nach Wiederaufnahme meiner universitären Arbeit am Nachmittag des 3. August 2020 am vorliegenden Buch begonnen, und zwar nach vorstehender Inhaltsübersicht, woran sich an den Hauptabschnitten auch später nichts änderte.

Gegenüber meinen vier früheren *Jahrestagebucharchiven* von 2015, 2017, 2018 und 2019 verzichte ich diesmal auf allzu ausführliche Presseschauen, und zwar einerseits, um mich nicht täglich unter Druck zu setzen, up-to-date zu bleiben, und andererseits, weil mir der Wert dieser Zeitungspräsentation inzwischen zweifelhaft erscheint. Durch diese Änderung und eben durch den teilweisen Verzicht auf das tagtägliche Tagebuch konnte ich mich den verbliebenen fünf Hauptabschnitten mit um so größerer Gelassenheit widmen. Deshalb nenne ich die *SchlussPunkte II* im Untertitel schlicht und einfach *Jahresarchiv 2020 /21*.

Damit werfe ich einmal mehr den berühmten "Hausschlüssel über den Bach", wie wir das früher bei den Pfadfindern taten: Wenn der Bach vielleicht doch etwas zu breit erschien, um ihn zu überspringen, dann musste man eben doch springen, weil der Hausschlüssel schon am anderen Ufer wartete. Auf diese Weise gab man dem vielleicht zu zaghaften Mut gleichsam die Sporen, und meistens ging der "Schlüssel-Sprung" dann ja auch gut. Und wenn nicht, war das zumindest kein Beinbruch, sondern es gab nur ein nasses Bad.

Da ich nach meiner Herz-OP Anfang Juni 2020, dem Herzschrittmacher am 17. Mai und der Kardioversion am 21. Juni 2021 jetzt gewissermaßen "angezählt" bin, gibt mir das neue *Jahresarchiv 2020/21* nun hoffentlich doch genug Schubkraft und Motivation, einfach loszulegen und zu hoffen, dass dieses neue Vorhaben möglichst lange gutgeht. Hinzu kommen weitere eigene Buchprojekte, und es werden möglicherweise noch unbekannte Text-Angebote von außen kommen.

Immerhin habe ich seit Anfang August 2020 acht neue Titel auf den Weg gebracht plus drei Titel, die schon auf das kommende Jahr 2021 datiert sind; in 2021 kommen wir auf insgesamt 28 neue Titel und dazu auf sechs 2. Auflagen. Mit dieser Produktivität haben wir auf jeden Fall dem Corona-Virus ein Schnippchen geschlagen.

Im November 2020 kam ich plötzlich auf die gute Idee, endlich mein Corona-Tagebuch in den Computer zu tippen in der Absicht, daraus einen Abschnitt in meinen *SchlussPunkten* zu machen, was diesen einen aktuellen Akzent geben könnte, zumal niemand weiß, wie lange diese Pandemie noch dauern wird und was sie noch alles für uns bereithält: ein neuerliches Ausgehverbot, eine weitere Schließung der Universität, gesundheitliche Probleme, etc. etc.

Hier komme ich einmal mehr auf meinen Glaubenssatz zurück, der lautet: Wer lange arbeitet, lebt lange! Bisher hat sich dieses Motto bewährt, allerdings habe ich 2020 auch gelernt, wie man ganz plötzlich und ohne Vorwarnung Corona-arbeitslos werden kann oder auch arbeitsunfähig wie durch meine Herz-OP. Doch erst recht sage ich mir: *Sapere aude* – Wage es! – Und: *chazák we'emátz* – Sei stark und mutig!

Inzwischen ist nun auch aus meinen *SchlussPunkten II – Jahresarchiv 2020/21* ein vergleichsweise mittelumfangreicher, vielseitiger, kurzweiliger Sammelband geworden, an dem man sehen kann, was sich auch in Corona-Zeiten mit viel Arbeitseinsatz und etwas Glück machen lässt: wie gesagt: Corona ein Schnippchen schlagen, kann man das nennen – ein nettes Geschenk, das ich mir zu meinem 84. Geburtstag am Schweizer Nationalfeiertag mache. - Die langjährige großartige Herausgeberin der "Israel Nachrichten" und unsere zweifache Autorin, Alice Schwarz-Gardos (1916-2007), bemerkte im Vorwort zu ihrem zweiten Band *Weitere Zeitzeugnisse aus Israel* (Konstanz 2007) auf ihre typische Art: "Ein Buch ist doch etwas anderes und haltbarer als Zeitungspapier! Es ist an sich ein Stück Lebensverlängerung, ein kleines bisschen Medizin gegen die Endlichkeit. Beinahe ein wenig Unsterblichkeit."

18. August 2020 – 11. September 2021[391]

---

[391] Zu diesem Zeitpunkt ist der Band *SchlussPunkte II* noch nicht druckfertig, was für Mitte Oktober 2021 geplant ist.

Edition Schoáh & Judaica/Jewish Studies – seit/since 1984
von/by Prof. (em.) Erhard Roy Wiehn, Universität Konstanz
Hartung-Gorre Verlag/Publishers, Konstanz, Germany
Neue Titel 09/2021 http://www.uni-konstanz.de/soziologie/judaica

In der Reihenfolge ihres Erscheinens:

1) Erhard Roy Wiehn & Christel Wollmann-Fiedler (Hg.), Hedwig Brenner und ihre Künstlerinnen jüdischer Herkunft – Einer Pionierin zum Gedenken. Konstanz (Januar) 2021, 135 Seiten, Fotos, 135 Seiten, Fotos. ISBN 978-3-86628-680-3

2) Erhard Roy Wiehn & Christel Wollmann-Fiedler (Hg.), Zwi Helmut Steinitz – Vom Holocaust-Opfer zum Blumenexport-Pionier und die heilige Pflicht zu berichten. Eine Hommage. Konstanz (Januar) 2021, 125 Seiten, Fotos. ISBN 978-3-86628-691-7

3) Erhard Roy Wiehn (Hg.) Jüdische Mädchen und Frauen in der Schoáh – Ausgewählte Texte der Edition Schoáh & Judaica. Konstanz (Januar) 2021, 294 Seiten. 978-3-86628-684-9

4) Erhard Roy Wiehn (Hg.), Jüdisches Leben und Leiden in deutschsprachigen Landen – Ein Lesebuch der Edition Schoáh & Judaica zum 1700-Jahre-Jubiläum 2021. Konstanz (Februar) 2021, 505 Seiten. ISBN 978-3-86628-695-5

5) Edita Katzová, Schauderhafte Erinnerungen – Von Prag durch Theresienstadt über Auschwitz-Birkenau, Ravensbrück, Beendorf und Wandsbek nach Schweden in die Freiheit. Unter Mitarbeit von Pavel Chabr. Konstanz (Februar) 2021, 88 Seiten, Fotos. ISBN 978-86628-690-0

6) Erhard Roy Wiehn (Hg.), Jüdische Kinder und Jugendliche in der Schoáh – Ein Lesebuch der Edition Schoáh & Judaica. Konstanz (Februar) 2021, 218 Seiten. ISBN 978-86628-696-3

7) Erhard Roy Wiehn (Hg.), Schoáh-Schicksale in Polen – Ein Lesebuch der Edition Schoáh & Judaica. Konstanz (März) 2021, 116 Seiten. ISBN 978-3-86628-699-3

8) Erhard Roy Wiehn & Christel Wollmann-Fiedler (Hg.), Verdichtete Vergangenheit – Nach glücklicher Posener Kindheit Leiden unter NS-Terror und die Ermordung der Familie in Bełżec sowie schreckliche deutsche KZ-Jahre und ein neues Leben in Israel. Ausgewählte Poeme 2016-2019. Konstanz (Februar) 2021, 88 Seiten, Fotos. ISBN 978-3-86628-698-6

9) Erhard Roy Wiehn (Hg.), Schoáh-Schicksale in Czernowitz und der Bukowina – Ein Lesebuch der Edition Schoáh & Judaica. Konstanz (März) 2021, 139 Seiten. ISBN 978-3-86628-700-6

10) Erhard Roy Wiehn (Hg.), Jüdische Schicksale in und aus Rumänien – Ein Lesebuch der Edition Schoáh & Judaica. Konstanz (März) 2021, 162 Seiten. ISBN 978-3-86628-703-7

11) Erhard Roy Wiehn (Hg.), Schoáh-Schicksale in und aus Ungarn – Ein Lesebuch der Edition Schoáh & Judaica. Konstanz (April) 2021, 81 S. ISBN 978-3-86628-701-3

12) Erhard Roy Wiehn (Hg.), Jüdische Schicksale in und aus Tschechien und der Slowakei – Ein Lesebuch der Edition Schoáh & Judaica. Konstanz (April) 2021, 131 Seiten: ISBN 978-3-86628-795-1

13) Erhard Roy Wiehn (Hg.) Jüdische Schicksale in und aus der Ukraine – Ein Lesebuch der Edition Schoáh & Judaica. Konstanz (April) 2021, 178 Seiten. ISBN 978-3-86628-707-5

14) Christine Lipp-Peetz, Wohin die Reise geht – Der Weg des Dillinger Arztes Dr. Hans Wienskowitz durch Demütigungen und Entrechtungen nach Theresienstadt in den Tod 1888-1945. Konstanz (April) 2021, 387 Seiten, viele Fotos und Dokumente. ISBN 978-3-86628-706-8

15) Manfred Berger, Gertrud Feiertag und das Jüdische Landschulheim Caputh – Eine Dokumentation zur Bildungs- und Erziehungsgeschichte in den Jahren 1931 bis 1933. Konstanz (Mai) 2021, 119 Seiten, viele Fotos u. Dokumente. ISBN 978-3-86628-705-1

16) Erhard Roy Wiehn (Hg.), Geschichten der Heimkehr – Lebenswege nach und in Israel. Ein Lesebuch der Edition Schoáh & Judaica. Konstanz (Mai) 2021, 324 Seiten. ISBN 978-3-86628-709-9 und 3-86628-709-7

17) Erhard Roy Wiehn (Hg.), Jüdische Schicksale in und aus Deutschland – Ein Lesebuch der Edition Schoáh & Judaica zum 1700-Jahre-Jubiläum jüdisches Leben in Deutschland. Konstanz (Juni) 2021, 600 Seiten. ISBN 978-3-86628-711-2 und 3-86628-711-9

18) Erhard Roy Wiehn (Hg.), Jüdischen Schicksale und und aus Frankreich – Ein Lesebuch der Edition Schoáh & Judaica. Konstanz (Juni), 2021, 124 Seiten. ISBN 978-3-86628-712-9 und 3-86628-712-7

19) Erhard Roy Wiehn (Hg.), Jüdische Schicksale in und aus Lettland und Litauen – Eine Lesebuch der Edition Schoáh & Judaica. Konstanz (Juli) 2021, 81 Seiten. ISBN 978-3-86628-713-6 und 3-86628-713-5

20) Erhard Roy Wiehn (Hg.), Jüdische Schicksale in der Sowjetunion – Ein Lesebuch der Edition Schoáh & Judaica. Konstanz (Juli) 2021, 107 Seiten. ISBN 978-3-86628-714-3 und 3-86628-714-3

21) Erhard Roy Wiehn (Hg.), Jüdische Pionierarbeit in Erez Israel – Palästina – Ein Lesebuch der Schoáh & Judaica. Konstanz (Juli) 2021, 105 Seiten. ISBN 978-3-86628-715-0 und 3-86628-715-1

22) Erhard Roy Wiehn (Hg.), Jüdische Ärztinnen und Ärzte in der Schoáh - Ein Lesebuch der Edition Schoáh & Judaica. Konstanz (Juli) 2021, 107 Seiten. ISBN 978-3-86628-714-3 und 3-86628-714-3

23) Erhard Roy Wiehn (Hg.), Jüdische Gedenkschriften – Sechs Memorials. Ein Lesebuch der Edition Schoáh & Judaica. Konstanz (Juli) 2021, 167 Seiten. ISBN 978-3-86628-717-4 und 3-86628-717-

24) Erhard Roy Wiehn (Hg.), Judaica und Israelia - Ein Lesebuch der Edition Schoáh & Judaica. Konstanz (August) 2021, 107 Seiten. ISBN 978-3-86628-722-8 u. 3-86628-722-4

25) Erhard Roy Wiehn (Hg.), Nachschlagewerk für 18 jüdische Lesebücher. Konstanz (August) 2021, 173 Seiten. ISBN 978-3-86628-721-1 und 3-86628-721-6

26) Titus Milech, Tatort Familie – Eine Analyse schriftlicher Dokumente zur Frage wie der Holocaust und andere deutsche Gräueltaten möglich waren. Konstanz. Konstanz (September) 2021, 392 Seiten. ISBN 978-3-86628-724-2 und 3-86628-724-0

27) Erhard Roy Wiehn (Hg.), Jüdische Schicksale von Konstanz – Ein Lesebuch der Edition Schoáh & Judaica. Konstanz (September) 2021, 646 Seiten. ISBN 978-3-86628-728-0 und 3-86628-728-3

28) Erhard Roy Wiehn (Hg.), Gegen Vergessen – Vor- und Nachworte 2020/21. Ein Lesebuch der Edition Schoáh & Judaica. Konstanz (September) 2021, 230 Seiten. ISBN 978-3-86628-729-7 und 3-86628-729-1

29) Erhard Roy Wiehn, SchlussPunkte II – Jahresarchiv 2020/21. Konstanz (Herbst) 2021: <u>In Vorbereitung!</u>

<u>Zweite Auflagen</u>

1) Erhard Roy Wiehn, Ghetto Warschau – Aufstand und Vernichtung 1943 fünfzig Jahre danach zum Gedenken. Konstanz 1993, 2. Auflage (Januar) 2021, 302 Seiten, Fotos und Dokumente. ISBN 978-3-89191-626-1

2) Friedel Bohny-Reiter, Camp de Rivesaltes – Tagebuch einer Schweizer Schwester in einem französischen Internierungslager 1941-1942. Konstanz 2017, 217 Seiten, Fotos

und Dokumente; 2. Auflage Konstanz (Februar) 2021, 218 Seiten, viele Fotos u. Dokumente. ISBN 978-3-86628-291-9

3) Arkadius Scheinker, Schoáh in Riga – Nach der Kindheit in Riga durch das Ghetto Riga im Arbeitskommando BdO, dann im TWL Riga-Mühlgraben und durch die KZs Stutthof bei Danzig und Danzig-Burggraben im KZ Gotttenhof/Pommern befreit. Konstanz (Juni) 2009, 119 Seiten, Fotos. ISBN 3-86628-264-8 u. 978-3-86628-264-3

4) Leo Picard, Vom Bodensee nach Erez Israel – Pionierarbeit für Geologie und Grundwasser seit 1924. Konstanz , 1. Auflage 1996, 2. Auflage Konstanz (August) 2021, 288 Seiten, viele Fotos und Dokumente. ISBN 978-3-89191-799-2 u. 3-89191-799-6

5) Jakob Honigsman, Juden in der Westukraine – Jüdisches Leben und Leiden in Ostgalizien, Wolhynien, der Bukowina und Transkarpatien 1933–1945. Aus dem Russischen von Juri Schatton, herausgegeben von Raymond M. Guggenheim u. Erhard Roy Wiehn. Konstanz 2001, 2. Auflage (August) 2021, zahlreiche Daten u. Dokumente 380 Seiten. ISBN 978-3-89649-647-8 u. 3-89649-647-6

6) Grigorijus Smoliakovas, Die Nacht die Jahre dauerte – Ein jüdisches Überlebensschicksal in Litauen 1941–1945. Mit einer Dokumentation. Konstanz 1992; 2. Auflage Konstanz (August) 2021, 223 Seiten. ISBN 978-3-89191-557-8 u. 3-89191-557-8

Prof. u. Hon.Prof. Dr. Drs. h.c. Erhard Roy Wiehn, M.A.

Prof. (em.) Fachbereich Geschichte u. Soziologie der Universität Konstanz;
Veröffentlichungen vor allem zur Schoáh & Judaica:
https://de.wikipedia.org/wiki/Erhard_Roy_Wiehn
www.uni-konstanz.de/soziologie/judaica